Hans Thiersch
Lebensweltorientierte Soziale Arbeit

Edition Soziale Arbeit

Herausgegeben von
Hans-Uwe Otto und Hans Thiersch

Hans Thiersch

Lebensweltorientierte Soziale Arbeit

Aufgaben der Praxis im sozialen Wandel

9. Auflage

BELTZ JUVENTA

Der Autor

Hans Thiersch, Jg. 1935, Dr. phil., ist Professor em. für Erziehungswissenschaft und Sozialpädagogik an der Universität Tübingen. Seine Arbeitsschwerpunkte sind Fragen der Hermeneutik und der sozialpädagogischen Theorie, Probleme der Definition abweichenden Verhaltens, Probleme der Beratung, Heimerziehung und der sozialpädagogischen Jugendarbeit. Mitherausgeber der Zeitschrift „Neue Praxis" und des Handbuchs Sozialarbeit/Sozialpädagogik. In der Deutschen Gesellschaft für Erziehungswissenschaft Mitglied des Vorstands und Vorsitzender von 1978-82. Mitglied des Kuratoriums des Deutschen Jugendinstituts, München, Mitglied der Sachverständigenkommission 8. Jugendbericht.

MIX
Papier | Fördert gute Waldnutzung
FSC® C089473
FSC www.fsc.org

Bibliografische Information der Deutschen Nationalbibliothek

Die Deutsche Nationalbibliothek verzeichnet diese Publikation in der Deutschen Nationalbibliografie; detaillierte bibliografische Daten sind im Internet über http://dnb.d-nb.de abrufbar.

1. Auflage 1992
2. Auflage 1995
3. Auflage 1997
4. Auflage 2000
5. Auflage 2003
6. Auflage 2005
7. Auflage 2009
8. Auflage 2012
9. Auflage 2014

www.beltz.de · www.juventa.de
Printed in Germany

ISBN 978-3-7799-1298-9

Vorwort

Lebensweltorientierung in der Sozialen Arbeit hat sich als Rahmenkonzept in den letzten Jahren zunehmend durchgesetzt, um die Richtung von Reformanstrengungen und -diskussionen zu bezeichnen. Lebensweltorientierung meint den Bezug auf die gegebenen Lebensverhältnisse der Adressaten, in denen Hilfe zur Lebensbewältigung praktiziert wird, meint den Bezug auf individuelle, soziale und politische Ressourcen, meint den Bezug auf soziale Netze und lokale/regionale Strukturen. Der 8. Jugendbericht hat Bilanz und Perspektiven der Jugendhilfe unter dem Titel einer lebensweltorientierten Jugendhilfe verhandelt.

Der breite – und weithin akzeptierte – Gebrauch des Konzepts birgt die Gefahr, daß es selbstverständlich, verkürzt und schlagworthaft genommen wird. Um dem zu wehren, muß es schwierig und sperrig gemacht werden. – Es muß ausgelegt werden im Kontext der konkreten sozialpolitischen und fachpolitischen Situation, in der es entstand, also in dem, wogegen es sich wehrt ebenso wie in dem, was es befördern will.

- Es muß operationalisiert werden in Struktur- und Handlungskonsequenzen.
- Es muß konkretisiert werden für einzelne Arbeitsfelder. Lebensweltorientierung in der Sozialen Arbeit – so verstanden – ist Produkt von Verschiebungen, Brüchen und Schwierigkeiten in unserer gegebenen sozialen Situation; Lebensweltorientierung ist zugleich Indiz der Krise und Versuch, in der Krise angemessen und produktiv zu arbeiten.

Während der Arbeit am 8. Jugendbericht, (an dessen Erstellung ich beteiligt war) und vor allem in den nachfolgenden Diskussionen ergaben sich vielfältige Gelegenheiten, Reichweite und Ergiebigkeit des Konzepts Lebensweltorientierung zu erörtern, zu akzentuieren, zu modifizieren. Vielfältigen Nachfragen nach den in diesem Zusammenhang entstandenen Referaten und Texten komme ich nach, indem ich sie hier noch einmal vorlege; sie sind bestimmt zum Anreiz von Diskussionen in der Praxis und können hoffentlich mit dazu beitragen, Entwicklungen transparent und produktiv zu gestalten. Damit ist – und um Mißverständnisse zu vermeiden, scheint es mir notwendig, das zu betonen – deutlich, was die folgenden Texte nicht sind: sie sind keine auf Grundlagenfragen zielenden Erörterungen, sie sind nicht explizit im theoretischen Kontext ausgewiesen. – In einigen Fällen habe ich Referate, die ich zu ähnlichen Fragen in unterschiedlichen Kontexten gehalten habe, zu einem Text kombiniert; Überschneidungen aber ließen sich nicht immer vermeiden. Alle Texte sind für den Wiederabdruck durchgesehen; den Vortragscharakter aber habe ich beibehalten.

Im folgenden werden Lebensweltorientierung und Alltagsorientierung – einem weithin üblichen Sprachgebrauch folgend – synonym gebraucht; Alltagsorientierung allerdings wird – neben der weiten Bedeutung als Rahmenkonzept – auch in einem engeren Sinn benutzt zur Bezeichnung pragmatisch überschaubarer Verständnis- und Handlungsmuster. – Und: Soziale Arbeit meint als Überbegriff die breite Palette sozialpädagogischer und sozialarbeiterischer Angebote. Sozialpädagogik, Jugendhilfe und Sozialarbeit werden arbeitsfeldspezifisch unterschiedlich verwandt, aber – dem heutigen Diskussionsstand entsprechend – nicht streng voneinander unterschieden.

Die ersten beiden Texte des vorliegenden Bandes skizzieren Lebensweltorientierung als Rahmenkonzept, indem sie die „Philosophie“ des 8. Jugendberichts kommentierend und akzentuierend darstellen und – gleichsam im erläuternden Nachgang – Unterscheidungen im Sprachgebrauch von Alltag und Alltagsorientierung präzisieren. – Im zweiten Teil, dem Hauptteil, wird das Konzept für Praxisaufgaben durchgespielt und konkretisiert: Probleme von Straßenkindern in der Dritten Welt und von Straßenbanden und Cliquen bei uns fordern als lebensweltorientierte Antwort auch Mobile Jugendarbeit heraus. – Das Lebensarrangement Familie wird in verschiedenen Formen und Aufgaben z. B. mit Pflegekindern oder behinderten Kindern erörtert. ebenso die Arbeit mit Familien und „familienersetzende“ Heimerziehung. Die Möglichkeiten und Schwierigkeiten des Zusammenlebens mit Kindern und vor allem auch die Kooperation zwischen „natürlichen“ und fachlich arrangierten Lebensorten sind, scheint mir, ein besonderer Prüfstein für die Qualität einer lebensweltorientierten Sozialen Arbeit, die auf die Probleme des gegenwärtigen sozialen Wandels bezogen ist. – Texte zu Beratung, Schulfragen und Altenarbeit sollen – gleichsam exemplarisch – die Weite lebensweltorientierter Sozialer Arbeit markieren. Obwohl soziale Beratung in ihrem Kontext von zentraler Bedeutung ist, führt sie in der Methoden- und Therapiediskussion eher ein Aschenputteldasein. Schulfragen von der Sozialpädagogik her gesehen zielen auf Unterschiede und Gemeinsamkeiten heutiger Lebens- und Lernorte für Heranwachsende; indem ich in der Altenarbeit vom Lebensmuster Großelternschaft ausgehe, ziele ich auf die Fragen nach einer Generationen integrierenden Lebenswelt.

Gleichsam querliegend zu diesen konkreten Arbeitsfeldfragen werden in den letzten Teilen Probleme der Verbandsstruktur und der Ausbildung erörtert und schließlich die im Kontext von Lebensweltorientierung zunehmend bedrängenden Fragen nach einem Zielhorizont, nach moralischer Orientierung. Überlegungen zur Bedeutung der so immensen Expansion und Differenzierung der Sozialen Arbeit gerade in den letzten 30 Jahren bilden – als Frage nach dem Aufkommen der sozialpädagogischen Fragen in unserem Jahrhundert, – den Abschluß des Bandes und verdeutlichen – so hoffe ich wenigstens – die in den gegenwärtigen Entwicklungen angelegten Perspektiven.

Ich danke *Anja Wilser*, die mir bei Zusammenstellung, Redaktion und Korrektur der Texte half und das Literaturverzeichnis erstellte, ich danke *Renate Haller*, die die Texte in oft mehrfacher Überarbeitung schrieb und schließlich die Druckfassung des Bandes besorgte.

Hans Thiersch

Inhalt

I. Lebensweltorientierte Soziale Arbeit als Rahmenkonzept

II. Praxisaufgaben

III. Voraussetzungen

IV. Perspektiven

I. Lebensweltorientierte Soziale Arbeit als Rahmenkonzept

Lebensweltorientierte Jugendhilfe – zum Konzept des 8. Jugendberichts

Schwierigkeiten mit Konzeptdiskussionen

Jugendberichte sollen die Entwicklung der Jugendhilfe bilanzieren und Perspektiven entwickeln; sie verstehen sich als Beitrag zur Konzeptdiskussion in der Jugendhilfe.

Der Stellenwert aber solcher zurück- und vorwärtsschauenden Diskussion ist in der gegebenen sozialpolitischen und politischen Landschaft umstritten. Braucht man eine solche Diskussion? Gibt es nicht andere, unmittelbar drängendere Aufgaben? Diese Zurückhaltung hat vielfältige Gründe, – in der allgemeinen gesellschaftlichen Position der Jugendhilfe, aber auch in der derzeitig aktuellen Situation, die bestimmt ist durch das neue Kinder- und Jugendhilfegesetz (KJHG) und durch Aufgaben, die sich aus dem Einigungsprozeß ergeben.

Seit Jahren ist Jugendhilfe kein Gegenstand öffentlichen Interesses. Nach dem Aufbruch der späten 1970er und frühen 1980er Jahre mit der Expansion und Differenzierung der Jugendhilfe schien es, als sei genug getan. Parallel zum Abflauen der Bildungs- und Erziehungsdiskussion geriet auch die Jugendhilfe-Diskussion an den Rand, – daran änderten auch die erregten Diskussionen zu Fragen der Gewalt oder des Extremismus bei Jugendlichen nichts. Dies hat einen Grund u.a. darin, daß angesichts der demographischen Entwicklung zunehmend deutlich wird, wie rückständig die Diskussion in der Altenarbeit und wie überfällig bedrängend die sich dort stellenden Aufgaben sind, Aufgaben, die zudem nach den oft so haarigen politischen Erfahrungen mit der undankbaren Jugend politisch ganz andere Effekte versprechen. „Die Jugendlast schweigt, die Altenlast steigt" – der Spruch ist Indiz für die Verschiebung der sozialen Probleme und die Dethematisierung der Jugendhilfe. – Zugleich aber mit dem Gefühl, genug getan zu haben und in anderen sozialpolitischen Feldern investieren zu müssen, entwickelte sich in der öffentlichen Diskussion der Zweifel, ob Jugendprobleme mit den Mitteln einer sich differenzierenden und professionalisierenden Jugendhilfe gelöst werden können. – Solche Zweifel sind ja nur eine Stimme in dem sich generell ausbreitenden Konzert kritischer Einwände zu Effektivität und Sinn einer expandierenden sozialstaatlichen Angebotsstruktur sind. Läßt sich vieles nicht in Selbsthilfe, Nachbarschaftsgruppen und Bürgerinitiativen erledigen? Sind Professionelle nicht auch Leute, die sehr talentiert darin sind, sich die eigenen Arbeitsplätze dadurch zu sichern, daß sie nicht nur Schwierigkeiten dramatisieren, sondern auch sich selbst als einzig kompetente Helfer empfehlen? Wenn die Psychoanalyse boshaft als Heilung der Krankheit bezeichnet wird, die sie selbst erzeugt, läßt sich auch fragen, ob der betreute Mensch Produkt der Betreuer ist (Schelsky 1978).

In dieser sozialpolitischen Großwetterlage gilt es, so scheint mir, darauf zu insistieren, daß sich in der Jugendhilfe in den letzten Jahren vielfältige, ebenso selbstkritische wie produktive Entwicklungen abzeichnen, aus denen sich Konturen einer neuen, weiterführenden Arbeit ergeben. Um sie aber weiterzutreiben, braucht es ein Mindestmaß öffentlichen Engagements, braucht es gesellschaftliches Zutrauen und gesellschaftliche Ressourcen. Eine der Voraussetzungen zur offensiven Politik und Öffentlichkeitsarbeit aber ist eine selbstkritische Darstellung der Jugendhilfe in ihren derzeitigen Leistungen und zukünftigen Aufgaben.

Solche Erörterung aber ist heute auch belastet durch das Gewicht, das dem neuen KJHG notwendig zukommt – Gesetze regeln, indem sie Handlungen strukturieren und erzwingen. Gegenüber dieser strukturierenden Kraft im Faktischen bleiben ausholendere Konzepterörterungen randständig. – In der Jugendhilfe ist schon ihrer Struktur wegen Gesetzespragmatismus stark vertreten; Jugendhilfe ist ja im Unterschied z.B. zum Bildungswesen oder erst recht zu therapeutischen Angeboten nach Tradition und Aufgabenstellung sehr auf Gesetzesvorgaben verwiesen; die Eingliederung in die öffentliche Verwaltung und die juristisch orientierte Ausbildung vieler Mitarbeiter bestärken dies. – Dieser allgemeine Gesetzespragmatismus ist durch die aktuellen Umstände, unter denen das neue Gesetz entstand, sehr bestärkt worden. Daß das aus den 20er Jahren stammende JWG den Entwicklungen in der Jugendhilfe nur sehr bedingt gerecht wurde, ist Konsens seit Jahrzehnten. Indem es jedoch sehr weit gefaßt war, hat es ganz vielfältige Entwicklungen möglich gemacht und nicht verhindert, sie aber von sich aus auch nicht befördert. Die sehr aufwendige und leidenschaftliche Diskussion zu einem neuen Gesetz liegt Jahre zurück, sie war steckengeblieben und ist damit eines der ganz wenigen Gesetzesvorhaben innerhalb der Bundesrepublik, das sich durch Jahrzehnte hindurch nicht realisieren ließ. In den letzten Jahren wurde die Peinlichkeit dieser Situation zunehmend bewußt; der politische Wille war erkennbar, die Gesetzesdiskussion wieder aufzunehmen. Es blieb zunächst aber undeutlich und unabsehbar, ob und wann diese Diskussion wieder brisant werden würde. – Die reale Entwicklung in den letzten Jahren hat sich dann dramatisch beschleunigt; politischer Wille und Chancen kamen zusammen, um das Gesetz rasch durchzusetzen. – Der Schatten der Vergangenheit drückte nach vorn; nach so langen Vergeblichkeiten war die Hoffnung, das überfällige Gesetzeswerk zu erledigen, allzu groß; die Angst, wieder in verfisselten Fachdiskussionen und politischen Interessengegensätzen hängenzubleiben, beschleunigte das Verfahren und wohl mehr, als es fachlich vertretbar war. Nun gilt das Gesetz. – Weil es in vielem eher weich – also als Empfehlung, Anregung, Strukturierungsvorgabe – formuliert ist und angewiesen auf eine sozialpolitische und fachliche Diskussion, die seine Vorgaben umsetzt, ist neben und parallel zur Gesetzesdiskussion eine ausholendere Konzeptdiskussion sehr notwendig.

Die aber wird gleichsam weggeschwemmt durch die besonderen Probleme, die sich im Vereinigungsprozeß ergeben.

Ihn bezeichnet Habermas als nachzuholende Revolution. Für den Bereich der Jugendhilfe läßt sich dieses Dictum besonders eindrücklich konkretisieren; elementare Strukturen werden neu aufgebaut – angesichts der täglich wachsenden sozialen Probleme unter ungeheurem Druck. So dringlich es aber ist, rasch, jetzt und hier zu handeln, so gefährlich ist es. Ergebnisse der bundesrepublikanischen Jugendhilfeentwicklung werden übernommen, wie sie das Gesetz kodifiziert; daß es in ihr aber auch Unzulänglichkeiten und Schwierigkeiten gibt, daß Entwicklungsaufgaben deutlich, aber ganz uneingelöst sind, bleibt in solch pragmatischem Handlungsdruck unterschlagen, – der zudem ja durch allgemeine Strukturierungstendenzen in den neuen Bundesländern sehr gestützt wird. Das Gesetz erscheint dann als stabiles und definitives Ergebnis einer guten, zum Abschluß gekommenen Entwicklung. – Solche durch die derzeitige Jugendhilfe ungedeckte und auch irreführende Verdinglichung aber kann nur aufgebrochen werden im Kontext einer Diskussion, in der auch Hintergründe, Schwierigkeiten und Entwicklungsperspektiven deutlich werden. – Eine darauf bezogene Diskussion könnte auch vom Jugendbericht aus vorangetrieben werden. Sie wäre so, scheint mir, eine Voraussetzung dafür, daß der Ausbau der Jugendhilfe in den neuen Bundesländern nicht einfach als Adoption vorgegebener Muster praktiziert wird, sondern als Aufgabe der Entwicklung, die die Jugendhilfe auch in den alten Bundesländern zu bewältigen hat, um den Anforderungen einer modernen Gesellschaft gerecht werden zu können.

Das Konzept des 8. Jugendberichts

Wenn ich nun im folgenden das Konzept einer lebensweltorientierten Jugendhilfe, so wie es der 8. Jugendbericht entwirft, darstelle, will ich es so tun, daß ich vor dem Hintergrund einiger zentraler Stichworte die Intention des Berichtes, das, was man in Anlehnung an den angloamerikanischen Sprachgebrauch vielleicht die Philosophie des Berichtes nennen könnte, skizziere Ich tue dies von heute aus, also aus dem Abstand von gut zwei Jahren, die seit der Fertigstellung des Berichts vergangen sind und natürlich im Zusammenhang von Auseinandersetzungen und Fragen, die sich inzwischen zum Bericht ergeben haben. Daß das Folgende meine subjektive Sicht ist, ist evident.

Daß in der Jugendhilfe eine bilanzierende Konzeptdiskussion überfällig ist, habe ich gerade zu skizzieren versucht; dies war auch deutlich für uns, die wir in der Berichtskommission zusammengearbeitet haben (also für Hans Bertram, Teresa Bock, Gertrud Casel, Ingrid Mielenz, Manfred Scholle und Barbara Wackernagel-Jacobs, vor allem unterstützt von Rene Bendit, Hedi

Colberg-Schrader und Sabine Sardei). Die Notwendigkeit einer Aufgabe aber ist das eine, ein anderes ist es, sie zu erledigen.

Angesichts der in der Praxis ebenso wie in den entsprechenden Fachdiskussionen so hoch differenzierten, ja unübersichtlichen Situation in der Jugendhilfe und angesichts vor allem auch des in weiten Bereichen so höchst unbefriedigenden Daten- und Forschungsstands, waren wir uns bewußt, wie heikel ein solches Unternehmen sein mußte; wir fühlten uns – scherzhaft formuliert – wie Menschen, die über den Bodensee müssen, aber bei krachendem Eis, also auf treibenden Schollen. – Aber trotz aller in der Entwicklung gegebenen Schwierigkeiten, trotz aller daraus in der Arbeit erwachsenden Ängstlichkeiten und Zögerlichkeiten, schien uns das Unternehmen einer bilanzierenden Konzeptdiskussion möglich. Wir sind von der These ausgegangen, daß sich in den vielfältigen und differenzierten Entwicklungen im Lauf der letzten Jahre Problemsichten und Arbeitsentwicklungen herausgebildet haben, die sich in den unterschiedlichen Institutionen und Interventionsmustern ähnlich darstellen, die verstanden werden können als parallele Trends zu einer gemeinsamen Sichtweise von Problemen, zu einem gemeinsamen Verständnis der Jugendhilfe. – Daß diese Entwicklungslinien nicht nur in der Jugenddiskussion und in der Jugendhilfe deutlich werden, sondern auch in Entwicklungen und Diskussionen in anderen Bereichen der psychosozialen Versorgung (z.B. der Gemeindepsychologie/-psychiatrie, der Behindertenarbeit) und des Bildungswesens (z.B. in der Erwachsenenbildung, aber auch in bestimmten Zweigen der Schuldiskussion), hat uns in der Annahme bestärkt, daß es tragfähige, langfristige Trends sind, die die gesellschaftlichen Lebensverhältnisse ebenso wie die Jugendhilfe bestimmen.

Jugendbericht und Jugendhilfebericht

Der Jugendbericht gliedert sich, wie alle vorangegangenen, in die beiden Teile einer Darstellung zu Lebensverhältnissen von Jugend und Familie und einer Darstellung der Jugendhilfe. Die gegebene Forschungs- und Diskussionssituation ist in den verschiedenen Bereichen höchst unterschiedlich: extensiv, differenziert und plausibel in bezug auf Jugend- und Familienprobleme, sporadisch und ungenügend dagegen in bezug auf die engeren Fragen der Jugendhilfe mit ihren Institutionen und Interventionsmustern. Gegenläufig zu dieser Situation, – und gleichsam in kompensierender Absicht – ist im Jugendbericht der erste Teil knapper, der zweite ausführlicher gehalten; der Bericht versteht sich auch als Bilanz zu Entwicklungs- und Forschungsdesideraten in der Jugendhilfe und als Monitum, die hier liegenden, überfälligen Aufgaben endlich auf breiterer Front anzugehen.

So zwingend uns diese Überlegungen aber schienen, die Entscheidung zur geringeren Gewichtung des ersten Teils fiel uns unter einem anderen, in der derzeitigen Jugendhilfe-Diskussion wichtigen Aspekt sehr schwer. Allzu offenkundig nämlich ist es, daß ein besonderes Problem in der Jugendhilfe-Fachdiskussion darin liegt, daß Lebensverhältnisse, Lebensschwierigkeiten und daraus resultierende Aufgaben der Unterstützung und Hilfe immer schon im Kontext der institutionellen und professionellen Ordnung gesehen werden. Jugendhilfe konfrontiert sich nicht hinreichend damit, wie sich die Lebensverhältnisse und -schwierigkeiten in den heutigen gesellschaftlichen Strukturen und in der unmittelbaren Erfahrung derer, mit denen sie arbeitet, darstellen. – Der institutionsspezifische Blick, wie er ja in allen Institutionen gegeben und in allen Institutionen problematisch ist, spezifiziert sich für die Jugendhilfe noch einmal darin, daß sie von ihrem spezifischen Auftrag der Unterstützung und Hilfe in Orientierungsschwierigkeiten und Notlagen her dazu verführt ist, Jugend und Familie als besonderes Problem zu verstehen. – Die institutions- und problemspezifische Verengung läßt sich vielfältig belegen: Das Familienbild, das die Jugendhilfe bestimmte, war schon immer restaurativ (Barth 1970); problematisch ist es vor allem auch in den Konsequenzen, die sich für die Anforderungen an Frauen als Mütter und Hausfrauen ergeben; bis heute leiden Alleinerziehende daran, daß sie auf Ämtern als Frauen in einer defizitären Situation gesehen werden (besonders offenkundig wohl, wenn sie es in Verwaltungs- und Rechtsproblemen mit Männern zu tun haben) und nicht aus ihrem Selbstverständnis im Kontext des Wandels familialer Lebensformen heraus. Seit je problematisch ist auch das jugendhilfe-spezifische Konzept von Jugend (Herrmann 1991) – Jugend als Problemgruppe, die auf besondere pädagogisch disziplinierende, kultivierende, beaufsichtigende Arbeit angewiesen ist; es setzt sich fort in der besonderen dramatisierenden Beachtung von Randphänomenen. – In der sozialen Therapie und Beratung wird die verengende Problematik des Menschenbildes unter dem Titel des homo therapeuticus (Hellerich 1985) oder des homo consultabilis verhandelt – des Menschen also, der in bezug auf Therapie oder Beratung gesehen, der gleichsam als therapie- und beratungsförmig verstanden wird. Die Diskussion zu Pflegefamilienproblemen ebenso wie die zu Heimerziehungsproblemen akzentuiert sehr deutlich Fragen des spezifischen Settings von Pflegefamilien und Heimerziehung und versäumt darüber, die dort auftretenden Aufgaben und Schwierigkeiten zunächst im allgemeinen Kontext heutiger Erziehungsprobleme zu sehen.

Um dieser Gefahr der Verengung zu entgehen, um die institutionalisierte und professionelle Jugendhilfe zu konfrontieren mit der „nackten" Realität heutiger Lebensverhältnisse, wäre sicher eine detailliertere Darstellung von Lebensverhältnissen im Jugendbericht hilfreich gewesen. Er betont aber – und das unterstützt diese Richtung -, daß Ausgang jeder Diskussion zu Aufgaben der Jugendhilfe die Darstellung der Normalität von Lebensverhältnissen ist und daß Probleme, Schwierigkeiten und Defizite immer nur von dieser Normalität her verstanden werden können, also als Besonderung, Verhärtung und Zuspitzung in den Problemen einer Lebensbewältigung, so wie sie die Normalität unserer gegebenen Situation bestimmen.

Pluralisierung und Individualisierung

Die Darstellung der Lebensverhältnisse Jugendlicher und ihrer Familien im Jugendbericht ist bestimmt durch die Konzepte der Pluralisierung von Lebenslagen und der Individualisierung von Lebensverhältnissen (s. dazu eingehender Bertram 1987, 1991). – Pluralisierung von Lebenslagen meint die Unterschiedlichkeit von Lebensstrukturen, also die Unterschiedlichkeit von Strukturen in Stadt und Land, für Ausländer, Übersiedler und „eingeborene" Deutsche, für Jungen und Mädchen; Pluralisierung meint aber auch die Unterschiedlichkeit der Lebensbedingungen, wie sie durch die Zugehörigkeit zu Jahrgangskohorten gegeben ist. –

Individualisierung der Lebensführung meint, daß tradierte Lebensformen und Deutungsmuster in ihrem Verständnis brüchig werden und sich damit neue, offenere Möglichkeiten der Lebensführung für Gruppen und für einzelne ergeben, Probleme und Möglichkeiten also z.B. in bezug auf die Arbeitskarriere im Wechsel zwischen Arbeitsplätzen oder im Wechsel zwischen Phasen intensiveren Arbeitsengagements und privat-familialer Aufgaben, z.B. in der Gestaltung der Wohn-, Verwandtschafts- und Nachbarschaftsverhältnisse, z.B. in dem Arrangement des Zusammenlebens zwischen den Settings einer „traditionellen" Familie, eines Zusammenlebens auf Zeit, allein oder im Leben mit Kindern. Im Kontext der Individualisierung wird auch betont, daß sich unterschiedliche Optionen ergeben in bezug auf das politische Engagement zwischen Parteien und Bürgerinitiativen, also zwischen der verfaßten öffentlichen Meinungsbildung und den vielfältigen Möglichkeiten eines gleichsam informellen Engagements. – Individualisierung aber ist ambivalent: Die Aufgabe, sich zu orientieren, wird eine eigene, aufwendige und schwierige; sie bedeutet in der Zumutung der Selbstbehauptung zugleich Chance und Überforderung.

Eine so strukturierte Darstellung muß gegen zu kurz gegriffene und mißverständliche Interpretation ausgewiesen werden.

Die Konzepte von Pluralisierung und Individualisierung gehören zusammen, da in ihnen die beiden Dimensionen – die der gesellschaftlichen Strukturen und die der individuellen Formen, sich in ihnen zu bewegen – beschrieben werden. Lebensverhältnisse sind immer zugleich objektiv und subjektiv bestimmt. Die gegenwärtige Situation – so die Interpretation des Berichts – ist aber vor allem auch dadurch charakterisiert, daß sich die Entwicklung sowohl in einer Zunahme der Vergesellschaftung wie der Individualisierung zeigt, also gleichsam in gegenläufigen Bewegungen. Die Bedeutung der gesellschaftlichen und sozialpolitischen Vorgaben für das Leben wächst zugleich mit den Möglichkeiten individueller Optionen; Lebensbewältigung als Vermittlung wird zunehmend kompliziert.

Die Frage nach der Pluralisierung von Lebensverhältnissen darf nicht alternativ verstanden werden zu der nach Unterschieden in bezug auf Teilhabechancen und Gerechtigkeit in unserer Gesellschaft, in bezug also auf arm und reich. Pluralisierung der

Lebensverhältnisse meint, daß die unsere Gesellschaft bestimmenden Grunddifferenzen nicht mehr einfach, in wenigen z.B. ökonomischen oder statusbezogenen Indikatoren festgemacht werden können, sondern komplexer und vielschichtiger bestimmt werden müssen. – Zwei Konsequenzen dieses Ansatzes werden im Bericht hervorgehoben. Wenn sich unsere Gesellschaft als Zwei-Drittel/Ein-Drittel-Gesellschaft bezeichnen läßt, also als eine, in der (einmal abgesehen von der Unzuverlässigkeit solcher groben Zahlenangaben) der größere Teil von Lebensmöglichkeiten und Ressourcen profitiert, der kleinere aber an den Rand gerät, dann könnte dies suggerieren, daß die Schichtung und Gruppenbildung in unserer Gesellschaft übersichtlich und einfach sei; dies aber gerade ist nicht der Fall. Armut stellt sich in höchst unterschiedlichen Konstellationen dar. Der Jugendbericht insistiert darauf, daß beides gegeneinander festgehalten wird, das Grundfaktum von Ungleichheit und Unterprivilegierung und die Vielfältigkeit seiner Erscheinungsweisen. Das Faktum der Armut in der Vielfältigkeit seiner Erscheinungsweisen aufzulösen, die Gesellschaftsentwicklung der letzten Jahre also zu beschreiben als Weg von einer deutlich eindeutigen Armut zur Vielfältigkeit bunter Lebensmöglichkeiten wäre falsch und sozialpolitisch fahrlässig. – Und: Armut als mangelnde Teilhabe an Lebensressourcen ist materiell und psychosozial, ebenso in bezug auf die eigenen Lebensressourcen wie auf die Teilhabemöglichkeiten an gesellschaftlichen und sozialstaatlichen Lebens- und Unterstützungsmöglichkeiten bestimmt. – Der Bericht versucht, Unterprivilegierung zu fassen in bezug auf Kinder und Heranwachsende, die von Sozialhilfe leben, in bezug auf alleinerziehende Frauen und Männer, in bezug auf die differenten Zusammenhänge von Geschlecht, Bildung und Ausbildung, in bezug auf die zwar stabilisierten, aber deutlich unterprivilegierten Lebensverhältnisse von Ausländern, in bezug auf den wohnort- und einkommensabhängigen Besuch von Kindertagesstätten.

Individualisierung ist als Begriff und Tatbestand sicher kein Spezifikum der letzten 20 Jahre, sondern weist weit in Geschichte und Selbstverständnis der Neuzeit zurück (z. B. zu Hegel oder Simmel). Die heutige Rede von Individualisierung kann also nur eine Phase in der weiterreichenden Geschichte von Individualisierung meinen, einen Individualisierungsschub; der aber ist für unsere Gegenwart charakteristisch (Beck 1986, Fend 1988). – Und: Das Konzept der Individualisierung ist in unserem Bericht unter einem spezifischen Aspekt dargestellt, in bezug nämlich vor allem auf strukturelle Bedingungen, die die Individualiserung fördern und möglich machen, in bezug also auf die sich verändernden Strukturen im familialen Zusammenleben, im Bildungswesen, auf dem Arbeitsmarkt. Die subjektiven Probleme der Lebensführung, die Probleme der Gestaltung, und Bewältigung der offenen und widersprüchlichen Lebensvorgaben in der Familie, in der Jugendszene, in der Schule, in der Ausbildung, der Arbeit und in der öffentlich-politischen Szene bleiben demgegenüber nur angedeutet. Es wäre sicher auch in bezug auf die Probleme, wie sie sich in der Praxis der Jugendhilfe zeigen, glücklicher, wir hätten Zeit und Ressourcen gehabt, diese Probleme und die in ihnen entwickelten spezifischen Bewältigungsmuster deutlicher zu beschreiben.

Das Konzept einer lebensweltorientierten Jugendhilfe

Jugendhilfe wird im 8. Jugendbericht unter dem Titel der lebensweltorientierten Jugendhilfe dargestellt. Dies meint,

- daß die von der Jugendhilfe zu gewährenden Unterstützungen und Anregungen in bezug auf Bildungs-, Erziehungs- und Orientierungsaufgaben, in bezug aber ebenso auf die Gestaltung von Situationen, Gelegenheiten und Räumen als Hilfe zur Selbsthilfe so strukturiert sein müssen,
- daß sie ihren Ausgang nehmen in den gegebenen Struktur-, Verständnis- und Handlungsmustern und
- daß sie die individuellen, sozialen und politischen Ressourcen so stabilisieren, stärken und wecken, daß Menschen sich in ihnen arrangieren, ja vielleicht Möglichkeiten finden, Geborgenheit, Kreativität, Sinn und Selbstbestimmung zu erfahren.

Lebensweltorientierte Jugendhilfe, so verstanden, weist in die Tradition der Jugendhilfe und der Sozialen Arbeit zurück. „Anfangen wo der Klient steht", Situationsbezug der Arbeit, Gemeinwesenorientierung sind Konzepte, die als Lebensweltorientierung in diesem weiten Sinn verstanden werden können. (Insbesondere die Arbeiten von C.W. Müller (1982/1988) haben diese Zusammenhänge ja sehr deutlich gemacht). Lebensweltorientierte Jugendhilfe knüpft an diese Tradition an und an ihren noch immer nicht abgegoltenen Selbstanspruch; sie wollte Menschen in den gegebenen Lebensverhältnissen zur Bewältigung der Lebensverhältnisse helfen, wollte – in Analogie zu Nohl (Nohl 1949a) formuliert – Menschen primär in den Schwierigkeiten helfen, die sie mit sich selbst und für sich selbst haben, nicht aber in denen, die andere mit ihnen haben.

Lebensweltorientierte Jugendhilfe hat sich als Signal und Titel in den letzten Jahren durchgesetzt, um Ansätze der Kritik und Gegen-Tendenzen zu Entwicklungen zu bezeichnen, die sich im Zeichen spezialisierter Administration und Sozialtherapie durchgesetzt haben; lebensweltorientierte Jugendhilfe meint ihnen gegenüber die ganzheitliche Wahrnehmung von Lebensmöglichkeiten und Schwierigkeiten, wie sie im Alltag erfahren werden.

Lebensweltorientierte Jugendhilfe aber, so allgemein weit und als Überschrift für vielfältige neuere Reformansätze genommen ist in Gefahr sich abzunutzen, abzuschleifen, zum Schlagwort zu verdinglichen. Verkehrt sich darin nicht der kritische Gehalt des Konzepts? Hat die Karriere des Konzepts nicht auch darin ihren Grund und Motor? Lebensweltorientierung als Arrangement in Verhältnissen, wie sie alle bestimmen, Lebensweltorientierung statt der Frage nach Widersprüchen und Schmerzen, nach sozialen und politischen Konflikten, nach Randständigkeit, Ausgrenzung, Isolation? Gegen solche verkürzenden Mißinterpretationen gilt es, das Konzept lebensweltorientierter Jugendhilfe schwierig, kantig, sperrig zu halten. Der Jugendbericht tut das,

- indem er Tragweite und Grenze des Konzepts in heutigen Lebensverhältnissen, in heutigen Schwierigkeiten des sozialen Wandels,
- indem er Operationalisierungen des Konzepts in Struktur- und Entwicklungsmaximen
- und indem er Konkretisierungen für Arbeitsfelder entwirft.

Zunächst: Lebensweltorientierte Jugendhilfe ist nicht der Titel für eine Theorie der Jugendhilfe überhaupt, sondern bezeichnet nur einen bestimmten Aspekt. Eine Theorie der Jugendhilfe umfaßt auch die Entwicklung der gesellschaftlich bedingten Lebensverhältnisse und der Theorie des Lebenslaufs und der lebenslaufspezifischen Lebens- und Bewältigungsmuster. Lebensweltorientierte Jugendhilfe kann nur eingebettet gesehen werden in Jugendhilfepolitik im weiteren Sinn, also in Sozialpolitik, Stadt- und Wohnbaupolitik, Arbeitspolitik, Bildungs- und Schulpolitik.

Lebensweltorientierte Jugendhilfe meint die Orientierung der Jugendhilfe an der heutigen Lebenswelt, im ersten Teil des Jugendberichts ist unter den Titeln der Ungleichheiten, der Pluralität der Lebenslagen und der Individualisierung der Lebensführung charakterisiert worden. – Um es zu pointieren: Lebensweltorientierte Jugendhilfe bezieht sich nicht auf Bilder einer heilen Welt, wie sie z.B. im konservativen Kontext (als Beschwörung der ursprünglichen Kraft von Familie und Mutter oder von Ehrenamtlichkeit und Nachbarschaft) entworfen, wie sie z.B. aber auch für alternative „Inseln" in Anspruch genommen werden. Lebensweltorientierte Jugendhilfe ist kein affirmatives, sondern ein kritisches Konzept. Lebensweltorientierung ist Indiz der Krise heutiger Lebenswelt und zugleich Ausdruck des Anspruchs, in dieser Krise angemessen agieren zu können.

Lebensweltorientierte Jugendhilfe – so verstanden – kann unter vier Aspekten näher bestimmt werden.

- Lebensweltorientierung in der Jugendhilfe ist keine Alternative zur rechtlich gesicherten, institutionell strukturierten und professionell verantworteten Jugendhilfe. Diese sozialstaatlich-moderne Vergesellschaftung der Hilfe ist ja gerade entstanden, weil Probleme in der Lebenswelt nicht mit den Mitteln der Lebenswelt allein bewältigt werden konnten, sie kann nicht zur Disposition stehen. Lebensweltorientierung als Prinzip der Jugendhilfe meint die Frage danach, wie sie praktiziert werden kann, wie sie ihre fachlichen Möglichkeiten instrumentell nutzt, als Mittel, um in der Lebenswelt deren Desiderate, Unzulänglichkeiten und Schwächen zu kompensieren, ja vielleicht zu beheben. Lebensweltorientierte Jugendhilfe – noch einmal anders formuliert – agiert im Wissen um die

Notwendigkeit und Tragfähigkeit ihrer Arbeit ebenso wie im Wissen um die in ihr liegende Gefahr, die Eigensinnigkeiten und Ressourcen der Lebenswelt einzuengen, zu „kolonialisieren".

- Lebensweltorientierte Jugendhilfe bezieht sich auf die Strukturen heutiger Lebenswelt, also auf die Ungleichheiten, wie sie sich in der pluralen, vielfältigen Gesellschaft zeigen. Lebensweltorientierte Jugendhilfe muß also festhalten an der, ihr aus ihrer Tradition zugewiesenen Aufgabe, Hilfen vor allem für Menschen anzubieten, die in unserer Gesellschaft mit den gegebenen Ressourcen nicht zurechtkommen, die am Rand leben. Für diese Hilfen braucht sie besonderen, gleichsam kompensatorischen Aufwand. – Diesen Aufwand aber muß Jugendhilfe nicht nur nach außen einklagen, sondern ebenso nach innen realisieren. Arbeitsfelder sind in ihr nämlich durchaus verschieden ausgestattet; Straßensozialarbeit oder mobile Jugendarbeit muß sich, obwohl sie sich auf besonders heikle Situationen unter sehr ungeschützten Arbeitssituationen einläßt, mit geringeren Ressourcen zufriedengeben wie Heimerziehung oder Beratung; Frauenhäuser arbeiten unter Bedingungen, die eher ins vorige Jahrhundert zu gehören scheinen. – Indem lebensweltorientierte Jugendhilfe in den Offenheiten und Zerrissenheiten unserer Zeit agiert, wachsen ihr neue Aufgaben der Klärung und Unterstützung in der Normalität unserer Verhältnisse zu. Lebensweltorientierte Jugendhilfe muß beides betonen, die Arbeit im randständigen Drittel, an den Rändern der Gesellschaft und die Angebote in den Zumutungen und Belastungen der Normalität unserer schwieriger werdenden Lebensverhältnisse. (Indem diese Aufgaben zusammen gesehen werden, erfüllt sich das alte Postulat der Jugendhilfe von der Einheit von Fürsorge und Jugendarbeit in einer neuen Weise).
- Schließlich: Wenn lebensweltorientierte Jugendhilfe so in den Brüchen und Schwierigkeiten heutiger Lebenswelt agiert, braucht sie Aufwand für Klärung, Unterstützung und Beratung in den gegebenen Schwierigkeiten, sie braucht aber auch Anstrengungen, um Lebensverhältnisse trotz der gegebenen Brüche und Schwierigkeiten lebbar zu machen. Lebensweltorientierte Jugendhilfe inszeniert soziale Beziehungen in der

Nachbarschaft, unter Kollegen, unter Menschen, die in gleiche Probleme involviert sind; sie arrangiert Räume, Situationen und Gelegenheiten für Kinder und Heranwachsende; sie engagiert sich in den Anstrengungen um lebensweltliche Erfahrungen und Räume in Institutionen und sozialen Netzen, auch im Stadtteil, in der Stadt, in der Region.

Auch so ausgelegt aber kann das Konzept einer lebensweltorientierten Jugendhilfe noch affirmativ mißverstanden werden. Eines nämlich ist es, von gegebenen Verhältnissen, von ihrer Brüchigkeit und der Notwendigkeit bewußt gestalteter Arrangements und Veränderungen zu wissen, ein anderes nach der Lebensqualität in den Lebensverhältnissen zu fragen, also danach, ob Menschen in ihren Verhältnissen menschlich, also als Subjekte ihres Lebens, mit der Erfahrung von Geborgenheit, Sinn, Produktivität und Selbstzuständigkeit leben können. Der 8. Jugendbericht bezieht sich auf das kritische Konzept von Lebenswelt, nach dem Lebenswelt gesehen werden muß in der Spannung von Gegebenem und Möglichem, Aktuellem und Potentiellem, Vorhandenem und Aufgegebenem; die gegebenen Verhältnisse müssen als pseudo-konkrete (wie Karel Kosik (1971) formuliert) bezogen werden auf die Möglichkeiten von Praxis, von „gelingenderer" Lebenswelt. – Solche normativen Postulate in unserer durch Pluralisierung und Individualisierung bestimmten Wirklichkeit einzulösen, ist heikel; die Brüchigkeit von Traditionen und die Offenheit der Verhältnisse bestimmen auch den normativen Diskurs. –

Für die Praxis der Jugendhilfe ergeben sich von hier aus weitreichende Konsequenzen. Tradierte, generelle, normative Vorstellungen in bezug auf das, was Nöte, Hilfsbedürftigkeiten sind, gelten nur noch als Leitlinien, die in die jeweils konkreten, vielgestaltigen Verhältnisse in aufwendigen, oft mühsamen Prozessen des Aushandelns gleichsam kleingearbeitet werden müssen. Zunehmend problematisch aber werden nicht nur normative Vorgaben, sondern auch die Formen, in denen im Namen solcher Vorgaben in traditioneller Weise in der Jugendhilfe agiert wurde; Erziehung, die den Heranwachsenden auf Entwicklungsziele orientiert, Fürsorglichkeit, die weiß, was dem anderen fehlt (Wolff 1983), Verantwortung, die in Kompetenz und gutem Gewissen für den anderen handelt, werden fragwürdig. Das „dialogische Prinzip“ (Freire 1980) bestimmt den Umgang, in dem Jugendhilfe ihre Vorgaben begründen und in ihrer Nützlichkeit erweisen muß. Beratung z.B. wird als stellvertretende Deutung praktiziert (Dewe u.a. 1986) Räume, Situationen und Gelegenheiten (Böhnisch/Münchmeier 1986, Winkler 1987) dienen dazu, Voraussetzungen zu schaffen, damit die jeweils Betroffenen unter sich zu tragfähigen Lösungen kommen.

Entwicklungs- und Strukturmaximen

Lebensweltorientierte Jugendhilfe, so die Aussage des 8. Jugendberichts, konkretisiert sich in spezifischen Entwicklungs- und Strukturmaximen.

Lebensweltorientierte Jugendhilfe bedeutet den Bezug von Jugendhilfe auf die Vielfältigkeit und Komplexität gegebener Lebenserfahrungen und Lebensprobleme. – Dieses Prinzip wird z. Zt. im Zug von Familienpolitik und Familienideologie nicht selten verkürzt auf Ausbau und Stärkung des Zusammenhangs von Jugendhilfe und Familienarbeit. Daß das neue KJHG gerade hier in der allgemeinen Begründung ebenso wie in der Ausgestaltung und Gewichtung der konkreten Maßnahmen beträchtliche Schlagseiten hat, ist evident. – Demgegenüber betont der 8. Jugendbericht die Notwendigkeit einer Doppelstrategie. Der Zusammenhang zwischen Problemen von Kindern und Heranwachsenden und ihren Familien ist offenkundig; die Abwehr traditioneller Familienideologie ist weithin überholt, Familienprobleme müssen heute sicher (wie es der 7. Jugendbericht vorschlägt) im weiteren Kontext der Probleme des Zusammenlebens und vor allem von Frauenfragen gesehen werden. Die notwendige Erweiterung einer auf familiale Netze bezogenen Arbeit wird ja sehr deutlich in der neueren Diskussion z.B. zur Elternarbeit, aber z.B. auch zum Verständnis der Lebenskonstellationen in Adoptions- und Pflegeverhältnissen, in denen die Probleme der Ersteltern (und die Auseinandersetzung der Kinder mit ihnen) nicht mehr ausgeblendet werden und individuell situativ angemessene Formen des Umgang im erweiterten, komplexen Familiensystem gefunden werden. – Solchen Aufgaben gegenüber aber darf nicht vernachlässigt werden, daß Lebenswelt für Heranwachsende nicht durchgehend (und altersspezifisch sehr unterschiedlich) familienbestimmt ist; auch die neuere Systemtheorie (Brunner/Reiter/Theil 1988) macht deutlich, wie die für die einzelnen Menschen relevanten Lebenswelten nicht auf Familie beschränkt werden können.

Dem Sog einer solchen Reduktion auf Familienwirklichkeit also gilt es zu widerstehen, und an den Eigenrechten und Eigenaufgaben von Heranwachsenden festzuhalten.

Wenn Jugendhilfe aber in der Vielfältigkeit, in der Ganzheitlichkeit sozialer Bezüge agiert, stellt sich die Frage, wie sie die unterschiedlichen Interessen, die hier gelten, wahrnehmen will. Eines sind vergewaltigte, geschändete Kinder, ein anderes ihre Eltern, ihre Familien; eines sind Kinder im Erziehungsheim, ein anderes ihre Eltern mit ihren eigenen, den Bedürfnissen der Kinder ja oft zuwiderlaufenden Interessen; eines ist die parteilich engagierte Arbeit mit besonders schwierigen, aufsässigen Jugendlichen, ein anderes ist sind die Erwartung der Öffentlichkeit an die Jugendlichen und – damit einhergehend – an die Jugendhilfe. Indem lebensweltorientierte Soziale Arbeit sich auf komplexe soziale Zusammenhänge einläßt, muß sie in der Wahrnehmung der Interessen arbeitsteilig agieren. Dies wird z. B. praktiziert, wenn Mitarbeiterinnen aus Frauenhäusern ihre Klientinnen im Sozialamt vertreten, wenn Familienhilfe in einem eigenen Verein organisiert ist, der den Arbeits- und Aufsichtsregeln des Sozialamtes nicht untersteht, wenn mobile Jugendarbeit weder in der Jugendarbeit noch im Jugendamt angesiedelt ist. – Diese Arbeitsteiligkeit kann vielleicht gesehen werden in Analogie dazu, wie Juristen vor Gericht in verschiedenen Rollen als Staatsanwalt, Verteidiger und Richter agieren, um die Verschiedenheit ihres Auftrags wissend, aber sich nicht gegenseitig in ihrer fachlichen Kompetenz in Frage stellend. Dies zu betonen scheint mir wichtig: In der Sozialpädagogik ist es immer noch üblich, die Unterschiede in der Wahrnehmung von Interessen zu moralisieren.

Lebensweltorientierte Jugendhilfe ist orientiert an den Grunddimensionen der Lebenswelt, der Zeit, dem Raum und den sozialen Bezügen. Dies konkretisiert sich in den Handlungsmaximen der Prävention, der Regionalisierung/Dezentralisierung, der Alltagsorientierung, der Integration und der Partizipation.

Ausgehend von der oben benannten Annahme, daß schwieriges, problematisches Verhalten immer als Verhärtung, als Zuspitzung von allgemeinen Lebensproblemen, also in der Zeit, im Prozeß der allmählichen Ausbildung gesehen werden muß, insistiert die Maxime der Prävention darauf, daß Jugendhilfe frühzeitig, also bevor Probleme sich verhärtet und verdichtet haben, Hilfen anbietet. Trifft aber die Strukturmaxime Prävention diese Intention? (s. C.W. Müller 1990). Ist sie nicht aus dem medizinischen und dem kriminologischen Diskurs allzu eindeutig festgelegt? Suggeriert sie vor allem nicht, daß alle Jugendhilfe gleichsam vom worst case, also nur als Verhinderung von Katastrophen gesehen wird, so, als wenn man Gesundheit nur als Verhinderung von Krankheit verstünde? Unterläuft – pointierter gefragt – das Präventionskonzept nicht die neueren Entwicklungen der Jugendhilfe zu Hilfs- und Unterstützungsangeboten in der Normalität von Lebensproblemen, – ganz abgesehen davon, daß Arbeitsfelder wie Kindergarten und Jugendarbeit sich einem Präventionskonzept nicht unterordnen lassen? – Das Präventionskonzept, das ist evident, ist nicht unproblematisch, und seine Benützung läßt sich auch als Indiz für die (z.Zt. ja gar nicht sehr glückliche) zunehmende Durchsetzung medizinisch-therapeutischer Begriffe und Sichtweisen interpretieren. – In Konsequenz solcher Einwendung aber die Maxime Prävention fallen zu lassen, wäre verfrüht. Der Jugendbericht benutzt sie nicht als allgemeine Orientierung, sondern bezieht sie auf konkrete, heutige und jugendhilfespezifische Probleme; so gelesen aber ist die Handlungsmaxime Prävention nicht unbrauchbar. – Angesichts nämlich der gerade benannten Notwendigkeiten, Lebensressourcen und Chancen den gegebenen, so vielfältigen zerrissenen Verhältnissen abzutrotzen, Lebensverhältnisse lebbar zu machen, gewinnt Prävention im allgemeinen politisch-sozialpolitischen Sinn ihre spezifische Bedeutung; sie profiliert sich, weil Jugendhilfe aus ihrer Tradition heraus eher an schon problematischen Verhältnissen und an schon fortgeschrittenen Karrieren von Lebensschwierigkeiten ansetzt. – Innerhalb des Maßnahmenspektrums der Jugendhilfe zielt die Handlungsmaxime Prävention darauf, daß die frühzeitigen – also die begleitenden, unterstützenden und ambulanten – Maßnahmen ausgebaut und die gravierenderen, stationären abgebaut werden. Diese von der Tradition her gesehen „revolutionäre Umstrukturierung charakterisiert die Entwicklung der Jugendhilfe in den letzten 20 Jahren, z.B. im neuen Verständnis von

Heimerziehung im Kontext alternativer Unterbringungsmöglichkeiten und ausgebauter Beratungshilfen, z. B. in der (sich nun doch, wenn auch zögernd durchsetzenden) Erweiterung der ambulanten Beratungs- und Lebensangebote für Suchtabhängige, z. B. im Ausbau der präventiv verstandenen Täter-Opfer-Programme in der Jugendstrafpolitik.

Die Maxime der Dezentralisierung/Regionalisierung zielt auf die Regionalisierung der Angebote, also auf die Erreichbarkeit und Kooperation der Jugendhilfe im Stadtteil, in der Stadt, in der Region; die traditionellen zentralisierten Organisationsformen von Jugendamt und Sozialamt stehen zunehmend zur Disposition, vielfältige Modelle einer Neustrukturierung bestimmen die Szene. Regionalisierung meint vor allem aber die Verlagerung von Zuständigkeiten an die Basis und damit die Notwendigkeit von Planung und Kooperation im Kontext der jeweiligen lokalen regionalen Gegebenheiten, besonders im Kontext der Initiativ- und Selbsthilfeszene. – Dieses Prinzip der Regionalisierung aber muß vermittelt werden mit der Frage, wie innerhalb einzelner Aufgaben die regional unterschiedlichen Entwicklungen an Standards gebunden werden können. Daß das neue KJHG – trotz aller fachlichen Fortschritte – diese strukturierende Kraft nicht besitzt, ist eingangs moniert worden. Wenn aber solche auch politisch durchzusetzenden Verbindlichkeiten nicht gegeben sind, steht Regionalisierung in Gefahr, die so schon gegebenen großen Ungleichheiten in den Angebotsstrukturen (z. B. zwischen Stadt und Land, aber auch zwischen Regionen) nur noch weiter zu verfestigen.

Alltagsorientierung als Strukturmaxime zielt darauf, daß Umgangsformen und Institutionen, die sich dem Alltag der Adressaten öffnen, zentrale Aufgaben der Jugendhilfe sind. Ressourcenarbeit – also die Organisation individueller, materieller, sozialer und regionaler Ressourcen – ist für Jugendhilfe ebenso elementar wie es die Bereitschaft zur Krisenintervention (die oft nicht hinreichend gegeben ist) sein müßte, die Hilfe also dort und in den Zeiten, wo Krisen sich zutragen. Vor allem dürfen nicht – dem Zug der Zeit zur Spezialisierung folgend – die elementaren Aufgaben der eher ganzheitlichen Beratung im Allgemeinen Sozialen Dienst (ASD) oder in allgemeinen Beratungsstellen als Restgeschäfte, die leider noch nicht hinreichend spezialisiert werden konnten, angesehen werden. Gerade in ihnen hat Jugendhilfe ihre Basis und ihren spezifischen Auftrag. - Alltagsorientierung aber ist keine Alternative zur Spezialisierung von Aufgaben; das wäre dem heutigen Problemwissen und den heutigen Problemlösungsmöglichkeiten nicht angemessen und anachronistisch. Alltagsorientierung insistiert aber darauf, daß das Verhältnis von alltagsorientierten und spezialisierten Arbeitszugängen verschoben werden muß, (so wie ja auch in der Medizin das Verhältnis zwischen dem Allgemeinmediziner und den speziellen Medizinern und ebenso das Verhältnis zwischen den Pflegeaufgaben im weiteren Sinn und den speziellen Eingriffen neu ausgehandelt werden muß). Alltagsorientierung meint, daß die Maßnahmen in der Jugendhilfe neu gewertet werden müssen und daß die spezielleren Arbeitszugänge ihre Aufgaben im Kontext der lebensweltlich gegebenen weiteren Problemzusammenhänge sehen müssen, daß sie sich mit ihren speziellen Angeboten beziehen müssen auf die alltagsnahen und offenen. Die Diskussion zur spezifischen Funktion der Erziehungsberatung innerhalb der Jugendhilfe markiert die hier liegenden, durchaus noch nicht geklärten Schwierigkeiten.

Lebensweltorientierte Jugendhilfe zielt auf Nichtabsonderung, Nichtisolation, also auf Integration. Der Jugendbericht betont durchgehend die Probleme der Ausländer, er plädiert vor allem auch dafür, daß die Normalangebote der Jugendhilfe für Behinderte geöffnet werden müssen (z.B. die Angebote der Familienhilfe, der Erziehungs- und Lebensberatung). Der Jugendbericht erinnert an die alte noch immer nicht eingelöste Forderung Lempps (1982) nach einem einheitlichen Kinder- und Jugendrecht, zumindest nach einer einheitlichen und transparenten Regelung von Zuständigkeiten. – Es scheint dem Jugendbericht eine ungute Verengung, daß die Integrationsprobleme zur Zeit primär im Kontext von Kindergarten und Grundschule erörtert werden und nicht auch für das Angebotsspektrum der Jugendhilfe; hier liegen überfällige Entwicklungsaufgaben.

Lebensweltorientierte Jugendhilfe zielt auf Partizipation. – Die Forderung nach Partizipation ist alt. Sie gewinnt aber im Kontext der neueren Entwicklung für die Jugendhilfe neue und zentrale Bedeutung. – In der heutigen Lebenswelt mit ihren Ungleichheiten, ihrer Pluralität, ihren individualisierenden Zumutungen sich zu behaupten, verlangt Wahl, Entscheidung und darin Selbständigkeit; man weiß sich auf sich selbst verwiesen. Dies schafft Erwartungen und Anspruchshaltungen auch in bezug auf Partizipation. Die hier sich stellenden Aufgaben sind zur Zeit sicher noch ein eher unbelichtetes Gelände. Der Vergleich z.B. zum Schulrecht, aber auch zum Recht im Jugendhilfe-Teilbereich Kindergarten macht deutlich, wie sehr Jugendliche weithin noch immer von Bevormundung geprägt ist. Die polizeilich disziplinierende Tradition wird zwar blasser; die Arbeitshaltungen aber der Verantwortung oder Fürsorglichkeit gehen selbstverständlich davon aus, daß Jugendhilfe das wohlverstandene Interesse des Klientels sieht und durchsetzt; auch Formen pädagogisch beratender Fachlichkeit sind z.B. im Zeichen erwarteter Vertragsfähigkeit nicht davor gefeit, Freiheit zu verhindern. – In diesen Defiziten Abhilfe zu schaffen ist dringlich: Die Sicherung der Antrags-, Einspruchs- und Verweigerungsrechte ist ebenso notwendig wie die Sicherung von Mitbestimmungsmöglichkeiten in bezug auf Planung, Gestaltung und Durchführung von Angeboten.

Partizipation geht über in Kooperation, mit den Jugendlichen, den Familien und den Betroffen. Auch hier liegt zur Zeit vieles im argen: Die Auseinandersetzung z.B. zwischen Erzieherinnen und Müttern ist oft belastet: mit Abwehrmechanismen und Klischees kann eine offene, kooperative Auseinandersetzung abgewehrt werden. Klagen in der gleichen Richtung werden seit Jahren von Pflegeeltern vorgebracht. – Kooperation aber meint vor allem auch Kooperation mit Initiativen, mit ehrenamtlichen Helfern. Hier ist eine neue Kollegialität zwischen Professionellen und Nichtprofessionellen gefordert, eine Kollegialität, die bei aller Unterschiedlichkeit in Sachzuständigkeiten die Gleichwertigkeit von Positionen unterstellt.

Voraussetzung solcher Kooperation ist es zu wissen, wie Problemdeutungen und Handlungsangebote der Jugendhilfe von den Adressaten her gesehen, aufgenommen und genutzt werden. Zu solchem Kunden- oder Konsumentenwissen fehlen zur Zeit weithin Aussagen und Untersuchungen. Gewiß gibt es die alte Berliner Untersuchung zur Familienfürsorge (333 „Soziale Fälle 1975), es gibt die Münchner Arbeiten über die Wahrnehmung der Beratung in Unterschichtfamilien (Buchholz u.a. 1984); es gibt neuerdings die Untersuchungspläne zur Wahrnehmung des ASD in Bielefeld (Otto 1990). Einstweilen aber ist das Wissen, auf die Vielfältigkeit von Jugendhilfe und Institutionen bezogen, sporadisch.

Planung, Einmischung

Lebensweltorientierte Jugendhilfe

- so in den Entwicklungsmaximen der Prävention, Regionalisierung, Alltagsorientierung, Integration und Partizipation strukturiert, und
- in ihrem ganzheitlichen Anspruch gegliedert in unterschiedliche Positionen und Arbeitsaufgaben, also in einem spezifisch gegliederten Ganzen repräsentiert,

ist auf dem Weg, den pluralen und individualisierten Ansprüchen heutiger Adressaten gerecht zu werden; diese Vielfältigkeit steht nicht zur Diskussion.

Es ist aber notwendig, die unterschiedlichen Aktivitäten durch Planung zu vernetzen. Wenn die letzten 30 Jahre in der Jugendhilfe im Zeichen zunehmender Spezialisierung standen, stellt sich jetzt eine neue Aufgabe: die der koordinierenden Planung. In der derzeitigen Jugendhilfeszene – ebenso übrigens wie in anderen Szenen sozialer Dienstleistungen – führt das Nebeneinander unterschiedlicher Arbeitsansätze zu einem Gegen- und Nebeneinander, in dem Kräfte überflüssig verschlissen werden, die, wären sie effektiv koordiniert, sicher eine beträchtliche Leistungssteigerung in den Angeboten ergäben. – Daß solche koordinierende Planung im Zeichen von Lebensweltorientierung und Partizipation nur im Modus von Beratung und gemeinsamer Anstrengung von Konsens praktiziert werden kann, ist evident. Lebenweltorientiertes Handeln aber kann sich nicht auf die gleichsam angestammten Aufgaben der Jugendhilfe beschränken. Sie ist ja nach Gesetz und Institutionalisierung Ressortpolitik; sie ist darin in ihrer Zuständigkeit beschränkt und anderen Ressorts gegenüber, z.B. dem Gesundheitsressort, dem Arbeitsressort, dem Bildungsressort nachrangig. Wenn Lebensweltorientierung aber bedeutet, Probleme so anzugehen, wie sie sich in der Lebenswelt zeigen, dann muß Jugendhilfe um ihrer Problemsicht und um ihrer Anwaltschaft für Adressaten willen die Grenzen ihrer Zuständigkeit erweitern. Das Stichwort der Querschnittspolitik wies in diese Richtung. Der 8. Jugendbericht formuliert als zentrale Handlungsmaxime für Jugendhilfe die der Einmischung, Einmischung im doppelten Sinn verstanden, gleichsam resignativ als das, was oft angesichts gegebener Ressortzuständigkeiten nur möglich ist, vor allem aber verstanden als offensive Notwendigkeit eines kräftigen Überschreitens der eigenen Grenzen. So verstandene Einmischung muß praktiziert werden in individuellen Erziehungsplanungen, in regionalen/lokalen Unternehmungen und politischen Strukturprogrammen. Der Jugendbericht betont in diesem Zusammenhang die notwendige Erweiterung der Aufgaben der Jugendhilfe in Qualifikations- und Arbeitsbeschaffungsmaßnahmen. Ebenso verhandelt er die vielfältigen Formen einer Sozialarbeit in der Schule und bezogen auf Schulprobleme (bezogen auch auf die zunehmend in den Vordergrund sich drängenden Aufgaben einer Halbtags- oder Ganztagsbetreuung), aber auch die Notwendigkeit der Kooperation mit der Polizei. – (Im Zeichen von Einmischung weist der Jugendbericht Vorstellungen, wie sie gerade in der Enquete zur gemeindenahen Psychiatrie zur Jugendpsychiatrie entwickelt worden sind, entschieden zurück, Vorstellungen, die auf eine Besetzung des Feldes durch die Jugendpsychiatrie hinzielen. Der Jugendbericht plädiert dagegen für den Ausbau jener wechselseitig gleichberechtigten, offenen Kooperation, wie er an einigen Stellen ja hocheffektiv bereits praktiziert wird, wie er aber durch die anmaßlich, ungeschickten und ungedeckten Standesinteressen der Psychiatrie nur erschwert und verschüttet und in einen Kampf um Abgrenzungen getrieben wird, der im Zeichen einer lebensweltorientierten wechselseitigen Einmischungsstrategie nicht sinnvoll sein kann; (s. auch Bundeskonferenz der Erziehungsberatungsstellen, 1990).

Reflexive Jugendhilfe

Lebensweltorientierte Jugendhilfe kann nicht praktiziert werden, wenn sie nicht getragen und vorangetrieben wird von einer Professionalität, die Kompetenz in bezug auf Lebensweltorientierung mit kritischer Reflexivität verbindet.

Lebensweltorientierte Jugendhilfe braucht Kompetenzen in der Lebenswelt, Kompetenzen zum Mitleben in Erziehungssettings, zu Beratung, Klärung und Unterstützung in Alltagsproblemen, zur Strukturierung und Organisation individueller, sozialer, regionaler und politischer Ressourcen; diese Kompetenzen sind, spezielles Wissen und Können vorausgesetzt, ganzheitlich orientiert. – Ein solches Kompetenzprofil zu formulieren aber wäre fahrlässig, wenn dabei unterschlagen würde, wie sehr es den heute allgemein geltenden Professionalisierungs- und Spezialisierungstendenzen ebenso zuwiderläuft wie allgemeinen Tendenzen in bezug auf die Gestaltung heutiger Arbeitsplätze. Mitarbeiter in der Jugendhilfe sind wie alle Zeitgenossen interessiert an einer Arbeit, die in ihren Aufgaben überschaubar und spezialisiert ist, die zeitlich geregelt und vor allem mit nichtberuflichen Lebens- und Kulturinteressen verträglich ist, von der Sicherung der Arbeitsstelle und der damit einhergehenden Sicherung gegen Lebensrisiken einmal abgesehen. Daß sich von solchen heute allgemeinen Arbeitserwartungen aus eine Hierarchie in unterschiedlichen Jugendhilfearbeitsfeldern ergibt, ist evident: Natürlich sind Kurse oder Beratungstätigkeiten attraktiver als die Arbeit im Erziehungsheim oder im offenen, institutionell ganz ungeschützten Feld der mobilen Jugendarbeit. – Solchen Selbstverständlichkeiten gegenüber ist lebensweltorientierte Jugendhilfe wohl nur realisierbar, wenn es zu einer alternativen Hierarchisierung der Aufgaben kommt, in der bewußt die heutigen Ansprüche an Arbeit und Lebensplanungen aufgenommen und beantwortet werden. Verkürzt geredet: Es ist nicht einzusehen, warum in unserer dem Marktgesetz folgenden Gesellschaft Tätigkeiten, die ungern und deshalb selten erbracht werden, hoch bezahlt werden (wie z.B. Handwerksarbeiten und Reparaturarbeiten), weil sie sonst überhaupt nicht mehr erbracht werden können, Tätigkeiten aber in bezug auf die Organisation von Lebensressourcen nicht genügend honoriert werden. Hier braucht es beträchtliche politische und öffentliche Anstrengungen, um aus dem alten Image einer sich selbst tragenden Wohltätigkeit herauszukommen; hier auch gegen die eigenen Traditionen aktiv zu werden, ist sicherlich eine der dringlichsten Anforderungen an die großen Verbände. – Der Widerspruch von lebensweltorientierten Kompetenzprofilen und heutigen Professionalisierungstendenzen kann verallgemeinert werden: In ihm spiegelt sich ein allgemeiner Zeittrend. Wenn wir in einer Gesellschaft leben, in der es offensichtlich immer mehr Menschen allzu sehr anstrengt, oder es ihnen vermeidbar erscheint, sich auf Kinder einzulassen (oder auf die Pflege kranker und alter Menschen), – wenn lebensweltorientierte Jugendhilfe, so gesehen, gegen die Zeit und unzeitgemäß praktiziert werden muß, dann braucht es besondere Attraktionen und Ressourcen in der Arbeit. Noch einmal anders formuliert: Wenn unsere Gesellschaft nur lebens- und überlebensfähig ist, wenn ihre Mitglieder auch in ihren Schwierigkeiten, die so kompliziert gewordene Lebenswelt zu bewältigen, unterstützt werden, dann muß sich die Gesellschaft diese ihre Voraussetzung zum allgemeinen Überleben etwas kosten lassen, wenn sie nicht in sich selbst verarmen, veröden oder sich in ihren humanen Ansprüchen aufgeben will.

Handeln in der lebensweltorientierten Jugendhilfe bedeutet die Fähigkeit zum Handeln in der Offenheit der Situation, zum Handeln in den Strukturen offener sozialer Beziehungen, zum Handeln in Selbstkritik. – Wenn, wie sich oben gezeigt hat, allgemeine Normen nicht mehr gelten, werden Überlegungen zur individuellen Erziehungsplanung ebenso wichtig wie Planungen von Maßnahmen im regionalen Kontext oder bezogen auf bestimmte Problemstellungen; Modelle, wie sie z.B. zur Vermittlung von Kindern in Pflegefamilien oder in Erziehungsheime entwickelt werden, machen diesen neuen Aufwand für Planung ebenso deutlich wie die Anstrengungen, die im lokalen/regionalen Kontext notwendig sind, um effektiv handeln und koordinieren zu können. Im Kontext lebensweltorientierter Jugendhilfe werden die Gewichtungen zwischen der Durchführung von Maßnahmen und dem Entwurf, der Planung und dem Aushandeln von Maßnahmen verschoben. Sie müssen als unverzichtbare und notwendig sehr aufwendige Arbeiten akzeptiert werden. – Und: Wenn lebensweltorientierte Jugendhilfe, wie es sich oben zeigte, partizipativ und kooperativ agiert, also zusammenarbeitet mit Betroffenen, mit ihren Familien, mit „neuen" Ehrenamtlichen und mit Bürger- und Initiativgruppen, dann brauchen Mitarbeiter der Jugendhilfe Souveränität, sich in den oft so komplizierten sozialen Verflechtungen mit ihrer Problemsicht und ihrer Kompetenz zu behaupten; Widerstände, wie sie gerade in bezug auf die Praxis von Partizipation skizziert wurden, zeigen, wie einstweilen schwierig, ja wohl überfordernd solche Souveränität ist. Dies zeigt sich in der Kooperation mit Bürger- und Selbsthilfe ebenso wie in der Auseinandersetzung mit Institutionen, die nach Tradition, Position und Gehaltsniveau der Jugendhilfe überlegen sind. Die immer wieder beschriebene Gefahr einer sozialpolitischen Funktionalisierung von Jugendarbeit ebenso, wie Unselbständigkeit und Nachrangigkeit so mancher Aktivitäten einer sozialen Arbeit in der Schule belegen dies aber auch die Selbstbehauptungsprobleme von Jugendgerichtshilfe und Diversionsprogrammen im Umgang mit der Justiz.

Gelassenheit und Souveränität zum eigenen Handeln aber braucht Jugendhilfe schließlich auch deshalb, weil sie gefährlich ist. Die seit je in der Jugendhilfe verhandelte Ambivalenz von Kontrolle und Hilfe stellt sich im Zeichen der Lebensweltorientierung neu und neu dramatisch dar. Je dichter nämlich Jugendhilfe im Zeichen der Lebensweltorientierung an die Erfahrungen ihrer Adressaten heranrückt, umso dichter wird auch die Kontrolle. – In der Familienhilfe z.B. sitzt die Familienhelferin mit am Tisch, man kann nicht mehr wie traditionellerweise aufräumen, wenn die Sozialarbeiterin sich angekündigt hat, man kann sich vor ihr auch nicht so verstellen, wie man es tun könnte, wenn man am dritten Ort über seine Verhältnisse nur berichtet; man ist – pointiert geredet – der Jugendhilfe schutzlos ausgesetzt. Und wenn sie vielleicht mit familientherapeutischem Konzept arbeitet, entfällt in der Alltäglichkeit des Umgangs auch die Distanz, die sonst zwischen Alltag und Therapie gesetzt ist. – Oder: Straßensozialarbeit trifft den Jugendlichen auf der Bank im Park auch dann noch, wenn er nicht mehr ins Jugendhaus gehen wollte, und wenn er ins Jugendhaus auch nur gegangen war, um sich dem Druck z.B. in der kirchlichen Jugendgruppe zu entziehen. – Lebensweltorientierte Jugendhilfe, so die Konsequenz, kann nur praktiziert werden, wenn sie, von den Mitbestimmungs- und Partizipationsrechten einmal ganz abgesehen, die Souveränität besitzt, sich ihrer eigenen Gefährlichkeit bewußt zu sein und im Wissen um diese Gefährlichkeit agiert. Lebensweltorientierte Jugendhilfe braucht den Takt, der prüft, was in der Situation angemessen ist, den Takt, der wegsehen, loslassen, Probleme sich selbst überlassen kann und doch einzugreifen den Mut hat, wenn es notwendig scheint (s. auch Brumlik 1987). – Praxisbesprechung und Supervision müssen vor allem wohl auch dazu dienen, im Konkreten solche Möglichkeiten des Taktes zu befestigen, die Grenzen und die Notwendigkeiten des Handelns in der Situation deutlich zu machen.

Lebensweltorientierte Jugendhilfe ist reflexive Jugendhilfe.

Sie braucht

- Reflektivität als Souveränität im Umgang,
- als Offenheit zum individuellen situativen Planen und Handeln und
- als Fähigkeit zur Selbstkritik.

Lebensweltorientierte reflexive Jugendhilfe agiert, wie es allgemein in der pluralisierten und individuellen Wirklichkeit notwendig ist. Sie muß sich ausweisen in dem, was sie tut, so wie alle Zeitgenossen in der heutigen Zeit, und vor allem auch wie ihre Adressaten. Jugendhilfe ist nur da vertretbar, wo sie sich in ihren Entscheidungen begründen kann und sie im kritisch reflexiven Konsens vertritt.

Daß diese Bestimmungen der lebensweltorientierten Jugendhilfe als reflexiver Jugendhilfe nur zusammen gesehen werden können mit den strukturellen, gesetzlichen und finanziellen Bedingungen, die für ihre Realisierung Voraussetzung sind, ist evident. Würde dieser Zusammenhang von strukturellen und reflexiven Momenten verkürzt, bliebe das Konzept einer lebensweltorientierten Jugendhilfe illusionär.

Alltag als Rahmenkonzept und spezielles Handlungsmuster – ein Nachtrag

Die Diskussion zur Alltagsorientierung ist in den letzten Jahren ruhiger geworden. Nach der Hausse in den späten 1970er und frühen 1980er Jahren, nach der Etablierung der Alltagsrede in der praktischen und wissenschaftlichen Umgangssprache, scheint die Diskussion erschöpft und zunehmend verdrängt durch andere, ergiebiger und attraktiver wirkende Diskurse. Dies hat sicher auch Gründe im Konzept der Alltagsorientierung selbst.

- Die Rede vom Alltag ist ambivalent. Alltag, meint das unverbildet Offene, in dem Menschen unmittelbar gefordert sind, meint aber ebenso auch das Banale, das routinisiert Bornierte. Dieses ambivalente Gesicht des Alltags verweist auf Traditionen.
- Daß gerade in den unscheinbar kleinen Aufgaben des Alltags Leben bewältigt wird, beschwört schon Goethe („kleiner Pflichten tägliche Bewahrung. / Sonst bedarf es keine Offenbarung.“) begründet Buber (1981) in seiner Interpretation chassidischer Weltsicht; Pasolini (1988) redet von der Genialität des Volkes, an der es sich zu orientieren gelte.
- Auf der anderen Seite wurde Alltag seit der Romantik als trivial und banal bewertet, als Welt der Spießer oder der kleinen Leute, die keine wesentlichen, wichtigen, weiterführenden Erfahrungen machen; Alltag ist (so eindrucksvoll z.B. in den Dramen von Tschechow und Gorki) ein Erfahrungshorizont, der sich ängstlich vor jeder Einsicht in die eigene Lage absichert, der sich vor jeder Veränderung, jedem Ausbruch fürchtet; Beckett beschreibt die Trostlosigkeit eines in sich kreisenden Alltags; Erdheim (1988) oder Leithäuser (1976) analysieren die bornierten Strategien solcher Alltäglichkeit.

Dieser Aspekt wird auch in der sozialpädagogischen Diskussion der letzten Jahre sehr betont: Alltag, das ist der Rückzug ins Überschaubare, Enge, die Bestätigung dessen, was sowieso schon passiert, oft einhergehend mit einer gleichsam behaglichen Selbstzufriedenheit (Winkler 1988a); sie bedeutet Vernachlässigung, ja Abwehr von Alternativen und hinter den Alltag zielenden Fragen (Treptow 1985) z.B. der Politik und Sozialpolitik (Brunkhorst/Otto 1989). Alltagsorientierte Wissenschaft und alltagsorientierte Sozialpädagogik zumal sei eine Melange aus Unverträglichem, in der beide, Alltagserfahrung und Wissenschaft, in der Entfaltung ihrer spezifischen Möglichkeiten blockiert seien (Lüders 1989). Lohnt es – so drängt sich die Frage auf – ein in sich so vages und widersprüchliches Konzept weiter zu verfolgen? Winkler, Brumlik, Brunkhorst/Otto bezweifeln, daß man in und mit ihm zu produktiven Klärungen kommen kann. Mir aber scheint eine solche Absage verfrüht. Ich möchte für die Weiterführung der Diskussion plädieren und, um diese Option zu plausibilisieren, drei Thesen verfolgen.

- Die Rede von Alltag kann verstanden werden als eine Orientierung, als ein Leitkonzept, unter dem sich vielfältige und weiterführende Entwicklungen und Forschungen in der Sozialpädagogik der letzten 20 Jahre zusammenfassen lassen. Die Bilanz ist – scheint mir – eindrücklich; die Möglichkeiten aber dieser Orientierung sind noch nicht ausgereizt. Alltagsorientierung teilt damit das Schicksal auch anderer Konzepte in der so schnellebig ungeduldigen Sozialpädagogik, die immer wieder Konzepte verwirft, ehe sie differenziert und „abgearbeitet" sind.
- Die Rede von Alltag ist umso weniger ausgereizt, als sie in den sich verschiebenden gesellschaftlichen (sozialpolitischen) Verhältnissen unserer Gegenwart als Frage nach neuen Aufgaben in neuer Weise brisant und notwendig wird.
- Die Rede von Alltag kann durch Unterscheidungen präzisiert werden, wenn z.B. die Rede von einem weiteren, heuristischen Alltagskonzept abgehoben wird von einem spezifischen Modus des Handelns im Alltag, wenn auch beschreibende und normative Intentionen in der Alltagsrede unterschieden werden.

Die Diskussion dieser drei Thesen ist ein weites Vorhaben. Ich kann im Folgenden nur gleichsam eine Landkarte des Problemgeländes skizzieren, und muß mich dabei, mich noch einmal bescheidend, gleichsam auf Erläuterungen dieser Legende beschränken.

Meine Überlegungen basieren auf zwei Voraussetzungen.

- Alltag wird als sozialwissenschaftliches Konzept verstanden. Der Einwand, man könne über Alltag nicht reden, weil man über die Unmittelbarkeit erlebter Gegenwart zwischen Vergangenheit und Zukunft nicht distanzierend verfügen könne, verwechselt, scheint mir, erlebnis- und zeitphilosophische Argumente mit dem phänomenologisch sozialwissenschaftlichen Konzept der Rekonstruktion von Lebensverhältnissen und Handlungsmustern; er verwechselt zugleich auch das Faktum oft unreflektierter, aber deshalb nicht unstrukturierter Pragmatik mit der Möglichkeit seiner Rekonstruktion.
- Alltag – als sozialwissenschaftliches Konzept zur Rekonstruktion von Lebensverhältnissen und Handlungsmustern verstanden – wird im Folgenden nicht innerhalb der Differenzierungen und Verästelungen verhandelt, wie sie die Diskussion zwischen den unterschiedlichen (phänomenologischen oder kritischen) Ansätzen und zu den Entwicklungen innerhalb der Ansätze (z.B. bei Schütz 1974) ergab. Ich begnüge mich mit der Konturierung des Konzepts durch einige elementare Annahmen.

Verunsicherung des Alltags

Die neue Brisanz der Rede vom Alltag in unserer Situation wird deutlich im Hinblick auf ihre Funktion in gegebenen gesellschaftlichen Veränderungen.

- Das bewußte Reden vom Alltag, die Diskussion des Alltagskonzepts, ist geistesgeschichtlich gesehen relativ jung. Alltag gab es, aber er wurde nicht besonders thematisiert. Er wurde als Frage nach den Lebenserfahrungen aktuell seit dem vorigen Jahrhundert. Im Gegenzug zur positivistisch angelegten

Rekonstruktion von Gesellschaft und Erfahrung wurden Geschichte, Sozialgeschichte und Lebenswelt bedeutsam. In den 1960er Jahren unseres Jahrhunderts wurde die Alltagsfrage neu brisant angesichts der expandierenden institutionellen und effektiven Technologie und Rationalisierung und der zunehmenden Abstraktheit unserer Lebensverhältnisse. Kritik und Abwehr dieser Entwicklungen gingen einher mit einer neuen Betonung der unmittelbar erfahrenen Lebensräume, der sozialen Beziehungen und der in ihnen verfügbaren Ressourcen. Konkrete, komplexe Aufgaben der Lebensbewältigung wurden ebenso wichtig wie Pragmatik und Jedermann-Kompetenz z.B. in der Familie, in der Frauenbewegung, in alternativen Lebensformen, in Öffentlichkeit und Politik. – Diese Frage nach einem abwehrend-protestativ bestimmten Alltagskonzept aber wird in den letzten Jahren überlagert von neuen Fragen; es ergibt sich in der Alltagsdiskussion eine neue Phase, gleichsam ein qualitativer Sprung. Alltag wird zunehmend Schauplatz von Desorientierung und Ratlosigkeit.

- Die rational technologisch orientierten Strukturen lassen sich nicht einfach als Gegenwelt zum Alltag verstehen; Alltag ist immer schon vergesellschaftet. Das Konzept z.B. der Lebenslage (Böhnisch/Schefold 1985) macht deutlich, wie sehr heutige Lebensverhältnisse sozialpolitisch und institutionell geprägt sind; die Medien bestimmen Alltagserfahrungen, ebenso wie die neuen Formen hochrationaler und auch alternativer Technologien.
- Routinisierte und verläßliche Traditionen im Alltag werden brüchig. Die Mobilität der Arbeit und des Wohnens sprengen geprägte Lebensverhältnisse; Entwicklungen im Konsum- und Arbeitsbereich verlangen Fähigkeiten zur flexiblen Offenheit ebenso wie die neuen Lebensformen und Deutungsmuster für Freizeit, Familie und Politik.
- Mit der Brüchigkeit und Öffnung tradierter Alltagsmuster verlieren Rollenmuster, aber auch Lebensstrukturen in bezug auf Zeit und Raum ihre Legitimation; symbolische Ordnungskonzepte verblassen ebenso wie Tabus in bezug auf das, was gesehen, beredet und verschwiegen wird. Damit aber wird der „nackte Rohstoff" Wirklichkeit zum Gegenstand der Lebensbewältigung im Alltag. – In der durch die Pluralisie-

> rung von Lebenslagen und die Individualisierung der Lebensführung charakterisierbaren Situation wird es für einzelne und Gruppen in neuer Weise notwendig, sich zu orientieren, sich die Verhältnisse zu gestalten, sich in Optionen auszuweisen und zu entscheiden; der Mensch – so sagt man – wird zum Regisseur seines Lebens.

Diese neuen Erfahrungen im schwieriger werdenden Alltag führen zur Umwertung von Alltag. Das, was Alltag konstituiert, wird problematisch. In seiner Orientierung an der Eigensinnigkeit von Erfahrung und Verläßlichkeit erscheint Alltag gleichsam ausgehöhlt und zersetzt. Die heutige Rede vom Alltag ist auch Indiz seiner Bedrohung, seiner Krise.

Man könnte folgern, Alltag sei historisch überholt. Weniger radikal gedacht aber, und aus der unaufhebbaren Faktizität von Alltagsaufgaben nicht entlassen, wird deutlich, daß sich im Alltag die Gewichte verschieben: Nicht nur Überschaubarkeit und Verläßlichkeit, sondern auch Unzulänglichkeiten, Brüche, Experimente werden wichtig: Alltag wird interessant „an den Rändern“ (Waldenfels 1985). – Ich möchte im Folgenden davon ausgehen, daß Alltag heute ein gleichsam doppelbödiges Konzept meint:

- bestimmt durch das Interesse an der Pragmatik des Überschaubaren und Selbstverständlichen, und
- bestimmt auch durch die Brüche in ihm und die Anstrengungen in ihnen verläßlich und pragmatisch zu Rande zu kommen;

Wenn aber im heutigen Alltag das Selbstverständliche nicht selbstverständlich ist, muß es immer auch ausgehandelt werden. Alltagshandeln heute ist auch Notwendigkeit und Anstrengung der Vermittlung, ist auch Inszenierung von Alltäglichkeit, ist auch reflektiertes Alltagshandeln.

Trotz aller Brüche und aller Vermittlungsarbeit bezieht Alltag sich aber immer auf das für die Betroffenen Eingespielte: Diese Selbstverständlichkeit aber gilt nur für die je Beteiligten und bleibt anderen verschlossen, unzugänglich; Selbstverständlichkeit und Zugänglichkeit sind nicht identisch, können sich ausschließen. Will ich den anderen in seiner Alltäglichkeit verstehen, muß ich aus meiner Alltäglichkeit ausbrechen. – Zur Rekonstruktion der Alltäglichkeit anderer werden deshalb Erfahrungen der kritischen Ethnographie beigezogen (B. Müller 1986). Der kritische Impuls einer alltagsorientierten Sozialpädagogik liegt gerade darin, die Unterschiedlichkeiten zwischen der professionellen Alltäglichkeit und der der Adressaten deutlich zu machen und zu dem schwierigen und mühsamen Respekt vor Anderem, Fremdem zu nötigen.

Unterscheidungen im Konzept Alltag

Alltag meint einen Modus des Handelns, eine spezifische Art, Wirklichkeit zu erfahren, sich in ihr zu orientieren, sie zu gestalten. Diesem Handlungsmodus Alltäglichkeit entsprechen konkrete Konstellationen, z. B. der Familie, der Schule, der Arbeitswelt, der Öffentlichkeit, als die Unterschiedlichkeiten der sozialen settings von Alltagswelten. Alltäglichkeit kann in einem engeren und einem weiteren Sinn benutzt werden: Alltäglichkeit meint ein heuristisches Prinzip, gleichsam ein Rahmenkonzept (framework) zur Koordination von Fragen. Alltäglichkeit meint aber auch einen besonderen, charakteristischen Modus des Verstehens und Handelns. Wenn der 8. Jugendbericht zwischen dem Rahmenkonzept „Lebenwelt-Orientierung“ und der besonderen Strukturmaxime „Alltagsorientierung“ unterscheidet, zielt er auf eine ähnliche Differenz zwischen einem Rahmenkonzept und einem spezifischen Verstehens- und Handlungskonzept.

Alltäglichkeit als heuristisches Prinzip

Alltäglichkeit ist als Rahmenkonzept geprägt durch und konfrontiert mit einer komplexen, vielgestaltigen Wirklichkeit, mit Erfahrungen und Aufgaben ebenso aus dem ökonomischen wie dem politischen, dem sozialen oder individuellen Raum. Diese in einem elementaren Sinn unhintergehbare Aussage aber ist gefährlich mißverständlich.

Wenn Alltäglichkeit auch geprägt ist durch komplexe Wirklichkeit, so ist sie nicht identisch mit Wirklichkeit überhaupt.

Alltäglichkeit ist eine Wirklichkeit, die aus ihren eigenen Erfahrungen heraus weder verstanden noch begründet werden kann. Handeln im Modus der Alltäglichkeit ist vorstellbar als Bühne, auf der agiert wird, aber in Rollen und Kulissen, die erzeugt werden nach Strukturen, die nach anderen Prinzipien bestimmt sind als die des Bühnenspiels. Alltäglichkeit ist – noch einmal anders formuliert – die Schnittstelle objektiver Strukturen und subjektiver Verständnis- und Bewältigungsmuster.

Alltäglichkeit ist geprägt durch die Lebensgeschichte der Menschen, durch ihre Erfahrungen, ihre in ihnen gesicherten Kompetenzen, ihre Erwartungen, Hoffnungen und Traumatisierungen. – Alltäglichkeit ist ebenso bestimmt durch die Vorgaben der gesellschaftlichen Entwicklungstendenzen der Pluralisierung und Individualisierung und der ungleichen Verteilung von Lebensressourcen, wie sie unsere Zwei-Drittel/Ein-Drittel-Gesellschaft charakterisiert. Möglichkeiten des Alltagshandelns sind eingeschränkt auch durch Ängste. Verunsicherungen, durch Neid, Resignation und Protest. Dies zu betonen scheint mir in der gegenwärtigen Situation besonders wichtig; die allgemeinen Erfahrungen von Verunsicherung und Orientierungsnöten im Alltag verführten leicht dazu, die hinter ihnen liegenden elementaren Zwänge der materiellen und sozialen und öffentlichen Ressourcen zu unterschlagen, – zumal der gegenwärtige Zeitgeist – gleich ob konservativ oder postmodern – so interessiert ist an einer bunten Unübersichtlichkeit jenseits traditioneller Macht- und Herrschaftsstrukturen.

Die Bestimmung von Alltäglichkeit als Bühne impliziert Konsequenzen für Verständnis und Rekonstruktion von Alltäglichkeit. – Sie kann in einer ersten Schicht beschrieben, interpretiert und geordnet werden. In einer zweiten, gleichsam dahinterliegenden Schicht können Phänomene erklärt werden in spezifischen Konzepten, z. B. in historischen, politischen oder interaktionistisch-handlungstheoretischen Konzepten. Alltagsorientierung bedeutet dann, daß die so komplexen Phänomene der Alltäglichkeit besonders beachtet und interpretiert werden. Solche Interessen finden sich in unterschiedlichen wissenschaftlichen Ansätzen: Psychoanalytisch orientierte Heimerziehung etwa kann bedeuten, daß der Heimalltag im Zeichen von psychoanalytischen Annahmen als therapeutische Gemeinschaft verstanden wird (Bettelheim 1970, Redl/Wineman 1979); lemtheoretische Konzepte beziehen sich auf das Material der Alltagserfahrungen. Da heute in unserer gegebenen Wissenschaftskultur keine „Übertheorie" verfügbar ist und für einzelne Aspekte von Alltag nur konkurrierende Einzeltheorien nebeneinander stehen, muß das Bild des komplexen Alltags zwischen den Ebenen einer komplexen Beschreibung und speziellen und darin reduktionistischen Erklärungen vermittelt werden. Nicht alles Beschreibbare läßt sich in gegebenen Konzepten erklären, und nicht alles Erklärbare läßt sich nur in einem Wissenschafts-Konzept erklären. Das Bild des komplexen Alltags erscheint gleichsam wie in den Prismen eines Insektenauges gebrochen.

Alltäglichkeit als besonderer, charakteristischer Modus des Verstehens und Handelns

Alltäglichkeit als spezifische Form des Verstehens und Handelns ist charakterisiert durch ihren Bezug auf die erfahrene Zeit, auf den erfahrenen Raum, auf erfahrene Sozialbezüge, durch eine pragmatische Handlungsorientierung und die Sicherung durch Typisierungen und Routinen: In dieser spezifischen Form des Wirklichkeitsbezuges ist Alltäglichkeit noch einmal – und dies ist dann ein weiterer, noch einmal eingeengter Sinn des Redens von Alltag – orientiert am Kleinen, Unscheinbaren, an jenen immer wiederkehrenden Vollzügen, die den Bestand gegebener Alltagswelten sichern. Im Kontext von Erziehung werden Aufgaben beachtet wie die tägliche Versorgung, das Aufräumen, Putzen, Kochen, Pflegen, wie das Da-Sein und Ansprechbar-Sein für Kinder, wie Gewöhnung und Übung, Aufgaben also, wie sie traditionellerweise von Hausfrauen und/oder Personal wahrgenommen wurden, Aufgaben aber, die in der Erosion tradierter Strukturen und der z.B. damit einhergehenden Enthierarchisierung gerade der Alltagsaufgaben schwierig und aufwendig werden. (Im Privatleben, in der Familie gibt es zunehmend kein Personal; Mann und Frau teilen sich, jedenfalls tendenziell, die Erziehungsaufgaben). In der Verbindung der Orientierung an Erfahrungen von Raum, Zeit und sozialen Bezügen, von Pragmatik und jenen Notwendigkeiten, die den Bestand von Lebensvollzügen sichern, liegt ein besonders wichtiges Charakteristikum des Alltagskonzepts.

Alltäglichkeit, so verstanden, ist ein Modus des Handelns neben anderen, also z.B. dem religiösen, dem künstlerischen, dem technisch effektiven und besonders auch dem wissenschaftlichen Handeln, neben Handlungsmustern und Weltbezügen, die anderen Strukturen folgen. (Daß es in den durch sie bestimmten sozialen settings auch immer einen Alltag gibt, kann hier vernachlässigt werden; er ist neben den Handlungsmustern z.B. von wissenschaftlicher oder künstlerischer Erfahrung nur sekundär.)

Die Übergänge zwischen verschiedenen Handlungsmustern, die Vermischungen auch in ihnen, sind gegenwärtig im Zeichen der eingangs skizzierten Unübersichtlichkeit unserer Situation vielfältig und schwierig. Die mühseligen Fragen z.B. nach dem Verhältnis dessen, wie Eltern im Alltag erziehen, und wie professionelle Erzieher nach beruflich wissenschaftlichen Strukturmustern arbeiten, wie Nachbarn und Freunde beraten und wie Berater beraten, machen dies deutlich ebenso wie die sich zunehmend in Unübersichtlichkeiten verlaufende Diskussion zu dem, was Alltagshandeln im Ehrenamt bedeutet (Müller/Rauschenbach 1988). – Trotz dieser Unübersichtlichkeit aber ist es, so scheint mir, wichtig, um der Orientierung und Klärung willen an idealtypischen Konstituentien eines alltäglichen Weltbezugs festzuhalten.

Dimensionen von Alltäglichkeit und Alltagswelten

Alltäglichkeit agiert in der erfahrenen Zeit. Kinder z.B. leben in einer anderen Bestimmung von Augenblick und Dauer, Gegenwart und Zukunft als Erwachsene, also ihre Eltern, ihre Mütter; diese Diskrepanz der Zeiterfahrungen bestimmt Dramatik – und Mühsal – vielen Familienlebens (Sichtermann 1982). Heutige Jugendzeit z.B. wird charakterisiert durch die extreme Widersprüchlichkeit von zukunftsbezogenen Anstrengungen und Leben in einer expressiv erlebnisgeladenen Gegenwart (Böhnisch/Münchmeier 1987, Treptow 1985).

- Alltäglichkeit agiert im erfahrenen Raum; vom Spiel- und Streifraum der 30er Jahre (Muchow 1978) zu Verinselung (Zeiher 1983) des heutigen Kinderraums wird das Zerbrechen traditioneller Selbstverständlichkeiten deutlich (Zinnecker 1978, 8. Jugendbericht 1990). – Die Aneignung des Raums – die Gestaltung einer eigenen räumlich-situativen Welt ist ein wichtiges Moment im Jugend-Leben (Böhnisch/Münchmeier 1987, Treptow 1985). Wenn Jugenderleben aber geprägt ist durch den in Freizeit und Unternehmungen erreichbaren, gestaltbaren Raum, wenn Cliquen und Banden sich definieren über die Beherrschung ihres Territoriums, kann Jugendarbeit im Raum und den durch ihn bestimmten sozialen Gegegebenheiten agieren (Specht 1978, Deinet 1991); neuere Konzepte zeigen, daß so auch Probleme wie beginnende Drogenabhängigkeit angegangen werden können (Kurzweg 1987).
- Alltäglichkeit agiert in erfahrenen sozialen Bezügen, z.B. in der Familie, Verwandtschaft, der Nachbarschaft, dem Stadtteil (Lüscher et al. 1988, Liegle 1987); hier findet man in Schwierigkeiten Unterstützungen, Ressourcen. – Für Menschen, die in besonderen, isolierenden Nöten stecken, in Arbeitslosigkeit etwa, in „Belastungen" durch ein behindertes Kind, in psychischer Krankheit – waren Hilfen schon immer schwer erreichbar, im Zerbrechen aber traditioneller Familien-, Verwandtschafts- und Nachbarschaftsstrukturen werden Selbstverständlichkeiten der alltäglichen Sozialbeziehungen noch einmal gleichsam unterhöhlt. So wird das Arrangement belastbarer Beziehungen, die „Inszenierungen" von sozialen Ressourcen eine besondere Aufgabe (Nestmann 1989, Keupp/Röhrle 1987).
- Die Erfahrungen von Raum, Zeit und sozialen Bezügen strukturieren sich unterschiedlich in Stadt und Land; Alltäglichkeit auf dem Land agiert im Nebeneinander ungleichzeitiger Erfahrungsmuster: Nachbarschafts- und Vereinsleben, einhergehend mit rigiden Vorstellungen von dem, was Aufgaben z.B. von Mann, Frau und Kindern sind, brechen sich an neuen, gleichsam aufgesprengten räumlich, zeitlichen und sozialen Bezügen in der Region (Böhnisch/Funk/Huber/Stein 1991, Gängler 1990); diese Ungleichzeitigkeiten werden z.B. im pflegenden Umgang mit alten Familienangehörigen deut-

lich, wenn man erwartet, daß sie zuhause bleiben können und versorgt werden, Lebenspläne und – Möglichkeit der Familie und vor allem der Frauen diesen Erwartungen aber widersprechen.

Schließlich: Alltäglichkeit zielt zunächst auf Arrangements, auf Zustände. – Natürlich ist immer auch im Blick, daß solche Zustände sich ändern und verschieben können; in Konflikten oder angesichts neuer Aufgaben bilden sich durch die Krise eines gegebenen Arrangements hindurch neue Arrangements. Die damit thematisierte zeitliche Perspektive aber muß eigens akzentuiert werden, indem das Konzept Alltag auf das Konzept Lebenslauf, Biographie bezogen wird (Schefold), – indem Entwicklungsstufen und Lebensphasen in ihrer Alltäglichkeit aufeinander bezogen und vor allem Probleme des Zusammenhangs des Lebens in und durch die Phasen hindurch z.B. als Statuspassagen oder als Problem der Identität, der patch-work-Identität (Keupp 1990) verhandelt werden. – Mit solchen Fragen wird die Alltagsdiskussion in neuer Weise anschlußfähig an jene pädagogische Tradition, die nach Lern- und Bildungsprozessen fragt.

Alltag als normatives Konzept

Alltag ist durch Werte, durch Normen bestimmt; die eingangs benannten gegenläufigen Interpretationen verweisen auf unterschiedliche Wertungen der Alltagserfahrungen. Die normative Orientierung des Alltags aber kann nicht aus ihm selbst abgeleitet werden; sie muß im historisch-moralphilosophischen Diskurs begründet werden. Dazu ist es sinnvoll, zwei Ebenen zu unterscheiden.

Wenn Alltäglichkeit und Alltagswelten als Raum unmittelbarer Erfahrung, als Raum, in dem Leben pragmatisch bewältigt werden muß, verstanden wird, dann bedeutet dies, daß hier Leben in seinem Eigensinn ernstgenommen und respektiert wird gegenüber den verkürzenden, abstrahierenden Problemlösungs- und Verständnismustern, wie sie unsere moderne Lebens- und Wissenskultur auszeichnen. Eine solche Wertung aber ist eine notwendige, aber sicherlich keine hinreichende Voraussetzung, um Alltagshandeln zu beurteilen.

Alltag – so hieß es – ist in sich ambivalent. Die Enge der Erfahrungen, die Pragmatik eingespielter Verständnis- und Handlungsregeln, die Routinen mit ihrer Entlastung können borniert, ruinös sein und mit Leerlauf, vorurteilsgeprägter Starre und mit Ausgrenzungen einhergehen; Kosik (1971) spricht von der Pseudo-Konkretheit des Alltags, die destruiert, aufgebrochen werden muß im Horizont von „Praxis", im Horizont der Frage nach einem gelingenderen, freien, produktiven, solidarischen Leben. – Diese Frage aber im Gegebenen nach dem Aufgegebenen, im Aktuellen nach dem Potentiellen, ist in der heutigen, pluralisierten, individualisierten Situation prekär: Indem die Orientierung im Alltag kompliziert und aufwendig wird, gewinnen die normativen Fragen neues Gewicht; ich werde – je weniger die Selbstverständlichkeiten des Alltags tragen, – legitimationspflichtig vor anderen und vor mir selbst. Die Krise des Alltags provoziert eine neue Bedeutung normativer Probleme. – Ihre Klärung aber ist hineingerissen in die Krise, in die Offenheit und Relativität unserer Zeit. Normative Probleme können nur im Horizont genereller Zielperspektiven gemeinsam ausgehandelt werden in einer „moralisch inspirierten Kasuistik".

Ausblick

So wie ich es versucht habe, von Alltag zu reden, – bezogen auf die heutigen gesellschaftlichen Veränderungen bezogen und in Unterscheidungen bestimmt – ergibt sich ein Programm, dessen Möglichkeiten noch nicht ausgereizt sind. Das Konzept einer alltagsorientierten Sozialen Arbeit z.B. erweist sich in diesem Zusammenhang als eine ebenso schwierige wie weitreichende Aufgabe. Ob die Arbeit an ihr die zur Zeit vordringlichste ist, ob nicht z.B. strukturbezogene sozialpolitische Diskussionen notwendiger sind, muß hier nicht entschieden werden. Mir scheint, daß unterschiedliche Fragen nicht als Alternativen, sondern nebeneinander traktiert werden sollten.

„Es gibt keinen guten Grund für die Vorstellung, daß die Erforschung von Strukturen des gesellschaftlichen Zusammenlebens und die Erforschung des Sinns, in dem die beteiligten Menschen selbst die verschiedenen Aspekte ihres Zusammenlebens erfahren, miteinander unverträglich seien. Insbesondere wenn man sich mit dem Hervorhebensprozeß des Wandels sozialer Strukturen befaßt, dann ist die Untersuchung der Erfahrungsdimension, der Art, wie Menschen im Zusammenhang mit ihrem Erleben dieser Strukturen zu deren Reproduktion wie zu deren Wandel beitragen, ebenso unerläßlich, wie die der langfristigen, ungeplanten und blinden Verflechtungsmechanismen, die bei dem Wandel gesellschaftlicher Strukturen am Werke sind“ (Elias 1973: 23).

II. Praxisaufgaben

Straßenkinder – Arbeit mit Straßenkindern in der 3. Welt

Die Unicef schätzt, daß es vor allem in Südamerika, Afrika und Asien 60 bis 80 Millionen Straßenkinder gibt.

Straßenkinder – das sind Kinder aus den elendesten Verhältnissen oft aus den Slums am Rand der Städte aus Familien ohne hinreichende Wohnung oder Unterkunft, ohne Auskommen: aus Familien, die zunächst und primär Opfer der Armut sind, die oft aber zusätzlich belastet sind, wenn der Vater es nicht mehr aushält und wegläuft, wenn Eltern krank werden und sterben, wenn Verzweiflung zu Streit und Alkohol führt.

Straßenkinder – das sind Kinder, vor allem Jungen, manchmal schon Fünfjährige, die auf der Straße verdienen, sich durchschlagen und behaupten müssen, die Geschicklichkeit, Selbständigkeit, Pfiffigkeit und Verschlagenheit brauchen und entwickeln und die dann auf der Straße mit anderen Abenteuer und Freuden erleben und sich zusammengehörig wissen.

Straßenkinder – zwei Drittel von ihnen, so schätzt man, ziehen Tag um Tag von zu Hause auf die Straße heraus, um mit kleinen Geschäften, Dienstleistungen, Klauereien dazu zu verdienen. – Ein Drittel aber ist aus der Familie entlassen, hinausgeworfen, in Verzweiflung geflohen; sie leben ganz auf der Straße, in Gruppen und Banden, die sich straff organisiert haben, die oft auch in harten Kämpfen um Reviere und Platzvorteile untereinander verstrickt sind; sie ernähren sich von Geschäften, Diebstählen, Überfällen; sie handeln mit Drogen und nehmen sie; sie verkaufen sich selbst.

Diese Kinder auf der Straße aber sind nur ein kleiner Teil von besonders hart betroffenen Kindern und Heranwachsenden überall auf der Erde, vor allem wiederum in den Ländern der 3. Welt. Sie sind nur gleichsam die Spitze des Eisbergs des Elends von Kindern und Heranwachsenden mit geringen Lebenschancen, von Kindern, die mit Hunger, Krankheit, ohne Schule und Ausbildung, ohne tragfähige Arbeitschancen leben müssen. Die Situation ist bekannt, Lebensansprüche und Lebensrechte der Kinder und Heranwachsenden sucht die UNO seit Jahrzehnten festzuschreiben; die Lebensverhältnisse aber stellen sich, im zynischen Gegensatz zu allen Absichtserklärungen zunehmend schrecklicher dar.

Was aber bedeutet es, daß Kinder und Jugendliche auf der Straße, am Rand der Gesellschaft leben müssen, gleichsam ausgespien von der modernen Entwicklung? Daß das Elend von Heranwachsenden in und mit der Entfaltung der modernen Industrialisierung steigert?

Eine Gesellschaft, die Kinder verkommen läßt, riskiert ihre humane Zukunft. Mißachtung und Vernachlässigung der Heranwachsenden sind Ausdruck der Unfähigkeit und des praktizierten Unwillens zur eigenen gesellschaftlichen Zukunft.

Über die Bedeutung von Heranwachsenden für die Gesellschaft gibt es in der allgemeinen öffentlichen Diskussion und in der Geschichte und Soziologie der Kindheit und Jugend vielfältige und unterschiedliche Konzepte; ich erinnere ganz knapp an sie, weil erst vor dem Hintergrund dieser Normalerwartungen der Skandal des Elends von Kindern und Heranwachsenden deutlich wird.

- Die Heranwachsenden sollen, so heißt es, in die Gesellschaft hineinwachsen, groß werden, um die anstehenden Aufgaben übernehmen und fortführen zu können: Heranwachsende als Träger und Garant gesellschaftlicher Kontinuität.
- Diese Integration in die Gesellschaft ist mit vielfältigen Problemen belastet; Familien, Schulen und Ausbildungsangebote werden ihren Aufgaben nicht durchgehend gerecht: Es gibt Ungleichheiten zwischen männlichen und weiblichen Heranwachsenden z. B., es gibt Unzulänglichkeiten in der Diskrepanz zwischen Ausbildungsmöglichkeiten und Berufsangeboten, es gibt Unwilligkeiten und Verweigerungen vor allem

z.B. zum öffentlichen und gesellschaftlichen Engagement; Jugend als Problemgruppe.
- Heranwachsende sind gerade weil sie kritisieren, sich verweigern und so besondere Aufmerksamkeit beanspruchen, bedrohlich; sie müssen gebändigt und diszipliniert werden; Jugend als Bedrohung.
- Heranwachsende erscheinen in ihrer Unruhe als produktiv; Margaret Mead sieht in ihnen gerade die für das Überleben der modernen Gesellschaft notwendige Gruppe; in der sich so rasch wandelnden, erneuernden Gesellschaft wird Jugend – im Gegensatz zu traditional bestimmten und festgefügten Gesellschaften – Träger der gesellschaftlichen Veränderung; Jugend als Träger der spezifisch modernen gesellschaftlichen Entwicklung.
- Heranwachsende erscheinen in ihrer Unruhe, in ihrer Fähigkeit zu Courage, Risiko und Experiment, als Garant von Lebensmöglichkeiten, zu denen die schon Erwachsenen sich nicht mehr aufraffen wollen, an die Schwierigkeiten des Lebens und ihr Versagen gewöhnt; sie sind gleichsam korrumpiert. „Die Enkel fechten's besser aus", jener von Ernst Bloch immer wieder zitierte Landsknechtvers ist eine tragende Maxime in Jugendkulturen, vor allem aber auch in Studentenbewegungen.

Solche Bilder und Funktionszuschreibungen für Heranwachsende ließen sich erweitern und detaillieren; ich tue das nicht und ziehe mich jenseits dieser, ja auch mit Ideologien besetzten und ideologiekritisch zu analysierenden Bilder auf eine schlichte Grundaussage zurück: Indem Menschen nur eine begrenzte Zeit zum Leben haben, indem Generationen sich abwechseln, indem Generationen nachwachsen müssen, damit Leben sich fortsetzt, ist Jugend in einem ganz trivialen Sinn die Zukunft der Gesellschaft. – Wenn nun große Gruppen der Heranwachsenden im Elend leben müssen, erfahren sie, daß sie in dieser Gesellschaft keinen Ort haben, überflüssig sind, nicht dasein sollten. Sie leben ohne Perspektive, an der allgemeinen Entwicklung und ihrer Normalität, an ihren Sicherheiten in bezug auf Auskommen, Arbeit, Wohnung teilhaben zu können. Indem ihnen die Zukunft der Gesellschaft vorenthalten bleibt, negiert die Gesellschaft in ihnen ihre eigene Zukunft, – für diese Heranwachsenden bietet sie keine, von ihnen jedenfalls kann sie keine erwarten.

Ich denke diese Gedanken mit Angst zu Ende. Ist das Elend der Heranwachsenden Indiz dafür, daß unsere Gesellschaft ihre Zukunft in den Heranwachsenden deshalb nicht sichert, weil sie selbst nicht an sie glaubt? Ist das Jugendelend Indiz für eine Moral, der die Möglichkeiten und Garantien von Technik, Besitz und Vernichtung wichtiger sind als Gesundheit, Bildung und Leben, Indiz einer Moral, der der Gewinn mehr zählt ist als der Ruin jener natürlichen Ressourcen, ohne die die weiteren Generationen nicht leben können? Horst-Eberhard Richter hat in der modernen gesellschaftlichen Entwicklung einen unterschwelligen, aber letztlich alles bestimmenden Trieb zur Selbstzerstörung festgemacht. „Nach uns die Sintflut“, wozu brauchen wir dann noch Heranwachsende, noch Fortführung der Geschichte, noch Träger der Entwicklung?

So sehr nun aber die Faktizität von heutiger Entwicklung und von Kinderelend eine solche umstandslose und harte Auslegung nahelegen kann, so ist sie doch in ihrer Eindeutigkeit undifferenziert. – Die Geschichte der industriell-technischen Entwickung zeigt, daß sie von Anfang an einhergeht mit den Versuchen, Reichtum auch sozial zu nutzen, Umverteilungen und soziale Sicherungen zu stabilisieren; daß diese Anstrengungen nicht folgenlos sind, ist evident, vor allem in den nördlichen Ländern. Deutlich ist aber, daß sie auch in den nördlichen Ländern nicht überall greifen; vor allem aber sind die Unterschiede zwischen den Ländern groß; oft geht die soziale Versorgung auf Null. Die Ausbeutung der weniger entwickelten Wirtschaften ist die Basis des Wohlstands der anderen – der Wohlfahrtsstandard der einen Länder ist auch bezahlt mit der Nicht-Wohlfahrt der anderen.

Die Entwicklung dieser Kluft hat ihren Grund in der Struktur unserer herrschenden ökonomisch-politischen Struktur; Gesellschaft funktioniert, wenn die Entwicklung von mächtigen Gruppen getragen und unterstützt wird; Gesellschaft funktioniert – das ist die böse Kehrseite dieser Einsicht – auch dann, wenn große Gruppen nicht an ihren positiven Möglichkeiten teilhaben, nicht integriert sind. Eine gespaltene Gesellschaft ist lebensfähig – oder glaubt es zu sein.

Solche Hinweise sind allgemein; sie zielen auf Strukturen und Probleme, die prinzipiell in der sich industrialisierenden Weltgesellschaft angelegt sind. So global zu fragen, ist angesichts der Tatsache der sich ausbildenden Weltgesellschaft notwendig, aber nicht hinreichend. Es ist ein notwendiger Rahmen, in dem es zu differenzieren gilt.

Elend und Verlorenheit werden in unterschiedlichen Gesellschaften sehr unterschiedlich erlebt. Kinderelend, das und Leben von Kindern auf der Straße, muß differenziert betrachtet werden.

Natürlich: Ausgesetztsein ist Ausgesetztsein, Hunger ist Hunger, Not ist Not. Solche elementaren Bestimmungen einer verelendeten Lebenslage – und die Notwendigkeit hier zu stützen und zu helfen – könnten Fragen nach den Unterschiedlichkeiten und Differenzierungen als künstlich, jedenfalls nicht besonders dringlich erscheinen lassen; damit aber wären sie falsch verstanden: Not, Hunger und Ausgesetztsein werden von Menschen erlebt und menschliches Erleben kann nicht nur einfach in gleichsam objektiven Daten dargestellt werden: Es wird erfahren, interpretiert; aus dem Verständnis der Situation ergeben sich ebenso Selbstbewußtsein, Weltverständnis wie – vor allem – die Formen des Leidens und die konkreten Handlungen zum Überstehen in der Situation.

Ich will im folgenden einige Fragen zur Differenzierung der Lebenslage von Jugend und Jugendelend andeuten.

Das Verständnis von Jugend in der Gesellschaft und vor allem das Lebensgefühl von Jugendlichen selbst ist abhängig von der Bevölkerungsstruktur. Der Anteil der Heranwachsenden – also der unter 15-Jährigen – schwankt z.B. zwischen nördlichen und südlichen Gesellschaften zwischen 15 und 45 Prozent; Heranwachsende sind also entweder eine kleine Gruppe in einer tendenziell alternden Gesellschaft oder ein bedrohlicher Überfluß in einer jungen Gesellschaft, deren weitere Expansion programmiert ist.

Das Leben von Heranwachsenden ist sehr unterschiedlich eingelassen in die allgemeine Lebensstruktur. In unserer nördlichen Gesellschaft gilt Kindheit und Jugend als Lernzeit in einem eigenen, pädagogisch strukturierten, von der Erwachsenenwelt abgehobenen Lernraum: Uns erscheint es problematisch, wenn diese Lernzeit zu früh, also schon mit 14 oder 15, beendet wird; der Psychoanalytiker und Jugendforscher Siegfried Bernfeld sprach schon in den 20er Jahren davon, daß solchen Jugendlichen Jugend im eigentlichen Sinn vorenthalten bleibe. Diese eher elementare Aussage gilt für unsere hochindustrialisierte Gesellschaft in der Differenz zu den südlichen Ländern als Basisvoraussetzung unseres Lebenskonzeptes; (sie gilt, auch wenn uns inzwischen die Schwierigkeiten einer sich immer weiter verlängernden Lernzeit ebenso deutlich geworden sind wie die schwierigen Konsequenzen einer sich zunehmend pädagogisierenden Familien- und Schulwelt). – In solchem Sinn von Kindheit und Jugend zu reden aber ist für viele andere Gesellschaften unsinnig, ja zynisch: Hier beginnt die Mitarbeit am Familienunterhalt früh, bisweilen ab fünf, ist die Abgehobenheit eines Lernraums nicht existent. Jugend in unserem Sinn gibt es für breite Zonen nicht.

Heranwachsende leben in sehr unterschiedlichen kulturellen Traditionen, die z. B. das Verhältnis von Öffentlichkeit und Familie ebenso prägen wie die Struktur von Familie, Familienverbund und die daraus resultierenden Erwartungen an Heranwachsende. Was Verwandte, was Eltern, was Geschwister, was vor allem intime Beziehungen in der Familie und Erwartungen an die eigene Selbständigkeit bedeuten, ist zwischen den Kulturen nur sehr schwer vergleichbar.

Die Einschätzung von Jugendproblemen und Jugendelend ist abhängig von der generell die Gesellschaft bestimmenden Verteilung der Lebensressourcen; je nach dem Anteil unterprivilegierter Schichten haben Jugendelend und auch besonders belastete Lebensformen ein sehr unterschiedliches Gewicht.

Die Gruppen oder Cliquen, in denen Jugendliche auf der Straße leben, sind in ihrer Bedeutung und ihrer Form bestimmt durch die gesellschaftliche Situation und durch kulturelle Traditionen. Wenn Migrationsbewegungen, Not und Elend massenhaft Jugendgruppen entstehen lassen, ist dies eine andere, gleichsam „normale" Lebensform, als wenn es eher besonders belastete, nur in Randzonen lebende Gruppen sind. Wenn das allgemeine Elend weitverbreitet zu problematischen Überlebenstechniken führt, liegen auch viele der problematischen Aktivitäten von

Jugendgruppen noch im allgemeinen Rahmen; es gibt sie, weil es sie gibt, sie werden in der Solidarität der Armut toleriert. – Also: Die Schwelle zur Auffälligkeit, die Grenzen zwischen dem, was als normal gilt und dem, was nicht mehr als normal toleriert werden kann, sind sehr variabel.

Heranwachsende müssen auch auf der Straße leben, Straßen aber als Lebensräume bedeuten in unterschiedlichen Kulturen Unterschiedliches: Straßen in nördlichen Großstädten sind andere Erfahrungsräume als die Öffentlichkeit z.B. südamerikanischer Favelas oder der immer weiter wachsenden, von diffusen Erwartungen bestimmten expandierenden Großstädten oder als Straßen in den von religiösen Armutstraditionen geprägten Slums Indiens.

Straßenbanden gewinnen unterschiedliche Bedeutung auch in politischen Kontexten. Widerstandstraditionen z.B. setzen sich auch im Protestpotential von Jugendbanden fort. Und: Wenn Kinder und Jugendliche kein kindliches, jugendliches Leben haben, sondern kämpfen müssen, um zu überleben, dann sind sie kompetent in ihrer Situation, dann wird der Unterschied zwischen ihnen und Erwachsenen hinfällig: Sie sind im Leben erfahren. Die südamerikanischen Kinderkonferenzen sind eindrucksvolle Zeichen solcher Kompetenz.

Die Situation von Straßenkindern – und verelendeten Kindern überhaupt – ist zunächst ein Problem der Wirtschaftspolitik, der Sozialpolitik, der Familienpolitik, der Gesundheitspolitik, der Jugendpolitik. – Nachgeordnet aber gibt es auch die pädagogischen Probleme. Politik und Pädagogik braucht es nebeneinander; es gilt aber der Gefahr zu wehren, daß die Pädagogik als Alibi für verfehlte, versagende, zynische Politik mißbraucht wird, sich mißbrauchen läßt.
Im Konzept eines Überlebenlernens hat die soziale/pädagogische Arbeit mit Straßenkindern ihren Ort.

Ivan Illich (1971) und Paolo Freire (1980) haben generelle Konzepte entwickelt für die Aneignung von Erfahrung, für authentisches Lernen, für eine neue Schule; ihr Ziel ist ein pädagogisches Arbeiten, das Überlebens- und Lebenschancen schafft gegenüber der Übermacht in der Kultur des Schweigens. – Diese Pädagogik wehrt sich gegenüber einer kolonialisierenden Gesellschaft, die

Kinder und Heranwachsende in Lebens-, Leistungs- und Arbeitsformen anpassen will, die nur den gegebenen Lebens-, Produktions- und Konsumptionsformen entsprechen: Erziehung als Disziplinierung, – vornehmer formuliert: als Integration. – Eine Pointe dieses Ansatzes von Illich und Freire aber liegt darin, daß diese auf Anpassung zielenden Intentionen sich häufig realisieren in Gestalt wohlmeinender, freundlicher Hilfe und Unterstützung. Europäische Institutionen und Ansätze werden übertragen (Anstalten und Heime z. B.), ohne daß geprüft wird, wie und worin sie den neuen eigenen Strukturen entsprechen könnten: sie wirken wie die Fortsetzung der alten Kolonialpolitik. – Gewiß: In diesen Ländern fehlt – natürlich abgesehen von der Wirtschaftspolitik – zunächst Sozialpolitik als elementare Sicherung gegen die Risiken des Lebens und Arbeitens, hier fehlen ebenso Institutionen der Unterstützung und Hilfe. Dieses Fehlen aber darf kein Grund sein, es in Formen zu entwickeln, die den gewachsenen Strukturen und eigensinnigen Möglichkeiten fremd sind, ja sie entwerten und zerstören. –

Einer Pädagogik und sozialen Arbeit in der Form kolonialisierender Anmaßung widerspricht auch das Konzept einer lebensweltorientierten sozialen und pädagogischen Arbeit mit Straßenkindern auf der Straße.

Dies Konzept zielt darauf,

- daß diese Kinder und Heranwachsenden verstanden werden müssen als Kinder und Heranwachsende mit Bedürfnissen, Nöten und Aufgaben, wie sie alle haben, – daß sie verstanden werden müssen im Kontext ihrer Lebenswelt, also in ihrer spezifischen Lebens- und Gesellschaftsform, in den Gegebenheiten ihrer sozialen, psychischen und regionalen Situation, in den Gefährdungen und Möglichkeiten des Lebensraums und der sozialen Strukturen, in denen sie leben,
- daß Sozialpädagogik sich versteht als Arbeit in diesem Raum, daß sie zunächst Vertrauen, Solidarität und Phantasie aufbauen muß, und sich dabei nicht mit der Straße begnügen darf, daß sie – daneben – Räume, Gelegenheiten zum Schutz, vor allem zum Lernen, braucht,
- daß Sozialpädagogik versucht, gegenüber der Verzweiflung, dem Haß und der Gewalt Alternativen zu entwickeln, also

Lebensformen, die nicht selbstgefährdend und fremdschädigend sind, – Lebensformen, die die Energien, Talente und Hoffnungen in den Verhältnissen und in der individuellen Kraft der Heranwachsenden nützlich machen und stabilisieren können. – Daß solche Straßenarbeit nur sinnvoll ist im Verbund mit anderen pädagogischen Initiativen und Institutionen, ist ebenso evident wie, daß solche pädagogische und soziale Arbeit nur möglich ist auch als politische Öffentlichkeitsarbeit, also als Kampf um Einmischung in die konkreten lokalen und in generelle politische Auseinandersetzungen.

Jugend auf der Straße – Mobile Jugendarbeit

‚Krieg in den Städten' ist die grelle Überschrift eines Berichts, der 1991 zu Jugendgangs in Deutschland erschienen ist (Farin/Seidel-Pielen 1991).

- Jugendgangs und Cliquen vermehren sich – vor allem in den Städten, aber zunehmend auch auf dem Land (im Zug der sich durchsetzenden Industrialisierung der ländlichen Regionen).
- Jugendgangs vermehren sich vor allem unter heranwachsenden, jungen Menschen ab 15, – zunehmend aber gibt es auch jüngere Mitglieder, kids, die Anschluß suchen an die bewunderten Helden der Straße.
- Jugendgangs vermehren sich, indem sich vor allem männliche Gruppen, aber auch erste Mädchengruppen bilden. Dies ist, wie die Zunahme von weiblicher Kriminalität insgesamt, Indiz für eine zunehmende Angleichung zwischen jungen Männern und jungen Frauen.
- Jugendgangs werden zunehmend auffällig mit ihren ideologisch extremen, auch rassistisch rechtsextremen Parolen und durch die Härte der Auseinandersetzungen, die sie untereinander und mit der Öffentlichkeit führen. Sie wollen und können Angst erzeugen. Stadtteile, Straßen, Schulhöfe und Jugendhäuser werden unsicher. Der Ruf nach harten Reaktionen, nach Polizei und Selbstschutz wird laut.

Zum Verständnis dieser Bandenkultur im Kontext einer lebensweltorientierten Arbeit ist es notwendig, nach den Strukturen zu fragen, in denen Banden sich bilden und sie agieren und nach ihrem Selbstverständnis und Alltagsleben.

Ich will also danach fragen,

- was Jugend, was Lebenslage von Jugend in unserer Gesellschaft bedeutet,
- welche Funktionen Banden für ihre Mitglieder haben,
- was Straße als Lebensraum solcher Banden in unserer heutigen Gesellschaft bedeutet, und schließlich
- in welchem gesellschaftlichen Kontext heute sich die Gewalt dieser Banden ausbildet und darstellt.

In einem zweiten Teil soll skizziert werden, welche Konsequenzen sich für eine mobile Arbeit mit Jugendgangs ergeben.

Lebenslage Jugend

Zunächst gilt es festzuhalten: In welchem theoretischen Kontext man auch Jugend versteht, welche Veränderungen auch in Bezug auf diese Phase konstatiert werden: Übereinstimmung gibt es darin, daß Jugend die Zeit ist, in der Menschen sich in der Wirklichkeit so orientieren müssen, daß sich ihnen ein Bild von der Wirklichkeit und von ihrer eigenen Rolle in ihr ergibt. Jugend ist die Zeit der wachen Erfahrung von gesellschaftlichen und eigenen Lebensmöglichkeiten, die Zeit, in der sich die eigenen Optionen und Erwartungen ausbilden in der Auseinandersetzung mit Vorgaben, Erwartungen und vor allem auch im Widerspruch zu ihnen. Jugend ist eine Zeit des Fragens, Suchens, und Experimentieren mit den eigenen Möglichkeiten, eine Zeit des Kampfes um die eigene Identität. Dieses Experimentieren wird oft mit großer Vitalität und Leidenschaft betrieben. Junge Menschen sind in ihren Kräften noch nicht abgenutzt, verbraucht durch die Einordnung in den Gang des gesellschaftlich geprägten Lebens, durch die Routinen und Anstrengungen in Beruf, Zusammenleben und Freizeit, – sie sind noch nicht kompromittiert durch die vielen Enttäuschungen und Kompromisse, die Menschen im Laufe des Erwachsenwerdens allmählich mit sich, den anderen und der Gesellschaft schließen.

Solche allgemeinen Hinweise aber sind unzulänglich, solange sie nicht auf die konkreten Strukturen und Verhältnisse unserer Gesellschaft bezogen werden.

Jugend in der Zwei-Drittel/Ein-Drittel-Gesellschaft

In der Konsumgesellschaft wächst nicht nur der verfügbare Reichtum, sondern wird auch als allgemeine gesellschaftliche Norm gleichsam verbindlich suggeriert – dies erzeugt berechtigten Neid. Die Anomie-Theorie von Robert Merton ebenso wie die Analyse des sozialen Orts von Siegfried Bernfeld bestätigten sich zunehmend: Die Erfahrung von Ungleichheit, von vorenthaltenen Lebensmöglichkeiten erzeugen Haß, Protest und Rückzug in die Verzweiflung, z. B. in die Sucht. – Dieser Tatbestand ist in unserem reichen, sozialstaatlich abgesicherten Land sehr an den Rand gedrängt worden; in den letzten Jahren aber wird er zunehmend wieder deutlich: Die Wirtschaftspolitik führt ebenso darauf hin wie die Probleme, die sich durch die Wiedervereinigung ergeben. Unterprivilegiert sind vor allem auch die Ausländer, die nicht im Sinn eines multikulturellen Zusammenlebens gleichberechtigt integriert sind, sondern gravierend benachteiligt, – in Bezug auf ihre Ausbildungsmöglichkeiten ebenso wie ihre Berufschancen. Das Faktum ihrer Existenz aber bedeutet immer auch Konkurrenz, Herausforderung und Bedrohung für die Einheimischen: Rassismus, Extremismus verstärken sich.

Für junge Menschen, die nach einem Bild der Wirklichkeit und nach ihrer Rolle in ihr suchen, sind diese Unterschiede besonders herausfordernd; in ihrer Lebensphase wird die Erfahrung des Am-Rand-Lebens, des Zu-Kurz-Kommens mit besonderer Leidenschaft wahrgenommen und in eigene Reaktionen umgesetzt.

Diese Struktur einer Zwei-Drittel/Ein-Drittel-Gesellschaft, muß für unsere gegenwärtige Situation vermittelt werden mit den Tatbeständen einer zunehmenden Erosion traditioneller Lebens- und Normkonzepte und der Pluralisierung und Individualisierung von Lebensverhältnissen. – Erosion tradierter Normen bedeutet für Heranwachsende, daß undeutlich wird, was Jugend heißt. Jugendzeit dehnt sich nach unten und oben aus, erstreckt sich also von den kids (den 9- bis 14-Jährigen) bis hin zu den jungen Erwachsenen (also den 25- bis 28-Jährigen). Jugend verändert sich in ihren Lebensmöglichkeiten und ihrem Selbstverständnis. Die Traditionen der Autorität, also z. B. von Mutter, Vater und Erwachsenen, aber auch von der Schule und von

Schul-Aufgaben werden fragwürdig. Für Jungen und Mädchen, vor allem auch aus unterschiedlichen Regionen und Traditionen bieten sich unterschiedliche Lebensentwürfe an. Junge Menschen müssen sich ihren Lebensplan, ihre Lebenswege selbst suchen, müssen sich ausweisen, und legitimieren in dem, was sie als eigene Lebensmöglichkeit wählen. Sie werden zum Regisseur ihrer Verhältnisse, – zum Regisseur natürlich innerhalb der Vorgaben der ZweiDrittel/Ein-Drittel-Gesellschaft und der pluralen Lebenslagen. Dies bedeutet auch Verunsicherung und Überforderung. – Für junge Menschen ergänzen sich – das charakterisiert unsere Situation – zwei Verunsicherungen, die die im Status Jugend liegt und die der historischen Situation. Sie bestärken und entzünden sich gegenseitig.

Überforderung kann zum Rückzug führen, ebenso aber auch dazu, sich an feste Weltbilder, Ideologien zu halten, an traditionell männliche, die die Stärke und Sicherheit der Selbstbehauptung betonen, an rassistische, die den Wert der eigenen Existenz betonen, an rechtsextreme, die die Minderwertigkeit anderer Nationalitäten und Lebensformen behaupten und demonstrieren. – Diese Überforderung kann auch zu Gewalt führen: kräftig, selbstbewußt und körperlich direkt sich und den anderen zeigen, wer man ist. – Und dies liegt umso näher, wenn Verzweiflung und Haß aus Unrecht und Elend sich verbinden mit Unsicherheit und Überforderung.

Gruppen, Banden, Cliquen, Gangs

Ein wichtiges Medium junger Menschen, sich in der Wirklichkeit und in ihr mit sich selbst zurecht zu finden, ist die Gesellschaft der Gleichaltrigen, der Peers. – Das war auch früher so; die Geschichte der verschiedenen Formen von Jugendgruppen, auch von Banden, – z.B. der Bettlerbanden, der Straßenbanden – ist weitläufig und interessant; auf sie aber darf ich mich hier nicht einlassen. – Die Gleichaltrigen-Gesellschaft, die Gesellschaft der Pears gewinnt für die Heranwachsenden in unserer gesellschaftlichen Situation eine besondere Bedeutung. Wenn nämlich die Autorität von Eltern und Älteren brüchig wird, wenn die Lernaufgaben in der Schule und im gesellschaftlichen Leben uneinsichtig und vor allem für viele unattraktiv werden (es ist nicht deutlich, wozu man sie bewältigen muß, sie führen nicht auf erkennbare Wegen in eine Zukunft), dann wird das Leben mit Gleichaltrigen wichtig: In der Offenheit der pluralen und individualisierten Lebensformen liegt der Bezug auf die nahe, die dem Alter nach vor gleichen Problemen und Aufgaben stehen. Aus der in der Tradition üblichen Zwischenzeit einer Vorbereitung auf das, was später im Erwachsenenleben notwendig sein wird, wird ein eigener Lebensraum, eine Zeit mit eigenen Werten, eigenen Zielen, eigenen Lebensformen, eine Zeit der eigenständigen Jugendkultur.

Diesen allgemeinen Zusammenhang gilt es festzuhalten, wenn es um die Frage nach der Bedeutung von Gruppen, Cliquen und Gangs für ihre Mitglieder geht; die allgemeine Funktion des Zusammenlebens in der Gleichaltrigen-Gesellschaft konkretisiert sich hier. Die Gruppe dient dem Austausch der Erfahrung, der Erfahrung von Gemeinsamkeiten in Bezug auf Geschmack, Sprache, Kleidung, vor allem in Unternehmungen; hier erfährt man sich als dazugehörig, als gebraucht. Hier im überschaubaren, sozialen Kontext erfährt man seine Identität. – Dies gilt – und das ist ja seit langem Konsens in unterschiedlichen Forschungstraditionen – für alle Gruppenkonstellationen; es gilt besonders auch für Gruppen mit harten, autoritär-hierarchischen Umgangsformen und harschen, aufsässigen, den gesellschaftlichen Konsens störenden und verbotenen Aktivitäten.

Solche Aktivitäten – so schwierig, gefährdend und gefährlich sie auch sein mögen – müssen zunächst in diesem Kontext gesehen werden: Sie dienen als Medium der Erfahrung des Gruppenerlebens. Fritz Sack (1990) hat gerade sehr eindrücklich deutlich gemacht, wie von hier aus die Abgrenzung zu anderen Gruppen und die Abgrenzung zur Öffentlichkeit und der öffentlichen Meinung gesehen werden muß, aber auch, wie die harten ideologischen und gewalttätig besetzten Konzepte, mit denen Gruppen ihre Aktivitäten legitimieren begründet sind: sie erfüllen instrumentelle Funktionen. Mit Nazischmierereien kann man Pädagogen ärgern, mit rassistischen Parolen kann man sich von der Normalität der pädagogisch-politisch wohlmeinenden allgemeinen Gesellschaft absetzen. Je schriller das Konzept, je sinnlicher die Erfahrung von Unterschied, ja Gegnerschaft, umso deutlicher ist das Gefühl des Zusammenhalts in der Gruppe, das Eigengefühl. – Diese gleichsam instrumentelle Funktion der Ideologien wird sehr eindrücklich deutlich in unterschiedlichen Individualbiographien: Indem Heranwachsende gleichsam von Weltanschauung zu Weltanschauung rutschen, suchen sie, bis sie die Formen finden, in denen sie ihr Selbstbewußtsein leben können.

Jugend auf der Straße

Gruppen auf der Straße gab es immer: Die Straße aber hat wie die Jugendgruppe eine Geschichte. Was Straße heute im Unterschied zu früheren Zeiten bedeutet, kann nur verstanden werden im Kontext des Verhältnisses von Öffentlichkeit und Privatheit: Indem sie sich in unserer modernen Gesellschaft zunehmend voneinander trennen und die Welt des Privaten (z. B. der Familie und Schule) ihren eigenen Gesetzen folgt, wird die Straße als Raum der Öffentlichkeit zunehmend zur Restkategorie. Straße ist, für Kinder und Heranwachsende leerer Raum, Raum der Bedrohung, der Gefährdung; (Jugendarbeit entstand, um. die Heranwachsenden von der Straße abzuziehen). Straße ist – neutraler und offener formuliert – freier, besitzloser Raum. Darin aber bietet er sich für Jugendgruppen und Gangs an, die kein Zuhause haben, die sich aus schon besetzten Räumen absetzen, sich einen Raum erobern und als ihren Lebensraum gestalten wollen. Straße kommt so ebenso dem Bedürfnis nach Eigenleben wie der Verzweiflung der Ortlosigkeit entgegen. – Aber: Straße als freier Raum wird in unserer Gesellschaft auch öffentlich kontrolliert; eigenwilliges Straßenleben wird als Auffälligkeit mißtrauisch beäugt und verfolgt. Das Netz der Kontrolle wird dichter, wenn Straßenleben von Menschen und Gruppen praktiziert wird, die in der Gesellschaft auch sonst als auffällig und gefährlich gelten, die stigmatisiert sind. Dies aber provoziert im Spiel von Verfolgtwerden und Verfolgen, im Spiel von Sich-Wehren und Sich-Behaupten neue Auffälligkeiten – oft solche, die im Nachhinein den Grund für die Kontrollen erst liefern.

Gewalt

Zunächst ist auch hier daran zu erinnern, daß es Gewalt auf der Straße schon immer gab, daß vor allem Jugendliche und Jugendgruppen die Straße auch früher für gewalttätige Formen der Selbstdarstellung und Auseinandersetzung benutzten: in Bettlerkriegen, in Bettler- und Straßenschlachterei, bei Karnevalsfesten, bei Jahrmärkten und Kirmes; Studentenverbindungen haben im vorigen Jahrhundert die Formen des Händelsuchens und Provozierens auf der Straße zur Virtuosität ausgebaut. – Was aber bedeutet Gewalttätigkeit heute in unserer Gesellschaft? – Norbert Elias hat sehr eindrucksvoll gezeigt, wie selbstverständlich im ausgehenden Mittelalter Gewalt ein Zeichen von Stärke, Macht, Spontaneität, Unbeherrschtheit war, deren man sich nicht schämen mußte, das gleichsam selbstverständliches Moment des Lebens war. Die Geschichte der Zivilisation ist – nach Elias (1969) – auch die Geschichte der sich zunehmend sublimierenden Auseinandersetzungen zwischen den Menschen: Unsere Gesellschaft ist charakterisiert als Zivilgesellschaft, eine Gesellschaft, in der im normalen Leben die direkte, gewalttätige Auseinandersetzung geächtet ist; Gewalt ist Monopol des Staates und seiner Institutionen, die Bürger haben gewalttätige Auseinandersetzungen an den Staat delegiert, ihnen steht das Recht auf Gewalt nicht zu und sie praktizieren es da, wo es privat möglich ist z.B. in der Familie, oder wo sie in der Anonymität des Verkehrs oder im leeren Raum der Straße sich unkontrolliert glauben. – Gewalt auf der Straße ist, in diesem Zusammenhang gesehen, ein Ausbruch aus Konventionen unserer Zeit, ein Akt gegen die mühsam errungene Zivilisationskultur.

Aber so eindeutig diese Linie der Sublimierung ist, so einseitig ist eine solche Darstellung. Direkte Gewalt, Gewalt in der Interaktion, ist das eine, das andere sind strukturelle Zwänge, gesellschaftliche und soziale Vorgaben, die Menschen einengen, wehrlos machen, vergewaltigen. Solche strukturellen Zwänge wachsen – so noch einmal Elias – mit der zunehmend komplexer werdenden, sich organisierenden, sich institutionalisierenden, sich bürokratisierenden gesellschaftlichen Wirklichkeit. Und vor allem: In unserer Gesellschaft wächst das Bewußtsein diese Zwänge durch Vorgaben und Strukturen eingeengt, genötigt, ja vergewaltigt zu werden. – In dieser Situation der geächteten direkten und der zunehmenden strukturellen Gewalt stellt sich die Frage – Galtung (1975) z.B. hat sie sehr intensiv verhandelt – ob und wie die Erfahrung struktureller Gewalt zur direkten Gewalt führt. Was liegt näher angesichts von Zwängen, die abstrakt und darin schwer greifbar, unangreifbar sind, als Kränkung, Haß und direkte Gewalttätigkeit? Für Heranwachsende in ihrer besonderen Situation des direkten, unmittelbaren Lebens und Sich-Auseinandersetzens ist dies besonders naheliegend.

So zu argumentieren aber greift noch einmal zu kurz. Gewiß: Direkte Gewalt ist in unserer Gesellschaft geächtet, – sie ist auch geächtet als Reaktion auf die Erfahrung struktureller Gewalt. Das Bedürfnis aber, sich zu wehren, Krisen und Konflikte auch gewalttätig zu lösen, ist damit nicht unterdrückt. Was man früher auch in Streit und Kampf miteinander aushandelte, ist tendenziell für uns Gegenstand von Träumen, und oft von tabuisierten Träumen, die dann in der Therapie bearbeitet werden müssen. – Und: Die Medien überschwemmen die Gesellschaft tagtäglich mit Bildern, die suggerieren, daß Menschen, die stark, kräftig, abenteuerlich und selbstbewußt sind, sich zu wehren wissen, also Gewalt beherrschen. Dies als Bildwelt von der Realität abzuheben – Medien also in einer nur kompensatorischen Funktion gegenüber einem vielleicht allzu braven und sublimierten Alltag zu sehen ist für viele und sicher besonders auch für junge Menschen nicht immer einfach. – Und: Die Politik spielt in Konflikten und Schwierigkeiten immer wieder mit gewalttätigen Auseinandersetzungen – natürlich mit der Möglichkeit des Kriegs, vor allem aber mit Möglichkeiten der Ausgrenzung unliebsamer Menschengruppen; die derzeit so beklemmende Diskussion zur Einwanderungs- und Asylantenpolitik ist sicherlich ein Spiel mit dem Feuer. Politische Konzepte wörtlich zu nehmen, in Aktionen umzusetzen, ist in der besonderen Situation junger Menschen verführerisch: – pointiert geredet: Sie tun, was andere nur denken oder phantasieren.

Sozialpädagogische Arbeit mit Gruppen, Cliquen, Banden

Aber so sehr sich auch rekonstruieren und verstehen läßt, welche Funktionen Gangs für ihre Mitglieder haben und, wie es in ihnen auch zu Gewalthandlungen kommt, – Gewalt bleibt in unserer Zivilisations-Gesellschaft in einer schwierigen Situation die schlechte, die ungekonnte Lösung, die die Täter selbst und andere gefährdet. Und ganz unabhängig vom instrumentellen Nutzen von Vorstellungen, Leitbildern und Ideologien: Sexismus und Faschismus, sind gesellschaftsgefährlich und inhuman. Es ist inhuman, wenn Gruppen ihre Mitglieder hörig halten und intern erpressen, wenn Gruppen sich gegenseitig bekämpfen und zusammenschlagen, wenn Geschäfte, Clubs und Discos unsicher sind, wenn Frauen sich nicht über bestimmte Straßen trauen können. – Rekonstruktion und Verständnis für Gewalt kann ihren Charakter nicht aufheben.

Was aber folgt aus solchen Überlegungen?

Zunächst: Die letzten Sätze dürfen nicht isoliert genommen werden; dann wären sie gefährlich mißverständlich. – Schlimm ist es zunächst,

- wenn Kinder und Heranwachsende keine Geborgenheit erleben, keinen Raum, keine Gelegenheiten finden, in denen sie sich in den Problemen ihres Heranwachsens entfalten, also mit sich experimentieren, sich in der Wirklichkeit erfahren können,
- wenn die Gesellungsformen der Heranwachsenden zu Banden, zu Cliquen werden, die sich als Minderheit erfahren in Abwehr und im Kampf,
- wenn diese Cliquen ihr Selbstbewußtsein in inhumanen Weltbildern finden,
- wenn diese Banden und Cliquen in sich oder gegeneinander und in der Öffentlichkeit gewalttätig werden.

Was aber ergibt sich als Konsequenz?

Politik ist angezeigt, Wirtschafts-, Sozial- und Städtebaupolitik. Solche Politik konkretisiert sich auch als Prävention, Prävention im weiteren Sinn der Gesellschafts-, Schul-, Familien- und Sozialpolitik und vor allem der Jugendpolitik verstanden. Das ist selbstverständlich bekannt, man mag es nicht immer wiederholen. Es trotzdem zu tun aber ist notwendig,

- damit nicht pädagogische, soziale Arbeit als Alibi mißbraucht wird dafür, daß schlechte, gleichgültige, unfähige Politik unbeachtet bleibt und
- damit in der immer nachgeordneten, aber deshalb ja nicht verzichtbaren, pädagogischen und sozialen Arbeit die Dimensionen der notwendigen Problemlösungen deutlich bleiben; sie müssen in konkrete Aktionen herunter kleingearbeitet werden, also in den engeren Möglichkeiten dieser Arbeit die Struktur einer lebensweltorientierten Hilfe bestimmen. – Es braucht soziale, pädagogische Arbeit in bezug auf die Unterstützung von Familien, aber auch in bezug auf eine Arbeit in der Schule; Schule muß als eigene Lebenswelt ebenso kompensatorische Leistungen erbringen wie den Mut haben, die gegebenen gesellschaftlichen und jugendlichen Spannungen nicht zu unterschlagen oder zu tabuisieren. Es braucht – und daran fehlt es generell und elementar – Training zum gekonnten Konfliktverhalten, also z.B. zur Kompetenz, ja oder und nein zu sagen, sich sozialem Druck zu entziehen, zur sozialen Phantasie und zur taktischen Souveränität; hier läßt sich aus den Präventionskonzepten zum Risikoverhalten ebenso lernen wie aus der Friedensbewegung. Es braucht ebenso Möglichkeiten zu Ausbildungen, zu lohnenden Arbeiten; es braucht Wohnraum.

Prävention ist das eine, mobile Arbeit mit jenen Gruppen, Cliquen und Gangs, die es gibt, das andere. Sie zu realisieren ist noch immer schwierig: Mobile Jugendarbeit ist in der Öffentlichkeit und im Kontext der sozialen Arbeit nicht hinreichend akzeptiert, infolgedessen zu wenig unterstützt; sie ist auch gleichsam intern gehindert durch Schwierigkeiten, die sich in der Arbeit selbst ergeben und sie blockieren.

Mobile Jugendarbeit muß zunächst als ein Moment der Sozialen Arbeit verstanden werden; sie ist auch eingebunden in und bezogen auf andere Formen der Jugendarbeit, mit ihren Programmen, Räumen, Erlebens- und Gestaltungsmöglichkeiten, so schwierig und gespannt das Verhältnis im Konkreten sich auch gestalten mag.

Mobile Arbeit mit Gruppen und Gangs auf der Straße ist für viele Sozialarbeiter nicht attraktiv. In ihr selbst nämlich liegt ein strukturelles Problem: Basis der Arbeit ist es, daß der Sozialarbeiter sich auf die Gruppe in ihrem Selbstverständnis einläßt, sich ihr in einer Form nützlich macht, die ihr aus ihren Problemen und Aufgaben heraus verständlich ist und so eine elementare Vertrauensbasis schafft, innerhalb derer dann – gleichsam in weiteren, aufbauenden Schritten – Arbeit auch an den eingefahrenen und problematischen Handlungs- und Deutungsmustern in der Gruppe möglich wird. Solche Arbeit gelingt nur, wenn die Heranwachsenden den Sozialarbeiter als Person erfahren können. Wie aber soll der Sozialarbeiter sich bewegen in Ideologien, in Handlungsstrategien, die ihm fremd, ja – mit guten Gründen – zuwider sind: Ein Sozialarbeiter ist engagiert in antifaschistischen Gruppen und Friedensarbeit – dies zu bekämpfen aber ist Ziel der Gruppe, mit der er arbeiten muß. Ein Sozialarbeiter hat sich zu neuen Konzepten dessen, was männlich und weiblich ist, durchgearbeitet, – seine Gruppe aber setzt auf traditionelle Rollen und bei den Männern auf überlieferte Formen der Verkennung und Unterdrückung von Frauen im Namen männlich-protziger, vitaler Selbstdarstellung. – Natürlich hilft dem Sozialarbeiter das Wissen um die Hintergründe und Zwänge, in denen sich Ideologien und Handlungen einer Gruppe entwickeln – sehr weit aber hilft das nicht. Fakt jedenfalls ist, daß soziale Arbeit in solchen Gruppen viel zu selten, praktiziert wird.

Um hier weiterzukommen, ist dreierlei notwendig:

Es braucht ein professionelles Selbstverständnis der Arbeit, das in aller Unverzichtbarkeit von Direktheit und Engagement doch Distanz wahrt, – Distanz jedenfalls soweit, daß Sozialarbeit es sich leisten kann, sich auf die Problemsicht der Gruppen einzulassen, ohne sich in der eigenen Identität, im eigenen Berufsverständnis, in der eigenen „Menschlichkeit“ zu gefährden. Hier braucht es Entwicklungskonzepte, die sich vielleicht auch belehren können aus Erfahrungen in anderen Bereichen, z. B. der harten Psychiatrie, oder der Trinker- und der Drogenarbeit. Daß das Problem der Straßen-Sozialarbeit besonders heikel ist, wird damit nicht bestritten: agiert sie doch ohne den Schutz einer Institution im Alltag der Gruppe; ihre Erfolgschancen hängen davon ab, ob sie sich auf diesen Alltag einlassen und in ihn integrieren kann. –

Mobile Arbeit sucht auf der Basis von Vertrauen alternative Handlungs- und Lebenskonzepte zu entwickeln und mit der Gruppe zu agieren. Braucht es aber nicht auch Deutlichkeit, Streit, Kampf um Weltanschauungen und Ideologien? Braucht es nicht die offene, offenisve Auseinandersetzung um Gewalt? Braucht es nicht eine neue Diskussion über alternative und konfrontative Umgangsformen? – Auch hier fehlen Modelle und Konzepte.

Damit die Gratwanderung zwischen Verstehen und Auseinandersetzung, zwischen Sich-Einlassen und Auf-Abstand-Gehen, zwischen Vertrauen und Distanz möglich wird, muß mobile Jugendarbeit, so bestätigen vielfältige Projekte, in sich autonom sein: Sie darf nicht eingebunden sein in irgendeine Institution, die ihrerseits aus anderen Interessen heraus Kontrollen ausüben will und darf: Mobile Jugendarbeit gelingt nur da, wo ihr im Kontext der sozialen Arbeit zugestanden wird, in eigener Verantwortung zu handeln. – Und: Die Fähigkeit zur Arbeit ist nur zu erhalten, wenn es der Schwierigkeit der Arbeit entsprechende Anerkennung – also auch Geld und Status – gibt und wenn in der Arbeit selbst die Möglichkeiten der Praxisberatung, der Supervision gegeben sind, damit Kolleginnen und Kollegen, die sich diese Arbeit zutrauen, mit den in ihr ganz unvermeidlich auftauchenden Problemen nicht sich selbst überlassen bleiben.

Schließlich braucht Mobile Arbeit Ressourcen, über die sie selbstständig verfügen kann: Mittel und Zeit für Bestandsaufnahmen und Planlegen, den Zugriff also auf Räume für spezifische Aktivitäten, für Clubarbeit z. B., den Zugriff auf Mittel, für besondere, alternative Unternehmungen, den Zugriff auf Möglichkeiten, in Krisensituationen zu übernachten, auf Wohnraum, den Zugang zu Beschäftigungsprogrammen. – (Es ist immer wieder faszinierend, mit wie unterschiedlichen Ressourcen mit unterschiedlichen Problemgruppen gearbeitet wird: In der Psychiatrie ist (für belastete Kinder und Heranwachsende ein großer Aufwand selbstverständlich und wird von den Krankenkassen bezahlt, in der Jugendhilfe werden beträchtliche Gelder für die Unterbringung im Heim oder in Pflegefamilien aufgebracht, in der mobilen Arbeit aber vertraut man weitgehend auf die Fähigkeiten der Mitarbeiter, sich die Ressourcen zu organisieren, die sie für ihre Arbeit brauchen – und, die Kollegen werden dabei durchaus mißtrauisch beäugt von Amtsträgern, in deren Handlungskatalog mobile Jugendarbeit noch nicht vorgesehen ist). –

Kinderleben in Pflegefamilien

Über Pflegefamilien und ihre Probleme, ihre Aufgaben, Chancen und Schwierigkeiten wurde ausführlich auf dem Pflegekinderkongress 1975 in Berlin verhandelt (Kongreßbericht IGfH und Bonhoffer/Wiedemann 1975). – 1975 – das war noch in der Zeit des sozialpolitischen Aufbruchs, von ihm war die Diskussion getragen: Pflegefamilien, das schien eine mit neuem Impuls vertretene Chance, aus der Misere der Anstaltserziehung herauszukommen; Pflegefamilien, vor allem sozialpädagogisch konzipierte Pflegefamilien, also Sonderpflegestellen, galten als neues Glied im Verbund der Jugendhilfemaßnahmen und zugleich – vielleicht – als eine Möglichkeit, auch neue, weniger traditionelle, offenere Formen von Familienerziehung zu praktizieren.

Inzwischen sind 16 Jahre vergangen. – Das Pflegekinderwesen hat sich stabilisiert; die Praxis zeigt Differenzierungen, den Ausbau von Planungs- und Beratungsinstitutionen, die Kräftigkeit der Pflegeelternorganisationen; es gibt die Städtetagsempfehlung, das neue Kinder- und Jugendgesetz, es gibt Ansätze zur eindringlicheren Forschungsdiskussion.

Aber – und das beschäftigt mich sehr: Vieles ist sich über die Jahre hinweg sehr ähnlich geblieben; es werden gleiche Fragen – wenn auch differenzierter gestellt. Und Antworten, die vor 16 Jahren formuliert wurden, könnten auch jetzt wieder gegeben werden; manches wurde damals sogar in einer Weise unverblümt und direkt gesagt, wie wir es heute eher ausgewogener und damit angepaßter zu entwickeln uns abgewöhnt haben. – Damals wurde gefragt:

- Verhandelt Jugendhilfe aus Anlass der Pflegefamilien nicht gesellschaftlich hochbrisante Fragen der Not, der Heimatlosigkeit und neuen Heimat für Kinder, die sie aber der Gesellschaft in ihrer Brisanz nicht vermitteln kann, gefesselt in der

Randständigkeit und vor allem in der Fachlichkeit ihrer internen Diskussion?

- Und: Können wir über Pflegefamilien reden, ohne die gesellschaftliche Funktion von Familie, ihre Ambivalenz zwischen Repression und Geborgenheit, ihre widersprüchliche Bedeutung im gesellschaftlichen – im restaurativen und progressiven – Kontext zu erörtern, also ohne ihre Krisen und notwendigen Veränderungen und, nicht zuletzt, ihre sozialpolitische Aschenputtelposition zu verhandeln?
- Und: Gibt es eigentlich die Pflegefamilie, gibt es nicht vielmehr ganz unterschiedliche Konstellationen von Pflegefamilien?
- Und: Braucht es angesichts des strukturell und rechtlich so prekären Arrangements einer privaten Erziehung als Jugendhilfemaßnahme nicht verläßlichere rechtliche und finanzielle Regelungen, braucht es vor allem nicht in einer anderen Weise ausgebaute Unterstützungen durch die Jugendhilfe, Kollegialität also zwischen Jugendhilfe und Pflegeeltern, Kollegialität als einen Modellfall im Umgang zwischen professioneller/formeller und informeller, „laienhafter“ Arbeit innerhalb der Jugendhilfe?

Solche Feststellungen treiben natürlich dazu, nach der Entwicklung und dem Tempo von Entwicklungen in der Jugendhilfe zu fragen. Deutlich wird zunächst, daß in der Jugendhilfe – jenseits der Verdächtigung, in ihr herrschten Neuerungssucht und rasche Moden – Stabilität in Sachaufgaben und Sachverhandlungen gegeben ist. Aber solche Sachverhandlungen brauchen Zeit, Zeit auch, weil Entwicklungen sich nur im Schneckentempo vollziehen, Zeit also, in der man auch ungeduldig, zornig und verzweifelt werden kann und muß, Zeit – schließlich – die sich vielleicht beschleunigen, auf „Trapp bringen“ läßt, indem man die Situation bilanziert, die Diskussion resümiert und dadurch forciert.

Aus den weitläufigen Fragen greife ich im folgenden nur eine heraus, die der historisch gesellschaftlichen Prägung der Pflegefamilie und des Kinderlebens in ihr, – gesehen im Zusammenhang der Entwicklung von Familienaufgaben und -formen. Ich will sie in fünf Thesen verhandeln.

Daß Kinder nicht in ihrer natürlichen Familie groß werden, war früher nicht ungeläufig. Erst mit dem modernen Dogma, nach dem die natürliche Mutter für die Erziehung ihrer Kinder zuständig ist, wird die Pflegefamilie – als ein Arrangement des Aufwachsens von Kindern in ihrer nicht natürlichen Familie – zur besonderen Familie, zum Sonderfall und damit zur pädagogischen, betreuungsbedürftigen Maßnahme.

Zunächst: Von der Historizität der Familie darf man nicht einschichtig und simpel reden. – Gewiß: Familie als Urbild des Zusammenlebens ist vor historischen Unterschieden gegeben, jedenfalls in unserem Kulturkreis. Bilder machen es immer wieder deutlich, – die Heilige Familie ist das Urbild des Glücks, die Pieta das der Trauer; die Bedeutung der Familie ließe sich auch aus der Geschichte des Alltagslebens belegen. – Über und in der Grundfigur aber gibt es gravierende historische Verschiebungen. Im Zusammenhang einer ungeschieden öffentlichen und privaten Familien- und Erziehungskultur war es z.B. im Ausgang des Mittelalters, im Übergang in die Neuzeit und bis weit in sie hinein nicht unüblich, daß Verwandte, Ammen und Personal, z.B. unverheiratete Schwestern, Großmütter, Kinderfräulein, Mägde, sich um die kleinen Kinder kümmerten, andere Frauen also, die stillen und pflegen konnten, die auch weniger mit den „Hausfrauverpflichtungen“ der Mutter belastet waren und deshalb für die Kinder Zeit hatten. – Kinder aber wurden nicht nur innerhalb der Familie anderen Frauen anvertraut, sondern auch nicht selten und früh aus der Familie herausgegeben. Elisabeth Badinter (1981) beschreibt aus dem 18. Jahrhundert in Lyon und Paris Entartungen des Ammenwesens, die uns heute kaum nachvollziehbar erscheinen: Kleine Kinder wurden Ammen übergeben, die viele Kinder zugleich zu sich holten und nicht selten über ein Jahr bei sich behielten, sofern die Kinder am Leben blieben. – Bei Armut oder auch bei chronischer Krankheit der Eltern war es verbreitet, daß Kinder zu Verwandten kamen, die eher imstande waren, sich um sie zu kümmern. Tagelöhner gaben ihre Kinder fort, damit sie sich z.B. bei Bauern selbst ihren Unterhalt schaffen konnten. Arme Kinder wurden oft zu reicheren Familien gegeben, damit sie es dort besser hatten und auch in die Erbschaft eintreten konnten. Buben kamen früh in die Lehre zu Handwerkern, die bei ihnen dann auch Elternrollen übernahmen. Kinder vom Land kamen zu Pfarrern oder städtischen Verwandten, weil sie dort lernen und sich bessere Lebensperspektiven als ihre Eltern schaffen konnten, auch adlige Kinder wurden früh in andere Häuser gegeben. – Vor diesem Hintergrund ist es schließlich nicht verwunderlich, daß Kinder und Heranwachsende, wenn sie als Waisen untergebracht werden mußten, als aufwandlose Esser und Arbeitskraft genutzt und schlecht gehalten wurden; Rosalia Wengers (1979) Lebensbericht ist eine eindrucksvolle Darstellung dieses Elends noch aus unserem Jahrhundert.

Solche Erinnerungen reichen wohl, um deutlich zu machen, daß die Familie als der Ort der primären Beziehung, daß der Zusammenhang von Familie und Erziehung, von Mutter und Kind so, wie er uns selbstverständlich ist, eine spezifisch neue Errungenschaft ist. Erst in dieser Selbstverständlichkeit und vor dem Hintergrund der Kriterien eines guten familialen und mütterlichen Lebens wird das Aufwachsen in der Pflegefamilie zur Ausnahme, zum Sonderfall, werden vor allem auch die Fremdheits- und Ausbeutungsverhältnisse bei Kindern und wiederum vor allem bei Pflegekindern auffällig und anstößig.

Was aber bedeutet diese Erinnerung für unsere heutige Diskussion? Zunächst relativiert sie die heutige Sicht der Probleme; unsere Verhältnisse sind historisch gegeben und Produkt der fortgeschrittenen, reichen Moderne. Wenn aber unsere Verhältnisse historisch geprägt sind, sind sie deshalb nicht leichter zu bewältigen. Sie können nicht mit allgemein psychologischen oder biologisch-psychologischen Theorien verstanden und vielleicht sogar normiert werden, also z.B. mit anthropologisch ausgelegten Konzepten, mit Prägungs- und Urvertrauenstheorien, (wie sie bis ins Tierreich hinein gelten), oder mit Bindungstheorien.

Pflegefamilien müssen im Kontext der gegenwärtigen gesellschaftlich geprägten offenen, pluralen Familienstrukturen gesehen werden.

Die These betont, daß die Pflegefamilie ein Sonderfall von Familie ist, aber eben nur ein Sonderfall. Fragen z.B. des Umgangs zwischen Eltern und Kindern, des Umgangs der Kinder untereinander, der Organisation der Lebenspläne, der Zuständigkeit der

Erwachsenen, der Fragen des Sich-Entwickelns und Frei-Lassens der Kinder, der Fragen der Vermittlung zum Kindergarten und zur Schule, der Fragen vor allem in der Problemballung der Pubertät. Solche Fragen stellen sich überall zwischen Erwachsenen und Kindern, in allen Arrangements des Zusammenlebens, in natürlichen Familien, in Stieffamilien, in Adoptionsfamilien, in Lebensgruppen im Erziehungsheim, in Pflegefamilien. Dies zu betonen scheint mir wichtig: Es entlastet die alltägliche Arbeit in der Pflegefamilie, es verhindert aber vor allem die Aussonderung, die Stigmatisierung von Pflegefamilien. Daß diese These auf die Besonderheiten der Pflegefamilie bezogen werden muß, ist evident: Das Wissen von der Allgemeinheit der Lebens- und Erziehungsprobleme in Pflegefamilien ist eine notwendige, aber keine hinreichende Voraussetzung zum Verständnis dessen, was in Pflegefamilien bewältigt werden muß.

Probleme in Familien und Pflegefamilien müssen im Kontext heutiger gesellschaftlicher Entwicklungen, gesehen werden. – Gewiß: Auch heute denken, so übereinstimmend die Umfragen, junge Menschen in überwältigender Mehrzahl auf Familie hin, leben 80% aller Kinder unter 15 Jahren bei beiden leiblichen Eltern und noch einmal 10% in neuen zwei-eltrigen Stieffamilien, – auch heute ist also Familie das in unserer Gesellschaft herrschende Lebensmuster und die herrschende Lebensnorm (s. 8. Jugendbericht). Aber wenn man auf die Entwicklung in den Lebensmustern des Zusammenlebens sieht (vor allem auch in den Trendsettern der Entwicklung, also in Großstädten oder Ballungsräumen), ergibt sich ein offeneres, brüchigeres Bild. Immer weniger Menschen lassen sich auf Verbindungen ein, immer weniger Menschen leben dauerhaft in ihnen, immer weniger Kinder werden in ihnen geboren. Diese Trends führen zu vielfältigen unterschiedlichen Arrangements des Zusammenlebens mit Kindern, zu Familien, zu Stieffamilien, zu Ein-Eltern-Familien, zu Freundschaftspaaren mit Kindern, – diese Trends führen auch dazu, daß in der Struktur des Arrangements liegende Schwierigkeiten sehr sensibel wahrgenommen werden und daß die jeweilige Form der Wahl neben und gegenüber anderen begründungs- und ausweispflichtig wird.

Im Kontext dieser Entwicklungen ergibt sich die besondere Position von Pflegefamilien. Pflegefamilien entsprechen – zunächst strukturell und allgemein gesehen – einem traditionellen Familienkonzept. Sie sind in der Regel durch Jahre hindurch stabil, Pflegeeltern haben eigene Kinder und nehmen sich dazu noch fremde; sie investieren und engagieren sich für das Leben mit Kindern, „Leben mit Kindern" ist hier Familienthema; es sind familiale Familien, Familien-Familien. – Damit aber gehören Pflegefamilien zu einer Minderheitengruppe heutiger Familien. (Dieser Typ ist auch unter Scheidungsfamilien repräsentiert: aus Schwierigkeiten wächst der bewußte Wille, noch einmal und wieder mit Kindern zusammenzuleben (vgl. Friedl/MaierAichen 1991).

Pflegefamilien aber nur so strukturell und allgemein zu sehen entspricht nicht der heutigen Situation. Bei Pflegefamilien zeigen sich die der Pluralisierung von Lebensformen entsprechenden Formen. Trotz des dominanten Pflegefamilientyps gibt es auch Alleinerziehende und Paare mit Pflegekindern. Vor allem aber gibt es in Pflegefamilien unterschiedliche Selbstkonzepte je nach traditionellen und regionalen Voraussetzungen. Schon der 5. Jugendbericht (1980) hat die traditionelle Form von Pflegefamilien, die Kindern das Mitleben in der Familie bieten, unterschieden von einem alternativen, fachlich begründeten Lebens- und Erziehungskonzept.

Die Unterschiedlichkeiten im Lebenskonzept von Pflegefamilien gehen einher mit den verschiedenartigen Bedürfnissen von Pflegekindern; Pflegekinder werden vermittelt auf Zeit oder auf Dauer, werden vermittelt in einen Lebensort neben der Ursprungsfamilie oder in einen neuen, eigenständigen Lebensort, in dem sie finden sollen, was ihnen die Ursprungsverhältnisse vorenthalten mußten. (Die Frage nach der Funktion von Pflegefamilien als Ergänzungs- oder Ersatzfamilien, wie sie für die Diskussion der letzten Jahre so brisant war, läßt sich, so scheint mir, vor diesem Hintergrund pluraler Familienarrangements und Aufgaben nicht in einem rigiden „Entweder-Oder" klären: Pflegefamilien können das eine und das andere sein. (s. „Mut zur Vielfalt" 1991)).

Pflegefamilien müssen im Kontext der gegenwärtigen durch Individualisierung, Intimität und Vergesellschaftung bedingten Schwierigkeiten in Familienleben und Erziehung gesehen werden. Familie und Erziehung sind normativ hoch belastet, aufwendig und ein heikler Balanceakt.

Die Pluralität familialer Lebensformen geht einher mit den Schwierigkeiten der Lebensführung, mit den individuellen Problemen der Lebensgestaltung. Im familialen Zusammenleben haben sich die Selbstverständlichkeiten und Erwartungen aller Beteiligten, der Frauen ebenso wie der Männer und der Kinder verschoben. – Die Frauen treten – so eindrucksvoll Maria Rerrich (1988) – erst jetzt in jene Selbstverständlichkeiten der Emanzipation ein, wie sie für Männer seit dem vorigen Jahrhundert gelten, wie sie Frauen aber zunächst im Namen der Ideologie von Hausfrau und Mutter vorenthalten worden waren; Frauen waren gleichsam mit einer halbierten Emanzipation abgespeist worden. Emanzipation als Doppelanspruch an Familie und Beruf oder als Erwartung innerhalb der Familie an Unabhängigkeit und Souveränität wird erst jetzt selbstverständlicher. – Und komplementär dazu geraten Männer zunehmend, wenn auch wohl erst nur tendenziell, in die Familien- und Erziehungsgeschäfte hinein. Zugleich aber Kinder und Heranwachsende Rechte, die ihnen die Erwachsenen auch zunehmend konzedieren, – motiviert z.B. durch eigene frühere, unglücklich-strenge Erfahrungen, befördert durch pädagogisches Wissen, belebt durch die Freude an und die Parteilichkeit für Lebensgestalten und -möglichkeiten von Kindern.

Weil familiales Miteinanderleben gegenüber der Härte unserer Produktions- und Marktgesellschaft auch als Alternative, als Chance eines freieren, subjektiveren Umgangs erscheint, gehen die neuen Offenheiten in den Lebenskonzepten der Beteiligten einher mit einem gestiegenen Anspruch aneinander; individuelle Umgangsformen, individuelle Ansprüche wollen ernst genommen werden. So verdichten sich im Binnenraum des Privaten die Erwartungen an unverstelltes, „authentisches" Miteinanderleben. (Die in der neueren Zeit so virulent diskutierten Probleme der Ablösung – besser: der Verselbständigung von Heranwachsenden – sind ein sehr deutliches Indiz für die Dichte und Brisanz der familialen Binnenerwartungen).

Intimisierung des Zusammenlebens aber wird begleitet von der zunehmenden Vergesellschaftung des Familienlebens. Der Einfluss des Kindergartens und der Schule wächst, die Freunde, die Peers; mit ihren oft so sehr anderen Lebensvorstellungen und Bräuchen werden wichtig; die Medien bestimmen mit ihren suggestiven und von der Familienkultur schwer beeinflussbaren Weltbildern Lebensvorstellungen und -erwartungen.

So wird Familienleben zum Vermittlungsakt zwischen immer wieder neu auszuhandelnden Rollen und widersprüchlichen Ansprüchen von Intimität und gesellschaftlichen Einflüssen; es verlangt eine aufwendige Balance.

Diese allgemeinen Strukturprinzipien würden plastisch, wenn ich sie in die Kasuistik des pädagogischen Alltags hinein konkretisierte, also verfolgte in die Verhandlungen – z.B. über die Vermittlung der unterschiedlichen Zeitstrukturen im familialen Kontext (also der Zeitmuster der Kinder, der Jugendlichen und der Erwachsenen),

- z.B. über die Vermittlung der Raumhoheit; (wer darf bestimmen über die Raumnutzung, die Ordentlichkeit im Raum und auch über den Geräuschpegel),
- z.B. über die Vermittlung der sozialen Bezüge (ist es ein offenes, für alle einladendes, sich damit auch allen Außeneinflüssen aussetzendes Haus oder eines, das sich eher auf sich selbst und die Attraktivität des Binnenlebens konzentriert?)
- z.B. über die Vermittlung der Rollenansprüche (wer hat in bezug auf was Entscheidungsrecht),
- z.B. über die geschlechtsspezifischen Rollenmöglichkeiten (wie vertragen sich männliche und weibliche, jungenhafte und mädchenhafte Lebensvorstellungen und Umgangsformen, wie können sie beeinflusst werden?),
- z.B. über die Vermittlung zum Medienkonsum (sehen und wirken lassen, diskutieren – wenn ja auch sehr oft ohne Wirkung?)
- z.B. über die Vermittlung der Lebensperspektiven (wie und wieweit „dürfen" die Heranwachsenden in bezug auf Schul-, Arbeits- und Freundschaftsperspektiven ihren eigenen Weg gehen, sich der Familienkultur entziehen, verweigern? Wieweit dürfen sie sich in ihren Lebensmöglichkeiten riskieren, in Freundschaftscliquen, in Alkohol, Medikamenten und Drogenkonsum?).

Aufgaben und Schwierigkeiten von Erziehung heute verschärfen und dramatisieren sich im spezifischen Arrangement der Pflegefamilie. Es konkretisiert sich z. B. im Widerspruch von familialer Verlässlichkeit und Widerrufbarkeit, z. B. in der Komplementarität von Doppelkindschaft und gespaltener Elternschaft, z. B. in der Vermittlung zwischen Privatheit und Öffentlichkeit in der Pflegefamilie als Jugendhilfemaßnahme.

Wenn das Aushandeln der Rollen in einer Familie schwierig ist, dann ist es dies in Pflegefamilien um so mehr, weil hier das Arrangement in sich selbst widersprüchlich ist. – Die Balance von Familienrollen ist besonders heikel angesichts der Sonderrolle eines Pflegekindes; es stammt häufig aus einem kulturell oder sozial anderen Milieu, – die darin liegenden Diskrepanzen zur Kultur der Pflegefamilie werden besonders auch in der Pubertät deutlich, in der es – durchaus entsprechend – zu Abbrüchen von Pflegeverhältnissen kommt.

Pflegekinder haben eine doppelte Elternschaft und damit Probleme, die zwischen freundlichen Kontakten, Beklommenheit, Angst, Distanz, Verdrängung und geheimen Träumen virulent sind. – Pflegeeltern sind – strukturell gesehen – halbierte Eltern: Ob und wie sie diesen Status mit den Erst-Eltern aushandeln (oder in vielen Fällen ja auch nicht aushandeln) können und sollen, ist Frage der Kasuistik. (Die oben angesprochene Unterscheidung zwischen Ersatz- und Ergänzungsfamilien wird hier noch einmal konkret). Wichtig scheint mir vor allem, darauf zu insistieren, daß die in diesem Verhältnis liegenden Probleme nicht allein – und weithin wohl auch nicht primär – den unmittelbar Beteiligten überlassen werden dürfen (und vor allem nicht den Pflegeeltern als zusätzliche Aufgabe angelastet werden können), sondern verwiesen sind auf Strukturierung, Klärung und Vermittlung der Jugendhilfe.

Pflegefamilien bieten familiales Leben, also die Selbstverständlichkeit, die gegenseitige Akzeptanz im Alltag und in der gemeinsamen Lebensperspektive; Pflegefamilien können dies aber nur auf Widerruf. Die Angst vor der Beendigung eines Pflegeverhältnisses von außen entspricht der Realität und der Verführung zur Beendigung auch von innen, also bei Schwierigkeiten aufzugeben, – und eher aufzugeben, als dies bei leiblichen Kindern geschähe. Diese Verunsicherung geht damit einher, daß Realität und Verführung groß sind, doch zwischen Kindern und Pflegekindern im Positiven und Negativen zu unterscheiden, indem man vom Pflegekind besonders viel, manchmal aber auch besonders wenig erwartet. – Gewiß: Diese strukturelle Widersprüchlichkeit sollte – und muß – soweit wie möglich durch rechtliche und vertragliche Verbindlichkeiten geklärt werden – die neueren Entwicklungen weisen endlich darauf hin, daß solche Sicherungen vom Kind und seinen Bedürfnissen nach einer verläßlich kontinuierlichen Entwicklung her geschaffen werden. Das Problem der Verängstigung aber, das in der Widerruflichkeit des Pflegeverhältnisses steckt, bleibt trotzdem eine besondere, immer neu zu bewältigende Aufgabe.

Die prekäre Konstellation der Pflegefamilie verlangt besondere Hilfen. In der Pflegefamilie liegt, wenn sie bewußt gestaltet wird, eine spezifische Chance ebenso für die Entwicklung familialer Erziehungsmöglichkeiten wie für einen neuen Umgang zwischen Professionellen und Nicht-Professionellen in der Jugendhilfe.

Es ist ärgerlich und verzweiflungsvoll, daß Monita, die schon 1975 artikuliert wurden, noch immer gelten. – Natürlich gibt es inzwischen Modelle der Vermittlung, der Planung, und Passung zwischen Pflegefamilie und Pflegekind, Modelle der eingehenden Beratung und Unterstützung der Selbstorganisation von Pflegefamilien, Modelle, Institution wie die von Erziehungsstellen, in denen die werdenden Pflegefamilien und -kinder sorgsam vorbereitet, ausgewählt und aneinander gewöhnt werden und die Pflegefamilie zugleich sachlich entlastet und pädagogisch gestützt (durch regelmäßige und in Krisen zur Verfügung stehende Beratung) agieren kann. – Aber daneben gibt es noch immer die Schlichtheit von Zuweisungskriterien, nach denen Kinder unter 10 Jahren eher in Pflegefamilien und Kinder über 10 Jahren eher ins Heim vermittelt werden, gibt es die Raschheit von Vermittlungen, in denen die Individualprobleme von Pflegefamilien ebenso wie die von Pflegekindern nicht aufeinander abgestimmt werden, gibt es vor allem massive Desiderate in der beratenden Begleitung von Pflegefamilien, im Angebot einer kontinuierlichen Beratung und besonders auch in der Erreichbarkeit von prompten und kompetenten Hilfen in Krisen. – Wie groß diese Desiderate sind, wird, scheint mir, im Vergleich zur Heimerziehung deutlich, in der ja im Regelfall nicht nur Teambesprechung und Supervision gegeben sind, sondern ebenso erreichbare Krisenunterstützungen. Daß Schwierigkeiten in Pflegefamilien nicht auf diese Desiderate von Beratung, sondern im allgemeinen eher auf falsche Vermittlungen zurückgeführt werden, ist mir unverständlich.

Diese Desiderate vom Amt her sind – zum ersten – belastend, weil sie verhindern, daß die im Arrangement Pflegefamilie liegenden spezifischen Chancen genutzt werden können. Sie sind – zum zweiten – bedrückend, weil in ihnen deutlich wird, daß, trotz aller Proklamation die Kooperation zwischen formeller und informeller Jugendhilfe, die Kooperation also zwischen professionellen und nicht-professionellen Erziehern nach wie vor nicht auf der Basis von Kollegialität praktiziert wird, von Gleichheit im Recht bei unterschiedlicher Art, Aufgaben wahrzunehmen. Dies aber – zum dritten – scheint mir deshalb so bedenklich, weil alle neueren Diskussionen zur weiteren Entwicklung von Jugendhilfe darauf hinweisen, daß die Kooperation zwischen formeller und informeller Jugendhilfe, also die Entwicklung einer effektiven Vernetzung zwischen unterschiedlichen Arbeitsansätzen der Jugendhilfe die auf uns zukommende Aufgabe in den nächsten Jahrzehnten ist. Die Kooperation zwischen Jugendhilfe und Pflegefamilien hätte hier die Chance, Vorreiter zu sein; die Realität aber zeigt, wie weit Jugendhilfe davon entfernt ist. – Und schließlich: Pflegefamilien als spezifische Erziehungsarrangements sind wegen der in ihnen gegebenen strukturellen Schwierigkeiten auf Beratung angewiesen; in diesem Beratungsbedarf aber wird, ja nur durch die spezifischen Spannungen in der Pflegefamilie gesteigert, deutlich, was in der Struktur heutigen familialen Lebens angelegt ist: die Kompliziertheit von Lebensverhältnissen, die in ihrer Überforderung auch gestützt werden müssen. Beratung für Pflegefamilien wäre also auch ein Modellfall der Entwicklung von Beratungs- und Unterstützungsmöglichkeiten für Familien in den Spannungen und Belastungen der heutigen Zeit, – Beratung für Pflegefamilien könnte ein Modell sein für das Selbstverständnis von Jugendhilfe im Kontext heutiger Familien- und Erziehungsprobleme.

Der Übergang von der Familie ins Heim, Probleme in der Behindertenarbeit

„Die Ärzte kümmern sich ja nicht drum, sie erhalten Leben und vernichten damit das Leben der Eltern" – so die Mutter eines behinderten Kindes (Fröhlich 1986, 206). Die Hälfte der von Fröhlich befragten Mütter berichtet, sie hätten sich schon mit Selbstmordgedanken getragen, und einige sagen auch, sie hätten sich in der Angst vor einer Zukunft, die sie sich für ihr Kind und sich nicht vorstellen können, überlegt, ob nicht der gemeinsame Tod der einzige Ausweg wäre. – Auch jenseits solcher Angstphantasien ist Mißtrauen vor dem Heim weit verbreitet; eine Untersuchung über Sonderpflegestellen (Kwapil 1987), ergab (bei einer allerdings nur zufälligen und kleinen Population), daß zwei Drittel der Pflegeeltern sich für ihr Pflegekind entschieden haben, weil sie es in einem Heim kennengelernt hatten und sich nicht vorstellen konnten, wie es dort nicht stumpf bliebe, unterhalb seiner Möglichkeiten; diese Erwachsenen haben um des Pflegekindes willen ihre Lebensverhältnisse neu strukturiert, teils auch ihren Beruf aufgegeben.

Das Muster ist deutlich: Es gibt Überlastungen, Verzweiflung und Gefühle der Ausweglosigkeit; Hilfen sind notwendig und werden im Kontext unseres ausgebauten Sozialstaates angeboten, aber in einer Form, die für die, denen sie gelten soll, nicht attraktiv erscheint; sie bleiben fremd, ängstigend, erzeugen Unwillen, Ablehnung. Dieser Widerspruch von Not und ungewollter Hilfe ist aber – scheint mir – nicht nur eine herausfordernde Frage an die Qualität unseres Sozialstaates, sondern eine Provokation für die, die als Repräsentanten sozialer Hilfe und Behindertenarbeit zuständig sind für die professionelle Unterstützung und Förderung der Behinderten und ihrer Familien.

Worin hat dieses Mißverhältnis von Not und Hilfe seinen Grund? Ich frage bewußt so pointiert und gleichsam negativ, weil nur aus dem Erschrecken und der Verunsicherung die Kraft wächst, die als Motiv zur Veränderung und Reform so nötig ist.

Ich will Bemerkungen machen zunächst

- zur Familienstruktur von Familien mit behinderten Kindern
- zur Heimstruktur und
- zum Übergang von der Familie ins Heim und dann
- zum Konzept einer lebensweltorientierten sozialen Hilfe für Familien mit Behinderten und für sie selbst, zu einem Konzept, das vielleicht Fremdheit, Angst und Abwehr unterlaufen und zu einem hilfreichen Arrangement von Unterstützung und Entlastung führen kann.

Familien und Familien mit behinderten Kindern

Die Schwierigkeiten, die eine Familie mit einem behinderten Kind hat, möchte ich im Kontext dessen sehen, was eine normale Familie leisten und von sich erwarten kann, (so wie es ja generell nötig ist, Lebens- und Verhaltensschwierigkeiten als Zuspitzung, Verdichtung, Dramatisierung von Konstellationen zu verstehen, die die Normalität des Lebens bestimmen).

Ich beschränke mich auf knappe Hinweise zur Struktur von Familie als Lebensgemeinschaft, zu spezifisch heutigen Erwartungen an die Familie und zur Zeitlichkeit, zur Phasengliederung des Familienlebens; daß Familie hier im weiten Sinne des Zusammenlebens mit Kindern gemeint ist, ist evident.

Familie gilt als eine Lebensgemeinschaft auf Dauer. Sie scheint in Katastrophen und Schwierigkeiten wie Krankheit oder Alter belastbar zu sein und wird – ebenso in der öffentlichen Erwartung wie im Selbstanspruch – primär belastet. Familien haben ihre Ehre, ihren Stolz darin, daß sie mit Problemen zunächst und allein fertig werden und auf äußere Hilfen nicht angewiesen sind. Dieses Selbstverständnis wird gerade auch beschrieben für belastete Familien, die sich in ihrer Not gleichsam in sich selbst zurückziehen.

Die Allgemeinheit dieser Struktur erscheint im Kontext der heutigen gesellschaftlichen Situation sehr spezifisch ausgeformt. Autonomie und Selbstzuständigkeit von Familie werden gelebt in der Enge und Kleinräumigkeit heutiger durchschnittlicher Kleinfamilien, in der Ladung intimer Beziehungsprobleme und dem Aufwand an Zeit, Ressourcen und Engagement in der an die Intimität gerichteten Erwartung von Sinn. – Konträr aber zu solcher Verengung des Binnenlebens ist die Familie bestimmt durch Rollenmuster und Lebensentwürfe ihrer einzelnen Mitglieder, wie sie z.B. für den Mann aus den Strukturen der Arbeits- und Konsumwelt erwachsen, für die Frau aus Wunsch und Realität der Doppelaufgabe in Familie und Beruf, für Kinder und Heranwachsende aus ihrer Alterskultur. Diese unterschiedlichen und oft auseinanderstrebenden Erwartungen miteinander zu vermitteln ist aufwendig; oft, ja meist, gehen sie zu Lasten der Frau und ihrer Ansprüche an sich. Schließlich – noch einmal konträr zum Binnenleben – ist die Familie konfrontiert mit Erwartungen und Außenstrukturen, wie sie der moderne Erziehungs- und Sozialstaat entwickelt hat, also mit Erwartungen und Lebenserfahrungen in Kindergarten, Schule und Ausbildung, mit Möglichkeiten rechtlich-öffentlicher materieller Unterstützung und mit normativen Ansprüchen der professionellen Helfer, z.B. der Ärzte und Berater.

Familie kann nicht nur als Strukturmuster und statisch verstanden werden. Familienleben ist zeitlich in Phasen gegliedert. Das Leben mit einem Kleinkind ist eines, das mit Schulkindern ein anderes; die Phase des Selbständigwerdens – oder der Ablösung – der Heranwachsenden ist ebenso eigen wie die Zeit ohne Kinder oder die spätere der Großelternschaft. In diesen immer neuen Verschiebungen im Generationenverhältnis lebt Familie in einer gegliederten Perspektive von Erwartungen. Spezifische Aufgaben und Reize wechseln ab, besondere Schwierigkeiten einer Phase werden angegangen und bisweilen nur überstanden, weil man weiß, daß sie ein Ende haben werden.

Diese Strukturen und Phasen des Familienlebens werden im Zug der sich modernisierenden Gesellschaft, im Zug der Pluralisierung und Individualisierung der Rollenmuster und Lebensarrangements problematisch: Familie wird zunehmend okkupiert auch von den Anstrengungen und dem Aufwand, im offeneren

Feld von Lebensmöglichkeiten Übereinkünfte und Konsens zu finden zur Gestaltung des gemeinsamen Lebens.

Vor dem Hintergrund und dieses Bildes von Familie kann auch die Eigenart einer Familie mit einem behinderten Kind gesehen werden. Ihre Probleme erscheinen teils als Dramatisierung allgemeiner Probleme, teils als Unmöglichkeit, übliche Familienstrukturen zu leben.

Ein Behinderter konfrontiert die Familie mit ihrer angestammten Aufgabe: Weil sie belastbar ist, wird sie belastet. Die Enge der belasteten Familie kann sehr verstärkt werden durch den Unwillen der Verwandten und Öffentlichkeit. Aufgaben mit dem behinderten Kind nimmt man auf sich, weil man sich dafür zuständig weiß, diffuse Schuldgefühle können diese Zuständigkeit verstärken. In der Intimität des familialen Umgangs liegt die übermäßige Fürsorglichkeit für das Kind nahe, vor allem aber ein Ineinander von Ängstlichkeit und Risikoscheu, wodurch das Kind in einer abhängigen Behindertenrolle befestigt und in Unselbständigkeit festgehalten wird. – Die enge, intime Familienkonstellation geht zunächst zu Lasten der Frau. Auch wenn der Umgang mit einem Behinderten zeitlich nicht aufwendiger ist als der mit anderen Kindern, so ist er doch intensiver und darin strapaziöser; für die Frau problematisiert sich die Verbindung von Familienleben und Berufsleben, sehr oft wird sie unmöglich und die Frau in die Familie gebannt. Die Familienkonstellation bestimmt aber – natürlich – auch das Miteinanderleben von Frau und Mann und ebenso die Lebensmöglichkeiten von Geschwistern. Sie werden häufig überstrapaziert, sie sollen relativ reif und vernünftig sein, ihre eigenen Probleme zurückhalten gegenüber denen, die sich vom behinderten Geschwister her stellen; sie sollen in der Familie helfen und fühlen sich außerhalb der Familie, bei den Freundinnen und Freunden mit ihrem Geschwister belastet und geniert. Sie werden es nicht selten leid, distanzieren sich, verlassen die Familie und belasten dadurch wiederum ihre Eltern, die sich vorwerfen, daß sie ihnen nicht gerecht geworden sind.

Belastend aber vor allem ist es, daß in einer solchen Familie die Perspektiven zu Entwicklung und Veränderung gedämpft sind. Man hat von Behindertenfamilien als von Familien mit lebenslanger Elternschaft geredet. Das ist sicher auch eine irreführende Formulierung (daß Behinderte auf Dauer im Kindheitsstatus festgehalten werden, ist eine ihrer gravierenden Lebenseinschränkungen), aber der Phasenablauf bleibt in solchen Familien unprofiliert, wie hinter einem Schleier. „Während der Schulzeit dachten wir immer, schlimmer könnte es gar nicht werden. Jetzt, am Ende der Schulzeit, stehen wir vor dem absoluten Chaos." Daß diese Probleme sich zuspitzen angesichts der neuen Offenheiten in der Familie, ist evident. Der Druck, sich festzulegen ist konfrontiert mit der Frage, ob und wie man ausbrechen und sich anders und freier orientieren kann.

Heimstruktur

Das Heim hat seinen Zweck darin, besonderen Bedürfnissen in besonderer Weise gerecht zu werden. Es bietet einen vom gewöhnlichen Alltag der Familien und Öffentlichkeit unterschiedenen, eigenen Raum, der Menschen Schutz, Entlastung, Anregungen bieten soll, damit sie jenseits des rücksichtslosen „gewöhnlichen" Lebens ihre spezifischen Möglichkeiten finden und leben können. Das Heim bietet – um diesem Anspruch genügen zu können – vielfältige Möglichkeiten des besonderen Lernens, der Therapie und der Arbeit. – Es ist als Institution auf Dauer gestellt, nicht wie die Familie in ihren Mitgliedern. Auch wenn im Heim Menschen, Mitarbeiter und Bewohner wechseln, garantiert die Institution als Institution das – prinzipiell gesehen – gleichbleibende Lebensarrangement. – Die Mitarbeiter im Heim agieren in spezifischen und spezialisierten Rollen, sie sind in der Arbeitsteiligkeit von Teams zuständig für unterschiedliche Aspekte der Versorgung und Pflege. Indem sie im Heim ihren Beruf haben, haben sie Eltern gegenüber den Vorteil, daß sie in ihrem Lebensplan nicht frustriert sind, sondern tun, was sie gelernt haben, womit sie sich in ihrem Können ausweisen und ihr Geld verdienen. Als Professionelle haben sie Eltern gegenüber auch die gleichsam strukturelle Chance, daß sie sich auf die Heimbewohner in ihrer Eigenart einlassen, ohne belastet zu sein durch die eigenen Enttäuschungen und die ja oft so mühsame und bittere Geschichte der Auseinandersetzung mit dem eigenen Kind. Gerade in dieser Unbefangenheit des neuen Anfangs liegt für viele

Heimbewohner ein Freiraum, neue Möglichkeiten in sich zu entdecken und zu leben.

Die Institution Heim aber ist immer auch problematisch. Sie will den Bewohnern einen neuen entlasteten und freieren Lebensraum bieten, kann dies aber nur in der Form eines besonders institutionalisierten und organisierten Lebensarrangements, in dem nebeneinander die Mitarbeiter in zwei Welten (der Heimwelt und ihrer privaten Welt) leben, die Heimbewohner aber ganz im Heim zurechtkommen müssen. Diese prinzipielle Gespaltenheit des Heimarrangements wird verstärkt durch die das Heimleben bestimmenden Strukturen von Verwaltung und Therapieordnungen. Sie wird um so mächtiger, je größer und an Effektivitätskriterien von Verwaltung und Spezialtherapien orientierter das Heim ist. Es besteht die Gefahr, daß die Heimbewohner nur in ihrem Funktionieren im Heim gesehen werden, nicht aber das Heim als Mittel, als gleichsam dienendes Instrument für die Lebensmöglichkeiten seiner Bewohner verstanden wird.

Der strukturelle Widerspruch von Lebensort und professionell-instrumentellem Arrangement verschärft sich in Heimen für Behinderte. Die Intention des Heimes zu Entlastung und Eigenleben kann gleichsam leer und fade bleiben; das Verhältnis von Therapie, Pflege und Umgang ist besonders heikel; Pädagogik als Kunst und Intensität des Umgangs steht immer in Gefahr, den anderen, spezialisierten Aufgaben gegenüber ins Hintertreffen zu geraten, gleichsam nur als Lückenbüßer geachtet (und bezahlt!) zu werden. Und – nicht zuletzt: Die Arbeit im Heim erlaubt – darin dem Lebensrhythmus der Behindertenfamilie verwandt – nur gedämpfte Perspektiven, wenn sie nicht sogar überschattet ist von den zur Zeit so trostlosen Lebensbedingungen, die z.B. auf ältere, zu Arbeit und Beschäftigung nicht mehr fähige Behinderte warten. Die Tübinger Arbeitsgruppe hat eindrucksvoll beschrieben, wie das berufliche Selbstbewußtsein derer, die im Behindertenheim tätig sind, strapaziert, ja überstrapaziert wird (vgl. Neumann 1988); das in der sozialen Therapie grassierende burnout-Phänomen ist hier besonders evident.

Zum Übergang von Familie und Heim

Wenn überlegt wird, ob ein Behinderter ins Heim soll, und wenn er ins Heim kommt, prallen zwischen Familie und Heim unterschiedliche Lebenswelten, unterschiedliche Selbstverständnisse und, sie begleitend, unterschiedliche wechselseitige Erwartungen, Befürchtungen und Abwehrgefühle aufeinander.

Von der Familie aus erscheint das Heim trotz der in ihm angebotenen Entlastung für die Familie und für den Behinderten, trotz der in ihm möglichen neuen Erfahrungen für den Behinderten, trotz aller pädagogisch und therapeutisch spezifischen Stützen als fremd, unpersönlich, unüberschaubar. Alle früheren Erfahrungen aus dem oft irritierenden strapaziösen und kolonialisierenden Umgang mit „Profis“ werden wieder lebendig: Warum soll man nun dem Heim trauen, einer Institution, die ganz von professionellen Einstellungen und Handlungsmustern bestimmt ist? – Die Heimunterbringung konfrontiert Eltern auch mit Fragen nach sich selbst: Könnten sie sie vermeiden? Lassen sie es an Engagement und Phantasie fehlen? Werden sie an ihrem Kind schuldig? – Entschließen die Eltern sich zur Heimunterbringung, dann kann sich in das Eingeständnis der eigenen Überforderung Ratlosigkeit mischen, – Ratlosigkeit im Abschied von einem gemeinsamen Lebensmuster, auf das das das bisherige Leben, und ja mit beträchtlichen Opfern, ganz konzentriert war, Angst auch vor neuen Möglichkeiten (reichen die Kräfte, noch einmal anzufangen?) vor einem neuen Familienarrangement. Daß dieses Ineinander von Abwehr und Zögerlichkeit den Umzug ins Heim vor allem auch den Behinderten belastet, ist evident.

Vom Heim aus erscheint die Familie als schwierig, vielleicht als Konsequenz ihrer inneren Spannungen nur als unkenntlich und verklemmt, vielleicht aber auch als in ihrer intimen Enge allzu festgelegt, zur Überversorgung, zum Festhalten, zum Klammern tendierend. Vor allem aber – so erscheint es vom Heim her – ist die Familie nun am Ende ihrer Zeit; sie hat das ihre getan und manches, so denken Erzieher leicht, ungeschickt oder auch falsch gemacht. Nun ist die Zeit des Heims; es übernimmt und fühlt sich zuständig. Die Erzieher setzen einen Neuanfang und wollen sich darin beweisen. Sie drängen Eltern – die sich oft als unwillkommen empfinden – an den Rand, damit der Behinderte und sie selbst nicht nur wieder in den doch zurückliegenden Familienproblemen festgehalten werden. Sie wollen sich im Aufbau eigener Beziehungen zum Kind nicht stören lassen. Sie wollen natürlich auch verhindern, daß sie von Eltern zu Rechtfertigungen genötigt und mit Anschuldigungen belastet werden. – Die Problematik dieser Einstellung zu Eltern wird sicherlich auch dadurch gestützt, daß Gruppenerzieher in Heimen oft – ihrerseits ja eher nur für die unmittelbare Praxis der Heimarbeit ausgebildet – mit Elternarbeit und Elternauseinandersetzungen überfordert sind; in der deutlichen Grenzziehung zur Familie sichern sie sich auch ihre eigene Handlungsstabilität. – Die negative Einstellung Familien und Eltern gegenüber ist sicher kein Spezifikum in der Behindertenarbeit; sie läßt sich in der Fürsorgeerziehung ebenso belegen wie im Kindergarten oder in der Schule. Sie ist aber – die weite Verbreitung dieser Einstellung entschuldigt sie nicht – Exempel für eine professionelle Voreingenommenheit, die höchst fatal ist: Professionelle denken, weil sie eine Tätigkeit übernehmen, für die sie ausgebildet sind und bezahlt werden, daß sie in ihr gut und allein zuständig sind und verteidigen dieses Selbstverständnis auch mit Urteilen und Handlungsstrategien, in denen sie den Nichtprofessionellen, den Laien, den Nur-Selbst-Betroffenen ihre Nachrangigkeit unterstellen und immer wieder auch demonstrieren.

Diese Bemerkungen aber sind notwendig unbefriedigend, weil sie zu pauschal und einseitig sind. Weiterführende Hinweise müßten differenziert werden:

- zum Beispiel in bezug auf Unterschiede in Familien (welche Ressourcen, materielle und soziale, stehen ihnen zur Verfügung? Welches Bild von Familie, Erziehung und Kindern bestimmt sie? Wie ist dieses Bild eingebettet in z.B. regionale, konfessionelle, familiengeschichtliche Traditionen?);
- zum Beispiel in bezug auf Unterschiede bei den Behinderten (auf Art und Schwere ihrer Beeinträchtigungen, auf ihre Stellung innerhalb der Familie und im weiteren sozialen Umfeld);
- zum Beispiel in bezug auf Unterschiede in Behindertenheimen (wie sind sie intern strukturiert und eingebettet in Regi-

on und Tradition? wie passen Struktur und Selbstverständnis zu den Erwartungen der Familie?) und schließlich
- zum Beispiel in bezug auf die Geschichte der Kooperation zwischen Familien und Professionellen (mit ihren Belastungen und Hilfen, Entlastungen, Befreiungen) und, vor allem auch zum Beispiel im Hinblick auf den Zeitpunkt des Übergangs ins Heim.

Unbefriedigend sind die bisherigen Überlegungen aber auch, weil sie auf die Zeit des Nebeneinanders von Familie und Heim und des beginnenden Kontakts beschränkt waren. Das Verhältnis von Familie und Heini aber entwickelt sich im Verlauf der weiteren Entwicklung, in der Zeit der realen, gelebten, praktizierten Ko-Existenz. Es ergeben sich Gewöhnungsprozesse, allmähliche Anpassung, vielleicht Resignation oder ein Ineinander von Entlastung und neuen Entwicklungen im Zeichen einer gelingenden Vermittlung der unterschiedlichen Lebenswelten von Familie und Heim.

Lebensweltorientierte Behindertenarbeit

Hilfe müßte – der Maxime von Hilfe als Selbsthilfe entsprechend – so konzipiert sein,

- daß die Allzuständigkeit, die Überlastung, die Enge und die psychischen und sozialen Kosten in den Familien durch Unterstützung verringert werden,
- daß im Heim die Abwehr Familien gegenüber abgebaut wird und – entsprechend – die Lebensstrukturen im Heim selbst ein attraktives Angebot werden, und – schließlich – daß, jenseits von Familien und Heim und ihren unterschiedlichen Arrangements von Betreuung, die Möglichkeiten des selbständigen, eigenverantwortlichen Lebens von Behinderten (also des Wohnens, Arbeitens, der öffentlichen Partizipation und des Liebens, wie es das Normalitätskonzept beschreibt) gesehen, ausgebaut und gestützt werden,
- daß also (noch einmal anders formuliert) die Familien mit Behinderten und die Behinderten selbst sich in ihren Lebens-

aufgaben in einem transparenten Arrangement von Unterstützungen vorfinden, die sich ihren Bedürfnissen „anschmiegen", ihnen instrumentell nachgehen.

Natürlich ist in solches Konzept von Hilfe nicht neu; es wird im Kontext der Normalisierungsdiskussion erörtert, gestützt auch von den Entwürfen aus den Nachbarfeldern der Sozialpsychiatrie oder der Jugendhilfe. Es kann hier also nur darum gehen, Entwicklungstendenzen, wie sie sich einstweilen vor allem – und leider vor allem nur – in Modellen und Arbeitsaspekten finden, zu akzentuieren und zu unterstützen.

Ausgang aller Hilfe kann nur das Leben der Menschen in ihren gegebenen Verhältnissen, in ihrem Alltag sein, also in den im Alltag vorhandenen Ressourcen, in den Stärken, in den Schwächen, in den mit ihnen verbundenen eigenen Deutungsmustern. Wo solche Lebenswelt aber mit ihren eigenen Ansprüchen und Bedürfnissen nicht zu Rande kommt, einengend, belastend, ja ruinös ist, bedarf es korrigierender, kompensierender und ersetzender Hilfen.

Solche Hilfen aber – und dies ist entscheidend – dürfen das Grundmuster eines Lebens in Alltagsstrukturen nicht aufheben. Ein schlechter, überforderter, defizitärer Alltag kann nur durch einen besseren, gelingenderen Alltag überwunden werden, nicht aber dadurch, daß er ersetzt wird durch eine Lebensordnung, die z.B. durch Verwaltungs- oder Institutionszwänge bestimmt ist oder Probleme zu nur therapierbaren Kommunikations- und Verhaltensschwierigkeiten reduziert. Es sind – zunächst – vielfältige, im Alltag angesiedelte oder den Alltag begleitende Hilfen nötig, also z.B. Entlastungen für die Familie (in bezug auf die Arbeit in der Familie, in besonderen Krisensituationen, im Urlaub), Beratungen, Hinweise und Unterstützung zu einem Leben, in dem die Intimität der Familie gewahrt und doch erweitert ist im Austausch mit Erfahrungen auch anderer Betroffener und durch offenere Lebensmöglichkeiten.

Notwendig sind Angebote alternativer Lebensräume für Behinderte, die gemäß dem Prinzip der Anpassung an gegebene Lebensverhältnisse vielfältig differenziert sein müssen zwischen den Möglichkeiten von Tagesgruppen, Kurzzeitunterbringung, Lebensgruppen im Heim, Wohngemeinschaften, betreutem Wohnen und Übergängen zum selbständigen Leben. – Heimerziehung ist ein Moment in dieser Kette. Als Arrangement eines neuen, anderen, gelingenderen Alltags ist es prekär. Muß es doch eine überschaubare und transparente Struktur haben. In seinem Lebensarrangement müssen Selbständigkeit und Teilhabe der Beteiligten ebenso gewährleistet sein wie sinnvolle und attraktive Aufgaben eines selbstgestalteten Lebens. Das Heim muß nach außen geöffnet sein; das Engagement der „Betreuer", die ja zunächst im Alltag „da sein" und belastbar sein müssen, muß gestützt und aufgewertet werden gegenüber den unterschiedlichen spezialisiert-fachlichen Aufgaben.

Eine solche Heimerziehung rückt im Kontext des Systems unterschiedlicher stützender Hilfen aus ihrer traditionellen Rolle im Zentrum der Hilfe in eine Randposition. Sie ist – und in dieser Umkehr des traditionellen Selbstverständnisses liegt, scheint mir, ein grundsätzlicher Wandel – nur Alternative zu den begleitenden, stützenden und ambulanten Hilfen im Lebensfeld der Behindertenfamilien ebenso wie der Behinderten selbst. Daß in solcher Randposition Heimerziehung als Angebot eines alternativen Alltags nicht überflüssig ist, ist evident. Heimerziehung sollte wie Operationen oder strapaziöse Medikamente nur im Notfall angewandt werden, allerdings wie diese zur rechten Zeit. Das Faktum aber, daß Heimerziehung eine gravierende, einschneidende Maßnahme ist, darf nicht bedeuten, daß sie immer nur zuletzt, als ultima ratio gleichsam am Ende einer Kette von Versuchen mit anderen Möglichkeiten praktiziert wird. Die Verwechslung des Status dieser Maßnahme mit einer zeitlichen Hierarchie führt immer wieder auch dazu, daß die Vermittlung zwischen Familie und Heim belastet und der hilfreiche Zeitpunkt des Übergangs versäumt wird.

Chancen eines gelingenderen Alltags aber sind für Behinderte nicht nur die gestützte Herkunftsfamilie und vielfältige „pädagogische" Lebensarrangements; einen gelingenderen Alltag leben Behinderte vor allem auch in selbständigen, eigenverantwortlichen Lebens- und Arbeitsstrukturen. Von der Frage her, wo und wie diese möglich und angemessen sind, müssen Herkunftsfamilien und Heime kritisch relativiert werden: Gerade im Angebot selbständiger Lebens-und Arbeitsarrangements und auf sie bezogener begleitender Unterstützung liegt die BRD zurück und muß sich durch die Entwicklung besonders in den nordischen Ländern inspirieren und herausfordern lassen.

Schließlich: Solche unterschiedlichen Hills- und Lebensstrukturen sind die eine elementare und notwendige Voraussetzung für ein offenes und hilfreiches Miteinander von Familie, Heim und selbständigem Behindertenleben. Allein hinreichend aber sind sie nicht. Sie müssen – poetisch formuliert – „belebt“ sein durch den Respekt vor den Leistungen und Schwierigkeiten, wie sie das Leben von Behinderten und ihren Familien bestimmen, durch Wissen, durch Selbstkritik, ja durch Angst vor der in aller Professionalität liegenden Verführung zu einer aus der eigenen Arbeit und ihren Organisationszwängen stammenden Einschätzung und vor expertenhaft einseitiger Problemdefinition und Handlungsvorgabe; entschiedene Arbeit an der Bedingtheit des eigenen professionellen Handelns sind dazu eine unabdingbare Voraussetzung.

Ausblick

Ich belasse es bei diesen Hinweisen und stelle noch die Frage, warum die Realisierung eines solchen Konzepts alltagsorientierter Hilfe im Verbundsystem unterschiedlicher Angebote in der Behindertenhilfe wohl weniger weit vorangeschritten ist als in anderen Bereichen der sozialen Arbeit, jedenfalls in dem der Jugendhilfe. Sieht man beide Bereiche aus der Distanz und von außen an, so fällt die Ungleichzeitigkeit von Entwicklungen ins Auge: Die Heimkampagne der späten 1960er, frühen 1970er Jahre, die in der Jugendhilfe zu radikalen Umstrukturierungen geführt hat, ist – so scheint es – an den Behindertenheimen vorübergegangen; Schrecken und Verzweiflung über Macht und Folgekosten der eingefahrenen Traditionen müssen auf anderem Weg in der Fachdiskussion geltend und stark gemacht werden. – Daß die ja nicht auf die Heimerziehung beschränkte Radikalität der Kritik die Behindertenheime nicht so direkt getroffen hat, hat ihren Grund sicher auch in Eigenheiten der Behindertenarbeit. In ihrer karitativen Tradition korrespondiert das Gefühl von Wohltätigkeit mit der Erwartung von Dankbarkeit, und die damit einhergehende und es gleichsam wissenschaftlich stützende medizinische Prägung der Arbeit ist ja ebenfalls von einem ganz urangekränkelten Glauben an die Wohltätigkeit der eigenen Möglichkeiten bestimmt. Und: Der nicht sehr gehobene Ausbildungsstand vor allem der Betreuungsarbeit im Behindertenbereich bedingt jedenfalls Schwierigkeiten mit freier Reflexion im eigenen Geschäft (vgl. Wacker/Metzler 1989). (Diese Wertung ist natürlich relativ im Hinblick auf Qualifikationsanforderungen und Selbstverständlichkeiten in anderen sozialen und therapeutischen Arbeitsfeldern). Diesen Nachholbedarf in der Behindertenarbeit anzugehen, scheint mir unabdingbar notwendig nicht nur, um innerhalb des weiten Felds psychosozialer Versorgung Ungleichzeitigkeiten – und damit gegebene Ungerechtigkeiten für die Betroffenen – aufzuarbeiten, sondern gravierender, weil sich hier ein Problem zeigt, das für die wohlfahrtsstaatliche Entwicklung der nächsten Jahre überhaupt bestimmend sein wird: Die Frage nach der Vermittlung von Lebensweltressourcen, Selbsthilfe und professioneller Hilfe ist die zentrale Aufgabe, die in unserem Sozialstaat neu gelöst werden muß, die Aufgabe also einer Klärung des Verhältnisses des informellen und formellen Sektors in der sozialen Hilfe. Die so großen und belastenden Schwierigkeiten gerade im Behindertensektor sind eine besondere Herausforderung, um neue Wege zu finden zu einer offenen Kooperation. Eine neue offene Kollegialität zwischen Betroffenen und Professionellen muß in der wechselseitig transparenten Anerkennung unterschiedlicher Probleme und Leistungen eine Voraussetzung dazu schaffen, daß unser gesellschaftliches Miteinanderleben freier und humaner werden kann.

Elternarbeit im Heim

Seit 20 Jahren, besonders eindrucksvoll z.B. im Kommissionsbericht (1977), werden Desiderate der Elternarbeit eingeklagt. Gewiß hat sich seitdem vieles verändert. Die Diskussion zur Elternarbeit ist breiter geworden; unterschiedliche Ansätze werden erörtert; die Praxis ist nicht mehr mit den Zwangsverhältnissen der Fürsorgeerziehung belastet; Heimeinweisung wird in sehr vielfältigen Formen der Absprache praktiziert – es gibt bisweilen gleichsam einen runden Tisch, an dem der weitgefaßte Kreis aller Beteiligten über ihren Sinn und die Form verhandelt; in den Heimen gibt es eine vielgestaltige, reiche Praxis der Elternarbeit: Besuche, regelmäßige telefonische Kontakte, Elterntage, Elternseminare, Elternberatung, Elterntherapie usw.

Solche Modelle sind hilfreich und wichtig. Wie aber die allgemeine Praxis der Elternarbeit aussieht, ist zur Zeit schwer abzusehen. Die Untersuchung von Marie-Luise Conen (1990) gibt neben dem breit angelegten Bild gegenwärtiger Verhältnisse auch Vergleiche zu den älteren Erhebungen von Heun (1980), – Sample und Fragen aber sind nur bedingt aufeinander zu beziehen. Es fehlen weitere Arbeiten, vor allem Längsschnittuntersuchungen. Längsschnittuntersuchungen aber zu Jugendhilfemaßnahmen fehlen nicht nur hier, sondern ganz generell in der Jugendhilfe; das ist vor allem auch deshalb so bedauerlich, weil sich so die Aussagen über Veränderungen in der Praxis – (und auch die in der Praxis allseits so leidenschaftlich aufgestellten Behauptungen, die Probleme würden zunehmend schwieriger) – nicht prüfen lassen. So bleibt sowohl die engagiert-intensive Behauptung, es habe sich in der letzten Zeit doch vieles verändert, wie der ja ebenso engagiert vorgebrachte Anspruch, es müßten nun endlich die ergiebigen Konzepte breit durchgesetzt werden, im Vagen. – Dies Desiderat an breit angelegten Untersuchungen hat seinen Grund in der insgesamt nicht sehr entwickelten Jugendhilfeforschung; das aber steht hier nicht zur Debatte. Für die folgenden

Überlegungen wichtig ist, daß sie angesichts des gegebenen Forschungsstandes nur problemerörternd, hypothetisch sein können.

Elternarbeit im Kontext der Heimerziehung ist mit vielen Problemen behaftet:

- Es fehlen Ressourcen; es fehlt Geld (obwohl Elternarbeit zunehmend über Pflegesätze abrechnungsfähig wird); es fehlt – damit ja zusammenhängend – Mitarbeiterzeit.
- Es stellt sich die Frage, in welchen Konstellationen und in welchen Formen Elternarbeit gut ist. Arbeit mit Eltern von Kindern im Heim, gewiß, – also Elternarbeit, wenn deutlich ist, daß Kinder in ihre Familien zurückkehren werden. Elternarbeit mit kooperationswilligen, zumindest kooperationfähigen Eltern, gewiß – aber auch mit solchen, die sich entziehen, die gegensteuern, sabotieren? Auch mit Eltern jener Heranwachsenden, deren Problem die Ablösung vom Elternhaus ist?

Aber stellt sich hinter diesen Fragen zur Praxis der Elternarbeit im Kontext gegebener Heimerziehung nicht eine andere, grundsätzlichere? – Die neuere Entwicklung einer lebensweltorientierten Jugendhilfe ist durchgehend vom Prinzip der Prävention bestimmt, davon also, daß rechtzeitige, vorbeugende, ambulante Maßnahmen Vorrang haben vor stationären; Beratung, Familienhilfe, sozialpädgogische Gruppenarbeit, Tagesgruppenangebote werden ausgebaut in der Hoffnung, Heimunterbringungen vermeiden zu können. Parallel dazu zielen auch Familienhilfe und Elternberatungen darauf, Eltern in ihrer Fähigkeit, selbst mit ihren Kindern zurande zu kommen, zu stützen. Also: neben den präventiven und ambulanten und offenen Angeboten für Kinder und Heranwachsende sind die ambulanten, präventiven, offenen Maßnahmen der Elternarbeit wichtig. Prävention in bezug auf die Probleme von Kindern und Heranwachsenden muß parallel gesehen werden zur Prävention in bezug auf die Probleme, die Eltern haben. – So wird Elternarbeit zunehmend Thema in allen Arbeitsfeldern der Jugendhilfe, in der Behindertenarbeit, der Drogenarbeit, aber auch z.B. in der Arbeit mit Eltern, die ihre Kinder in Pflege geben oder zur Adoption freigeben. – Elternarbeit erweist sich zunehmend als ein Prüfstein, als Modellaufgabe für lebensweltorientierte Jugendhilfe

Stellt sich von hier aus nicht die Frage nach Elternarbeit im Heim neu als Frage nach einem Moment der Kooperation der Jugendhilfe mit Eltern innerhalb einer reichen Skala unterschiedlicher Formen? Wird sie – von hier aus gesehen – nicht ein Spezialfall unter besonderen, gleichsam dramatischen Bedingungen?

Eltern und Kinder

Familienerfahrungen, Erfahrungen mit primären Bezugspersonen sind elementar wichtig. Für Kinder ist es zentral, daß sie Eltern und welche Eltern sie haben, für Eltern, daß sie Kinder haben; Kinder haben ihre Identität auch in bezug auf ihre Eltern, Erwachsene haben ihre Identität auch darin, daß sie, und welche Kinder sie haben.

Diese Aussage muß natürlich differenziert werden.

Die Bedeutung von Elternschaft muß für Väter und besonders für Mütter relativiert werden; gerade im Kontext der neuesten Entwicklung weiblicher Lebensentwürfe dürfen Frauen nicht umstandslos mit ihrer Identität als Mutter identifiziert werden. Gewiß sind hier zur Zeit die Ungleichzeitigkeit in Rollen – und Lebenserwartungen sehr groß – ältere und neuere Entwürfe stehen nebeneinander; gewiß ist es notwendig, die traditionelle Identität von Frausein und Muttersein zu lösen – und vor allem auch unter familienpolitischem und jugendhilfepolitischem Aspekt deutlich zu machen, daß Frauen nicht gegen ihre anderen eigenen Interessen in ihren Mutterpflichten Kindern (und ja aber auch z.B. wieder alten Eltern) gegenüber festgehalten werden dürfen. Angesichts solcher Trends aber leugnen zu wollen, daß Mutterschaft – Kinder haben und mit Kindern leben – für Frauen zentrales und integrales Moment ihrer Identität sein kann, wäre absurd.

Zwar wird die Bedeutung des gleichsam engsten Bezugssystems zwischen Eltern und Kindern vielfältig unterstützt durch eine psychologische, vor allem psychoanalytische Sichtweise (Winnicott, Mahler z.B.), in der vor allem der gelingenden Mutter-Kind-Beziehung die ausschlaggebende Bedeutung für das gelingende Heranwachsen von Kindern zugemessen ist. – Solche Verengungen aber sind fatal, weil durch sie die weitere soziale Vernetzung unterbelichtet, bleibt; Erfahrungen der Kinder im weiteren Kreis von Verwandtschaft und Freundschaft sind gleichsam ausgeblendet, also mit Oma, Opa, Tanten, Onkeln, Freunden, Freundinnen der Eltern und vor allem im Gleichaltrigenkreis, Erfahrungen aber auch aus Kindergärten, Schulen, Jugendgruppen, aus Ausbildung und Arbeit. Solche Erfahrungen gestalten sich unterschiedlich nach dem Geschlecht, nach der Geschwisterkonstellation, nach der Attraktivität des familialen Lebens und der z.B. erweiternden oder kompensierenden oder auch alternativ-attraktiven Bedeutung, die von ihnen erwartet wird oder ihnen zukommt.

Und: Für familiales Zusammenleben verlieren die tradierten Muster an Verbindlichkeit. Plurale – offene Möglichkeiten des Miteinanderlebens – Eineltern-Familien, Scheidungs-Familien, Wohngemeinschaften – vermehren sich. In dieser Entwicklung verblaßt die Selbstverständlichkeit der überlieferten normativen Orientierungen; mit den neuen Optionen wachsen Entscheidung und Legitimationsbedarf in der Entscheidung.

Dadurch aber wird die Orientierung schwieriger, gerade auch für Kinder, es ergeben sich Belastungen, Zumutungen, Konflikte; der Aufwand zur Bewältigung auch der primären Beziehungen wächst.

Trotz dieser Relativierungen aber gilt die Ausgangsbehauptung von der zentralen Bedeutung des Verhältnisses zwischen Eltern und Kindern. Sie wird vielleicht da besonders deutlich, wo die Beziehungen scheitern. Chr. Swienteks (1986) Forschungen über das Schicksal von Müttern, die ihre Kinder zur Adoption freigegeben haben, ergeben am gleichsam härtesten Extremfall, einen oft erschütternden Beleg für dieses Faktum. –

Dieser Bedeutung entsprechen die Selbstverständlichkeiten im Alltag und in der Alltagsbewältigung: An Elternschaft wird an Lebensbewältigung gemessen.

Also: Eltern gehen davon aus, daß sie zurechtkommen, sie hoffen zurechtzukommen, sie kämpfen in allen üblichen Formen; sie leugnen die Schwierigkeiten, entschuldigen und idealisieren, sie erkaufen sich – durch die eigene Angst erpressbar geworden – Einverständnis und Freundlichkeit der Kinder. Läßt sich das

Scheitern aber nicht mehr ableugnen, dann laden sie nicht selten, um ihre Selbstachtung zu wahren, Schwierigkeiten auf das Kind ab – projizieren, werden aggressiv, resignieren schließlich. Ebenso verteufeln die Kinder die Eltern und versuchen die Probleme – gleichsam komplementär –, die sie mit den Eltern haben, auch an anderen Erwachsenen (in Projektionen und Stellvertreterkriegen) abzuarbeiten. – So, dramatisch und unglücklich, aber gewinnen die Eltern/Kind- und Kind/Eltern-Beziehungen an okkupierender Kraft. Sie zu bearbeiten, also so zu klären, daß sich neben und jenseits von ihnen und doch im Wissen um sie ein wieder freieres Leben ergibt, ist ein unabdingbares Erfordernis für alle Beteiligten.

Eltern und Elternschaft im Verständnis der Jugendhilfe

Mit der Ausweitung der Aufgaben der Jugendhilfe zur Familienarbeit und vor allem zur Elternarbeit ergeben sich prekäre Verschiebungen im Aufgabenfeld. Jugendhilfe ist nach Ursprung und Auftrag parteilich für Kinder und Heranwachsende; sie steht damit in einer pädagogischen Tradition, die von Rousseau über Fichte bis hin zu Korczak verfolgt werden könnte, eine Tradition, die im Konzept Hermann Nohls (1949) dann ja gleichsam auf ihre Formel gebracht wurde; Jugendhilfe ist engagiert an den Lebens- und Bildungsinteressen der Kinder und Heranwachsenden gerade auch da, wo sie im Widerstreit zu gesellschaftlichen Erwartungen stehen; Jugendhilfe sieht das Kind, den Heranwachsenden um seiner selbst, in seinem Eigensinn, seinen Entfaltungs- und Entwicklungsmöglichkeiten; Jugendhilfe versteht Kinder und Heranwachsende primär in den Problemen, die sie mit sich selbst haben und nicht in denen, die sie den anderen, der Gesellschaft machen. Dieses parteiliche Engagement erweist sich gerade in verworrenen Verhältnissen als sehr hilfreich – also z.B. im Kampf zwischen Eltern und Kindern, im Kampf zwischen Besitzansprüchen von Eltern und Eigenkonzepten von Kindern, aber auch zwischen Verunsicherung, Geniertheit, Hilflosigkeit von Eltern und den eigenen Möglichkeiten, Trotz, Provokation auf Seiten der Heranwachsenden. Institutionen wie Jugendberatung,

Jugendarbeit oder Erziehungsheim, aber auch die Rückzugsangebote für vergewaltigte Kinder erweisen immer wieder, wie überlebensnotwendig es ist, daß Kinder Anwaltschaft, Schutz und eigene Räume finden.

Indem nun Familienarbeit und damit auch die Interessen der Eltern zum Thema von Jugendhilfe werden, verwischt sich die Eindeutigkeit des Engagements. Parteilichkeit für Adressaten, die in konkreten Interessen auch gegeneinander stehen, muß dazu führen, daß Jugendhilfe vielfältig engagiert arbeitet; die Parteilichkeit für Kinder und Heranwachsende muß sich ergänzen mit der Parteilichkeit für Eltern.

Elternarbeit widerspricht in der Jugendhilfe aber auch Orientierungen, die aus dem Erziehungsauftrag und dem besonderen Erziehungsauftrag in Schwierigkeiten stammen.

Jugendhilfe wird häufig aktiv als Kompensation, Unterstützung und Hilfe; sie engagiert sich, wo Desorientierung, Krisen, Hilflosigkeit und Not herrschen. Jugendhilfe soll – gesellschaftlich-funktional geredet – Ordnung, Integration garantieren oder schaffen, sie agiert – individuell-kasuistisch geredet – gleichsam als Retter in der Not. Diese Situation ist heikel: Sie verführt dazu, die eigenen eingreifenden Möglichkeiten hoch zu schätzen und die Gegebenheiten zu unterschätzen und abzuwerten; das Setting verleitet gleichsam strukturell zu Arroganz und Demütigung. In der Pflegekinderdiskussion wird dies sehr deutlich, wenn (z.B. Nienstedt/Westermann 1989) die Positionen der Pflegefamilien und Herkunftsfamilien moralisierend hierarchisiert werden, Kinder also aus „verkommenen" Verhältnissen gerettet werden in die belastbaren, guten. Die pädagogische Aufgabe legt Anspruch und Glauben nahe, gut zu sein.

Dieses strukturelle Problem verschärft sich, wenn Erziehung professionell praktiziert wird. – Professionelle haben ihre Legitimität – und ihre Berufsehre – darin, daß sie für ihre spezifischen Aufgaben besonders ausgewiesen sind, also über Wissen, Können und Erfahrung verfügen. Sie werden gebraucht, weil Laienkompetenz nicht hinreicht. Diese im Status des Professionellen liegende Selbstverständlichkeit kann dazu verleiten, Eigensinn und Eigenleistung der erziehenden Laien nicht zu sehen und abzuwerten. – Zunächst allgemein: Es ist auffallend und beklemmend, wie relativ undifferenziert das allgemeine erziehungswissenschaftliche Wissen über Möglichkeiten und Schwierigkeiten der Laienerziehung ist: Z.B. über die unterschiedlichen Aufgabenprofile in den Rollen von Eltern, von Tanten/Onkeln, Großeltern, über die erziehliche Bedeutung der Geschwister füreinander; darüber ist z.B. – um nur dies als Indiz zu nehmen – in den gängigen Handbüchern ist sehr wenig zu finden (leider auch in dem von mir mitherausgegebenen: Eyferth/Otto/Thiersch (Hg.) 1984); schon Stichworte wie Sohn und Tochter als Bezeichnungen für die Relation von Kindern zu ihren Eltern, geschweige denn Nichte, Neffe, Cousin findet man nicht. Auch Probleme aus besonderen Belastungen von Elternschaft, wie sie sich z.B. im Zusammenleben mit behinderten oder drogenabhängigen oder kriminellen Kindern ergeben, gehen, soweit ich es sehe, nicht in die allgemeine sozialpädagogische (und pädagogische) Diskussion ein. In all diesen Fragen hat allerdings die familientherapeutische und frauenspezifische Literatur in den letzten Jahren ebenso aufgeholt wie sich Aktivitäten von Selbsthilfegruppen (z.B. von Eltern mit behinderten oder drogenabhängigen Kindern) zunehmend energisch mit ihren Fragen zu Wort melden. – Also wird man wohl zusammenfassen müssen: Professionalität interessiert sich primär für sich selbst. Sie beachtet ihre eigenen Möglichkeiten, Aufgaben und Schwierigkeiten. Dieses Interesse geht einher mit Desinteresse – und Abwertung – der nichtprofessionellen erziehlichen Leistung.

Dieses Desinteresse bestimmt auch Formen und Muster der Elternarbeit in der Jugendhilfe. Natürlich verfügt professionelles Arbeiten über besondere Chancen und Tüchtigkeiten: Kinder und Heranwachsende können hier endlich unabhängig von ihrer Geschichte mit all ihren Schwierigkeiten, mit ihren Demütigungen, Kränkungen, Herausforderungen und Niederlagen, wie sie sich mit den Eltern (und Verwandten und Freunden) abgespielt haben mögen, in ihren eigenen Problemen, vor allem auch ihren eigenen Stärken und Leistungen gesehen werden. Professionelle Erziehung kann es sich leisten, ohne Einschüchterung und Verklärung gerecht zu sein. – Diese spezifische Position aber kann dazu verführen, daß der Professionelle seine Arbeit ungestört tun will und sich diese Unabhängigkeit sichert. Man sieht die Kinder und Heranwachsenden aus der Perspektive seines Arbeitsfeldes und seiner Gegebenheiten: Die Institutsförmigkeit wird zum Indiz für den Erziehungserfolg. So wie Lehrer im Heranwachsenden den guten Schüler schätzen (und hier in einer anderen Institution sehen wir Sozialpädagogen natürlich die Grenzen dieser Betrachtung), so schätzen Heimerzieher das Heimkind. Klauß/Wertz-Schönhagen (1991) haben in einer großen Untersuchung zu Erziehereinstellungen in Behindertenheimen dieses Syndrom der Anstaltsförmigkeit eindrucksvoll belegen müssen. – Jedenfalls: Erzieher verfügen über Strategien der Interpretation von Eltern, die mit dem Selbstverständnis von Eltern nicht vermittelt sind: Eltern erscheinen leicht als Störenfriede; Sorge und Engagement der Eltern wird als Überversorgung, als Verwöhnung, als schädliche Nachgiebigkeit interpretiert. (Daß solche Einschätzungen im Einzelfall durchaus berechtigt sein können, soll damit nicht bestritten werden: Hier geht es um Vorstellungsmuster, die auch dazu dienen können, die professionelle Überlegenheit und Arbeitssicherheit zu garantieren).

Desinteresse und Abwertung der Eltern können sich in der Heimerziehung besonders dramatisch dann konkretisieren, wenn Heimerzieher sich nicht nur als Ersatzeltern und bessere Eltern verstehen, sondern – Frucht der familienkritischen Diskussion der letzten Jahre – als Erzieher, die eben gerade keine Eltern sind, die es durch ihre Einstellung und ihr Können vermeiden können, die Untiefen, Fallstricke und lebenshindernden Loyalitäten zu erzeugen, die Elternschaft so prägen, wie es eine kritische Familientheorie immer wieder deutlich macht. Das Selbstverständnis als Nichteltern schafft Voraussetzungen dazu, die Eigenheit der Elternprobleme nicht wahrnehmen zu müssen.

Um zu resümieren: Elternarbeit zu praktizieren als ein Moment lebensweltorientierter Jugendhilfe ist von der Tradition der Jugendhilfe her ebenso schwierig wie von den spezifischen Einstellungen her, die sich aus dem Erziehungsauftrag der Jugendhilfe und aus der professionellen Wahrnehmung dieses Erziehungsauftrags ergeben. Elternarbeit als Arbeit im Respekt vor Eigenproblemen der Eltern muß sich gleichsam durcharbeiten durch traditionelle, strukturelle und professionelle Barrieren. Es braucht besondere Anstrengungen, um Eltern in ihrem Eigenrecht und ihrer Eigensinnigkeit wahrnehmen zu können. Probleme der Elternarbeit müssen nicht nur Probleme der Eltern sein, sie können ihren Grund ebenso in den Arbeitsbedingungen und Einstellungen der professionellen Pädagogen haben. Probleme der Elternarbeit verweisen – so gesehen – immer auch auf Probleme der Erzieher.

Elternarbeit vom Erziehungsheim aus

Natürlich: Heimerziehung ist nicht Heimerziehung; die Entwicklung der letzten 20 Jahre hat zu einer ungeheuren Vielfalt unterschiedlicher Konzepte und Formen geführt; dies gilt natürlich auch für Elternarbeit. Elternarbeit wird im Kontext von Heimerziehung in den unterschiedlichsten und vielfältigsten Formen praktiziert; hier zu generalisieren ist – so ist es eindrucksvoll in der Arbeit von Marie-Luise Conen belegt – der derzeitigen Situation ganz unangemessen.

Trotzdem aber können unterschiedliche Aufgabenfelder für Elternarbeit unterschieden werden:

- Elternarbeit im Kontext der Heimeinweisung und der Heimausweisung, Elternarbeit also als Institutionalisierung der Absprachen darüber, ob und in welcher Form ein Kind ins Heim kommt und, Elternarbeit als Institutionalisierung der Absprache darüber, wann und unter welchen Bedingungen ein Kind wieder nach Hause zurückkommt; Elternarbeit also als Absprache zum Übergang zwischen Elternhaus und Heim.
- Elternarbeit, bezogen auf die Probleme, die Kinder im Heim mit ihren Eltern haben, als Hilfe und Unterstützung im Kontakt der Kinder mit den Eltern, in der Bearbeitung der Probleme, die Kinder mit ihren Eltern haben, und
- Elternarbeit als Beratung der Eltern in bezug darauf, daß sie ein neues Verhältnis zu ihrem Kind, das nicht bei ihnen lebt, finden können.

Daß diese verschiedenen Aufgaben ineinander übergehen können, ist evident; trotzdem scheint es sinnvoll, sie gleichsam systematisch auch gegeneinander abzuheben. Es kommt darauf an, die hier liegenden Widersprüchlichkeiten zu sehen, zu praktizieren, nicht ein Moment gegen das andere auszuspielen und dadurch zu vernachlässigen. Meine These ist, daß die Verschiedenartigkeit der Aufgaben nicht notwendig nur von einer Institution wahrgenommen werden kann; die Zuständigkeit für Probleme innerhalb der sozialen Netze mit ihren gegebenen Interessenwidersprüchen muß nicht selbstverständlich in eins, im „one-hand-Prinzip“ praktiziert werden. – Für die Heimerziehung und ihre Elternarbeit bedeutet dies, daß sie sich verstehen muß als ein Glied innerhalb der Jugendhilfe, als eine Institution z.B. in Kooperation mit Beratungsstellen oder mit den Beratungsangeboten des Jugendamtes. Von hier aus scheint es mir nicht glücklich, wenn Elternarbeit nur vom Heim aus beschrieben wird; Elternarbeit im Kontext der Heimerziehung ist auch Geschäft der Erziehungsberatungsstellen, auch Geschäft des Jugendamtes und des Allgemeinen Sozialen Dienstes. Ihre Erfahrungen sind, so scheint mir, ebenso notwendig zur Bearbeitung von Elternproblemen wie die, die von der Heimerziehung her gewonnen werden. Lebensweltorientierte Jugendhilfe, die die unterschiedlichen Problemlagen in der Lebenswelt sieht und bearbeiten will, muß Strukturen nutzen, die Interessengegensätze auszuhandeln erlauben.

Vor diesem Hintergrund ergibt sich, daß Möglichkeiten der Elternarbeit in der Heimerziehung gleichsam auf einer Skala gesehen werden können von Formen, in denen Elternarbeit vom Heim her praktiziert wird bis zu solchen, in denen Elternarbeit in Kooperation mit Beratungsstellen und dem Jugendamt angeboten werden:

- Elternarbeit, gleichsam „one hand“ praktiziert, z.B. im Kontext von Tagesgruppenarbeit, in der die Arbeit mit den Kindern parallel geht zu der mit den Eltern, in der Erwartung und Hoffnung, daß die Kinder nach einer Zeit der Trennung wieder zu Hause leben können.
- Elternarbeit als Beratungsarbeit vom Heim aus, entweder – und wohl seltener – vom Gruppenerzieher praktiziert, häufiger in Kooperation vom Gruppenerzieher mit Kollegen, die sich der Elternarbeit in Distanz zu den Problemen des Kindes widmen können, bisweilen aber auch praktiziert von Mitarbeitern, die sich nur auf Elternarbeit einlassen, und schließlich
- Elternarbeit, von der Heimerziehung her gleichsam delegiert an Beratungsstellen oder das Jugendamt.

Solche Möglichkeiten müssen jeweils von den Möglichkeiten der Institution und der Region her ausgehandelt werden.

Unordnung im Heimerziehungsalltag

Für Hartmut von Hentig

„Ordnung ist eine wichtige Hilfe in unserem Leben – beim Aufwachsen, beim Umgang mit Sachen, miteinander, mit uns selbst ... Die Einsicht in die „richtige Ordnung" einer so komplexen und sich so schnell wandelnden Welt wie der unseren ist nicht mehr zu haben ... Wenn wir unsere Zivilisation bestehen wollen, ... dann wird dies nur gelingen, wenn wir lernen, auf der Basis von wenigen überschaubaren moralischen Grundsätzen Verständigung untereinander zu finden".
(H. v. Hentig, Nachwort zu L. v. Wiesen: Kadettenjahre)

Unordnung heute

Es wird berichtet: Die Müllkippe eines größeren Heimes ist in wüstem Zustand, überquellend, verdreckt, anziehend für Mäuse. Es sieht eklig aus, es stinkt, man leidet. Aber: Wer ist zuständig? Jede Gruppe beteuert, sie versorge ihren Müll ordentlich; die Gruppen verdächtigen sich gegenseitig und weigern sich aufzuräumen, da es der Dreck der anderen sei. Die Erzieher mögen die Kinder nicht allgemein beschuldigen und zum Aufräumen nötigen; sie machen geltend, daß z.B. einmal Essen, das weggeschüttet wurde, ungenießbar gewesen sei und – vor allem – daß gerade Heimkinder in ihrem Leben so oft gezwungen worden seien, daß sie sich endlich einmal auch ohne dauernde Nötigung erfahren müßten; sie, die Erzieher, wollen aber ihrerseits auch nicht allein aufräumen und damit die Kinder aus der Pflicht nehmen und sich selbst in der Rolle des Dienstpersonals festschreiben; sie räumen, so sagen sie, schon genug hinter den Kindern her und seien zum Aufräumen auch nicht Pädagogen geworden. Der Hausmeister schließlich weigert sich, den Dreck der anderen zu beseitigen; er insistiert darauf, daß die Erzieher durchgreifen sollen und daß dies den Kindern auch nicht schaden könne. – Die Diskussionen schwelen lange, unerquicklich und aufwendig hin und her. Pädagogische Auseinandersetzungen machen sich an der Müllkippe fest, Differenzen zwischen den verschiedenen Gruppen und Erziehern verhärten sich. Es kostet viel Zeit und Energie, bis endlich eine praktikable Lösung gefunden wird.

Die Geschichte liegt einige Jahre zurück. Sie war und ist extrem. Gerade darin aber scheint sie wie in einem Vergrößerungsglas Schwierigkeiten mit Unordnung und Ordnung deutlich zu machen, die weitverbreitet sind und sich vielfältig auch an weniger eindeutigen, und vor allem weniger anrüchigen Geschichten belegen ließen.

Unordnung wird als schrecklich erfahren. Kinder und Erwachsene leiden vor allem auch an der Dramatik, die sie mit sich bringt; es scheint, als sei ein Damm gebrochen und das Wasser überflute weites Gelände: Selbstverständlichkeiten werden zum schier unlösbaren Problem; Zeit und Nerven sind okkupiert; man verstrickt sich und sieht keinen Ausweg. – Man fragt: Wieviel und welche Formen von Ordnung sind für das Zusammenleben, für Kinder und Erzieher wichtig; wer ist zuständig dafür, daß die Ordnungsregeln eingehalten werden, wer muß welchen Preis bezahlen? – Gegen das Leiden an der Unordnung aber wendet man ein: Ist es nicht – denkt man an traditionelle Disziplinierungs- und Dressurregeln zurück – befreiend und wichtig, daß Kinder in ihren Unwilligkeiten und Empfindlichkeiten wahr- und ernstgenommen werden; daß Erzieher sich nicht als Büttel verstehen, deren Pädagogik sich darin erschöpft, Ordnungsregeln durchzusetzen: daß sie sich zu schade sind, um der Durchsetzung der Ordnung willen das Vertrauensverhältnis, auf das die Kinder so angewiesen sind, in immer neuem Kampf zu verschließen; daß, schließlich, auch mit dem Hausmeister nicht einfach per Anordnung und hierarchisch verfahren wird?

Schwierigkeiten mit der Diskussion um Unordnung und Ordnung

Solche Fragen und Einwände aber heben das Faktum der Unordnung, das Leiden an ihr und die Anstrengungen, sie zu beseitigen, nicht auf. Dies zu thematisieren, wäre vor einigen Jahren unmöglich gewesen – und ist auch in der derzeitigen Situation noch sehr heikel.

Wir kommen aus einer Vergangenheit, in der Ordnung, Sauberkeit und Disziplin als selbstverständliche Tugenden galten. Kinder wurden abgerichtet zum braven Menschen, zum fraglos schaffenden Arbeiter. Gerade auch die Pädagogik übernahm seit der Schwarzen Pädagogik der Aufklärung einen beängstigend engmaschigen Glauben an Ordnung, der begründet war in der Angst vor der Wildheit einer ungezähmt begehrlichen Individualität und in der Forderung einer funktionierenden, gesellschaftlichen Disziplin. Ordnung war Wert an sich „eine Ordnung ist besser als keine" war ein verhängnisvoller Wahlspruch der 20er Jahre, der den Weg in den Faschismus bahnen half.

Diese Erinnerungen haben lange die Frage nach Unordnung und Ordnung tabuisiert. Sie waren aber deshalb für die Praxis nicht irrelevant.

In den Thesen „Mut zur Erziehung" wurden – vor dem Hintergrund phänomenologischer Analysen – ausdrücklich auch Alltagserfahrungen mit Unordnung und Ordnung thematisiert. Ordnung erschien als Konsistenz eines Alltags, der – vor allen Unterschieden von Gesellschaftsformationen – nicht denkbar ist ohne die elementare Verläßlichkeit strukturierender Regeln. – Dieses Plädoyer für Ordnung war auf den ersten Blick erleichternd; es brach ein Tabu und holte Alltäglichkeiten in die Sprache zurück; Erzieher trauten sich wieder, über ihr Unbehagen mit der Unordnung und ihre Anstrengungen zur Ordnung zu reden. – Auf einen zweiten Blick aber zeigte sich die alltagsnahe Plausibilität der Argumentation auch als Schafspelz, unter dem der Wolf entschiedener politischer Interessen einherging; die Behauptung nämlich, daß Ordnung eine elementare, selbstverständliche Voraussetzung des Miteinander-Lebens sei, erwies sich, so pauschal und undifferenziert vorgebracht, als beklemmend funktional für die Erneuerung einer Gesellschaftspolitik, die auf Anpassung an traditionelle Familien-, Lern- und Arbeitszwänge zielte. Unordnung erschien als Versagen von diskutierend sich verläppernden, schwächlichen Erziehern, die nicht riskierten, von Kindern etwas zu verlangen; alte Erziehungsmuster fordernder Strenge trauten sich wieder hervor. In der Öffentlichkeit wird für die Heimerziehung seitdem ebenso über geschlossene Unterbringung diskutiert wie über Jugendpolizei und die Verbindung von Strafe und Therapie für Drogenabhängige.

Diese brisante Situation zwingt zu der beklemmenden Frage, inwieweit Überlegungen zum Unbehagen an der Unordnung nicht in fatale Bündnisgenossenschaft geraten. Nur: Erledigt eine solche Rückfrage gegebene Schwierigkeiten, gegebenes Unbehagen an der Unordnung, gegebenes Leiden an ihr? Würde die Diskussion der Sachfragen unterdrückt, fielen wir in die Tabus zurück, die in den letzten Jahren überwunden wurden; der Ausweg kann nur in einer präzisierenden Diskussion liegen.

Ordnung und Alltag

Es scheint mir evident, daß die Frage nach Unordnung und Ordnung als Frage nach dem Alltag angegangen werden muß; was Alltag aber bedeutet, muß genauer bestimmt werden.

Alltag kann nur als prekär, als ambivalent verstanden werden. Im Alltag müssen sehr verschiedenartige Aufgaben bewältigt werden: Fesen besorgen, abwaschen, aufräumen, Geräte richten und flicken, Stimmungen (Mißstimmigkeiten oder Übermut) aushandeln, um die eigene Identität kämpfen. Die sozialen, die kommunikativen, die technisch-instrumentellen Aufgaben müssen, wie sie sich ergeben, angegangen werden, ebenso wie die besonderen Belastungen von Müdigkeit, Gereiztheit und Krankheit. Aufgaben können nicht im Vorhinein und nicht hierarchisch geordnet werden; ihre Dringlichkeit ist situativ bestimmt. Alltag ist gleichsam wie ein Zopf aus sehr verschiedenen Strängen, die nebeneinander und gleichzeitig geflochten werden wollen. – Um in dieser Diffusität nicht unterzugehen, braucht es Übereinkünfte: Regeln z.B. darüber, wie der Raum gestaltet und Gegenstände gepflegt werden, wie die Zeit strukturiert wird, was verbindlich gelten soll und worüber nicht immer wieder von neuem geredet werden soll, wem Aufgaben zufallen, wie Differenzen und Konflikte ausgetragen werden können.

Solche Alltagsregeln strukturieren das Handlungsfeld. Sie machen Unterscheidungen möglich zwischen dem Erlaubten und dem Unerlaubten, zwischen dem Üblichen und dem Unüblichen, dem Notwendigen und dem, was auch möglich wäre. Sie gewähren Entlastungen; diese schaffen auf der Basis des gesicherten Fundaments Freiräume auch zum Besonderen. Regeln machen den Alltag verläßlich.

Regeln im Alltag sind aber auch gefährlich. Sie sind effektiv, weil sie pragmatisch orientiert sind und als unproblematisch gelten: Sie fragen nicht nach Begründungen oder alternativen Möglichkeiten; es gilt, was gilt; es zählt, daß die Situation bewältigt wird – je unaufwendiger und undramatischer, umso willkommener. Es wird nicht gefragt, ob z.B. Ordnungsregeln im Heim Ergebnis von alter, in ihrer Begründung längst vergessener Überlieferung sind, ob sie dem Willen des Heimleiters entsprechen oder die Macht des Erziehers sichern, oder ob sie in der Gruppe die Schwächeren stützen und Vitalität und Einfallsreichtum herausfordern. Pragmatismus und Routinen der Alltagsordnung werden bezahlt mit der bornierten Blindheit in der Situation; Alltagsregeln, so pragmatisch und unausgewiesen, sind Moment einer „pseudokonkreten" Wirklichkeit (Kosik 1971).

Im Faktum dieser Doppeldeutigkeit des pseudokonkreten Alltags haben die unterschiedlichen Einschätzungen von Unordnung und Ordnung, wie sie die derzeitige gerade angedeutete Diskussion bestimmen, ihren Grund. – Die Pragmatik des Alltagslebens verführt dazu, mystifiziert zu werden. Diese Gefahr erzeugt eine zweifache Angst bei denen, die sich ihre Schwierigkeiten im Alltag nicht wegreden lassen wollen und können: Sie fürchten unangemessene, überholte Regelungen und das Faktum von Regelungen überhaupt. Die Notwendigkeit von Verbindlichkeit und Entlastung wird unterschlagen. – Die Mystifikation des Alltagslebens bedeutet aber auch, daß auf der anderen Seite die Formalität von Umgangsregeln vor allen Inhalten als das Eigentliche erscheint, das nicht hinterfragt werden kann; die Frage nach Begründungen wird tabuisiert, undiskutierte inhaltliche Interessen können sich durchsetzen.

Diese gegeneinanderstehenden, unterschiedlichen Wertungen der Pseudokonkretheit des Alltags können nur entschieden werden, wenn die Überlegung über den Alltag hinausgreift. Alltag kann nicht aus sich selbst und für sich betrachtet werden; er muß verstanden werden als Schauplatz der Auseinandersetzung mit historisch-gesellschaftlichen und individuell-biographischen Vorgaben; diese wiederum müssen gesehen und gewertet werden in bezug auf die in ihnen gegebenen Lebensressourcen und normativen Ansprüche. Nur in diesem Horizont kann verhandelt und – vielleicht – begründet werden, ob Ordnungsregeln tauglich oder untauglich sind, ob sie die, die mit ihnen zu leben haben, veröden lassen, einengen oder aber befreien, ob sie – abstrakter formuliert – Repräsentanten eines schlechten, entfremdeten oder eines gelingenderen Alltags sind.

Gesellschaftlich-kulturelle Trends, die den heutigen Alltag prägen

Welche Entwicklungen und normativen Erwartungen bedingen in unserem Alltag Unordnung und Anstrengungen mit der Ordnung?

Die Form von Ordnungsregeln verändert sich.
Für den Aufbau unserer bürgerlich-kapitalistischen Gesellschaft waren allgemeine Strukturmaximen von Autorität, Gehorsam, Disziplin, Ordnung, Sauberkeit und Selbstbeherrschung bestimmend. Wie sehr der Lebensbereich des Privaten als Umschlagplatz von Disziplinierung und Selbstbeherrschung gesehen werden muß, hat das Familien- und Sozialcharaktermodell der Frankfurter Schule deutlich gemacht; es galt für die Heimerziehung sicher verstärkt, da sie, als öffentliche Nacherziehung für schwierige und auffällige Heranwachsende, den allgemeinen Maximen der Gesellschaft besonders direkt und kontrolliert zu entsprechen hatte. – Im Laufe der neueren Entwicklung aber haben sich diese Maximen erweitert auch zu den subtileren Zwängen von Überredung und Überzeugung. Regeln werden nicht nur durch Zwang und Gewöhnung vermittelt, sie müssen gelernt, verstanden und angeeignet werden. Der Umgang mit Regeln gewinnt so eine neue Qualität; er wird flexibler, aber auch aufwendiger.

Die Bereiche, in denen Ordnung geschaffen wird, verschieben sich.
Der traditionelle Aufwand, den Ordnung und Pflege von Sachen verlangen, wird zunehmend geringer eingeschätzt; zerbrochenes Geschirr löst nicht mehr die Verzweiflungen aus, wie sie aus

früheren Zeiten berichtet werden. In der Heimerziehung, in der die Unkosten nicht von den Beteiligten bezahlt, sondern von Ämtern übernommen werden müssen, zeigt sich hier nicht selten eine frappante Großzügigkeit. Die Moral einer saturierten Gesellschaft mit ihrem Wegwerf- und Überflußkonsum verschiebt Aufmerksamkeit, Anstrengung und Energie auf die Aufgaben des Miteinander-Lebens. Im Konzept des Wertewandels oder der alternativen Kultur wird die neue Gewichtung von Interaktion und Kommunikation besonders pointiert und drastisch formuliert.

Die Bedeutung von Ordnung wird neu gesehen.
Ordnung, Aufräumen, Sauberkeit, Zeitabsprachen für Schulaufgaben und pünktliche Arbeit verlangen Zeit, Energie und Nerven. Die dazu notwendigen Anstrengungen aber kollidieren im Zeichen sich verändernder Lebensrollen mit Zeitkonzepten und Lebensplänen der Beteiligten. Erwachsene haben sich früher den Ordnungsaufgaben so unterworfen, daß sie ihre eigenen Lebensansprüche – ihre Interessen, ihre Unternehmungslust, ihre Phantasie – dabei geopfert haben, daß sie sich mit der Ordnung gleichsam identifizierten. Heute wird ein solcher Preis unzumutbar: Wenn Frauen in der Familie noch immer die Rolle der „Hüterin der Ordnung" zufällt, leiden sie; daß Erzieherinnen, die im Beruf tätig sind, weil sie nicht in die traditionelle Rolle von Hausfrau und Mutter fallen wollen, solche Rollenerwartungen von sich weisen, ist ebenso naheliegend wie, daß die männlichen Erzieher nicht – gleichsam im Tausch – abgelegte Frauenrollen übernehmen wollen.

Für Kinder und Heranwachsende wird neu gefragt, wie sich Ordnungserwartungen zu ihrem Lebensrhythmus verhalten. Erzieher sind hier verunsichert. Haben Pädagogen die unterlegenen Kinder nicht allzu lange benützt, um an ihnen Normen zu exerzieren, von denen sie, die Erwachsenen, sich für sich selbst immer auch distanziert haben? Ist z. B. die Unordnung im Kinderzimmer so viel schrecklicher als die in der Werkstatt oder auf dem Schreibtisch des Erziehers? Sichert ihn nicht nur seine Machtstellung gegen Kritik? Haben Pädagogen – im Zeichen ihrer Verantwortung für die Vorbereitung auf das Erwachsenenleben – nicht allzu oft die Eigenheit der Kinder übersehen, ihre eigensinnigen Erfahrungs- und Gestaltungsmöglichkeiten, ihre eigenen Interessen? – Und vor allem: Leben Kinder und Heranwachsende nicht eine freiere und unbekümmertere Offenheit, in der Lebenskraft und Großzügigkeit stecken, denen die Erwachsenen ihrerseits längst entsagt haben, resigniert in gesellschaftlichen Zwängen und vernutzt in Enttäuschungen mit sich selbst und mit anderen? Astrid Lindgren oder Christine Nöstlinger entwerfen das verführerische Panorama lebensnotwendiger und kreativer Ausbruchsstrategien von Jugendlichen; Ernst Blochs Bild von Jugend als einer „potentiell utopischen" Zeit bringt diese Lebensform auf den Begriff.

Die Gemeinsamkeit von Ordnungsregeln zwischen Kindern und Erziehern wird problematisch.
Ordnungsregeln strukturieren den gemeinsamen Alltag. Es wird zunehmend zum Problem, daß gemeinsame Lebenstraditionen im Heim nicht nur fehlen, sondern daß auch Prioritäten, unter denen Unterschiedliches geordnet werden könnte, nicht legitimiert erscheinen. Die Unterschicht-Jugendlichen verstehen von Ordnungsvorstellungen der Mittelschicht-Erzieher nichts; sie mißverstehen sie immer wieder als unentschiedene Vagheit, die sich, aus ihren Lebenserfahrungen heraus durchaus legitim, zum eigenen Gewinn ausnutzen läßt. Die Erzieher ihrerseits, die um die Privilegien ihrer Mittelschichtsherkunft und ihrer (jedenfalls tendenziellen) Sicherheit in Beruf und Lebensstatus wissen, sind geprägt durch Scheu und schlechtes Gewissen und deshalb zurückhaltend in ihren Ansprüchen an die Kinder.

Alltagsordnung und Außenerwartungen

Das Ordnungsgeschäft im Alltag ist in sich heikel genug. Es kompliziert sich weiter, weil Außenbedingungen und Außenerwartungen in das Alltagsleben hineingreifen, die sich der unmittelbaren Verfügung der Betroffenen entziehen. – Fernsehen kann bedeuten, daß die Zeitstrukturen im Alltag tyrannisiert und die Alltagsgeschäfte entwertet werden. Schule und Arbeit erwarten Zuverlässigkeit und entsprechende Kleidung, Zeiteinteilung und

Arbeitshaltung. Indem diese Forderungen aber oft wenig attraktiv sind, werden sie zu beschwerlicher Nötigung. Die Situation wird unerträglich, wenn solche Forderungen gleichsam ins Leere gehen, Schule also keine Arbeitsperspektiven vermittelt oder eine Lehr- und Ausbildungsstelle nicht gefunden werden kann. Wie unter solchen Bedingungen Alltagsleben sich entstrukturiert, haben die alten Untersuchungen von Jahoda/Lazarsfeld/Zeisel (1975) über die Marienthaler Arbeitslosen beschrieben. Der verzweiflungsvolle und häufig vergebliche Kampf um die Perspektivlosigkeit und die damit gegebene Zersetzung aller strukturierenden Anstrengungen bestimmt häufig die Realität von Heimerziehung.

Unordnung als Vorwand

Die geschäftige Pragmatik des Alltagslebens verführt dazu, daß sich in die gleichsam objektiven Schwierigkeiten Interessen einnisten, die aus Mißverständnissen, aus Bequemlichkeit oder Rücksichtslosigkeit stammen.

Ordnungsregeln verlangen ein Minimum an sozialem Bezug, an Rücksichtnahme, Empathie, an Selbstdisziplin und Solidarität.

Wenn Kinder dies nicht aufbringen können – und dies kann Ergebnis ihrer Lebensgeschichte und Indiz einer Lebensstrategie sein, die man traditionellerweise als Verwahrlosung bezeichnet –, können sie lernen, ihre Unfähigkeit als protestativen Unwillen, als Verweigerung auszugeben. In der Heimerziehung trifft man immer wieder Jugendliche, die in solcher Selbstinterpretation Virtuosen sind. – Solche Selbstinterpretationen können gestützt werden in der Unsicherheit von Beratern und Erziehern, die ihrerseits nicht zwischen Unfähigkeit und Unwilligkeit unterscheiden mögen, weil sie zu oft gesehen und erfahren haben, wie leichtfertig Unfähigkeit als Aufsässigkeit mißverstanden, abgetan und geahndet wird.

Erzieher können hinter den Schwierigkeiten, die sie mit der Ordnung haben, ihre eigene Inkonsequenz und Gleichgültigkeit kaschieren. Sie haben vielleicht keine Lust sich zu verausgaben, zu verkämpfen und mit den Kindern anzulegen; das Fehlen von

Regeln, das Risiko von Offenheit, von Chaos, können Ausdruck einer Gleichgültigkeit sein, die durch professionelles Selbstverständnis gestützt wird. Zuhause – so hört man dann bisweilen – lebe man allerdings anders. Solche Gleichgültigkeiten sind im Heim deshalb so besonders fatal, weil hier Kinder leben, die ihrerseits aus schwierigen und oft ungeordneten Verhältnissen stammen und darauf angewiesen sind, Anteilnahme und Verläßlichkeit zu erfahren, damit sie lernen können, sich und dem Leben wieder zu trauen.

Ordnungsregeln zwischen derart offenen und widersprüchlichen Ansprüchen und zwischen Ansprüchen und Vorwänden auszuhandeln und auszuweisen, ist schwierig. Der dazu notwendige Aufwand scheint mir einer der Gründe dafür zu sein, daß das Erziehungsgeschäft im Heim – und ja nicht nur dort – in den letzten Jahren nicht unaufwendiger geworden ist, obwohl doch objektive Bedingungen – z. B. Gruppengröße, Personalstärke und materielle Ausstattung – sich eindeutig verbessert haben; die Entlastungen in den materiellen und strukturellen Bedingungen werden gleichsam weggefressen von der notwendigen neuen Intensität kommunikativer Anforderungen. Angesichts dieses strapaziösen Aufwandes ist es naheliegend, daß Erzieher versuchen, die Situation zu verändern. Haben sie sich in vielfältigen Diskussionen und Auseinandersetzungen müde gekämpft und sind dabei erfolglos geblieben, dann ziehen sie sich vielleicht zurück in rigide Regeln, die wenigstens das Überleben im Alltag sichern. Man wird pragmatisch, die Schwierigkeiten und Hintergründe, um die man weiß, in denen man sich so oft verlaufen hat, bleiben verdrängt. Solche Flucht aber erzeugt leicht ein schlechtes Gewissen; dies wiederum führt nicht selten dazu, daß die Regeln, die man aufstellt, besonders herb durchgesetzt werden – man versucht, das eigene Unbehagen zu überstimmen, das eigene Gesicht zu wahren, und jedenfalls zu verhüten, daß man beim Gesichtsverlust ertappt wird. Ein anderer Ausweg in den Alltagsschwierigkeiten ist der in ein therapeutisches Selbstverständnis. In ihm gelten nur Aufgaben, die gezielten Methoden zugänglich sind oder doch zumindest im setting einer spezifischen Supervision aufgearbeitet werden können. Solche Therapeutisierung scheint, im Zeitalter des allgemeinen Therapiebooms, fortschrittlich und effektiv. Die Komplexität des Alltagslebens aber wird in solchem Zugriff reduziert auf psychische Probleme von Beziehungshintergründen und Beziehungsklärungen. Dies bedeutet die Vernachlässigung der so vielfältigen anderen Alltagsaufgaben; sie werden minderwertig, bleiben dem Zufall überlassen oder unerledigt.

Pragmatik und Ordnungsregeln

Solchen Reduktionen aber gilt es zu wehren. Der Alltag in der verworrenen Fülle seiner „schmuddeligen" Geschäfte und Schwierigkeiten ist der Ort, an dem wir leben und unser Leben bewältigen müssen. Dieser Alltag braucht Struktur. Er braucht, um der Pragmatik des Überlebens willen, Übereinkünfte und Routinen, die nicht von Situation zu Situation ausgehandelt werden müssen, sondern die verläßlich sind. Das Überleben im Alltag kann nicht in einen permanenten Diskussionsprozeß aufgelöst werden. Angesichts unseres Wissens aber um die Zweideutigkeit des Alltags und um die vielfältig widersprüchlichen Ansprüche können sich Regeln nur ergeben als Ergebnis einer Diskussion, die zwischen Positionen und Ansprüchen auszuhandeln versucht, was gemeinsam gelten könnte.

Widersprechen sich aber diese Aussagen nicht? Verlangt die Pragmatik nicht eine Routine, die der Notwendigkeit des Aushandelns zuwiderläuft?

Die Lösung des Problems kann, so scheint mir, nur darin liegen, daß das Paradox bewältigt wird, durch Diskussionen Verläßlichkeiten herzustellen. Dies scheint möglich in der Form des Vertrags, der auf Zeit ausgehandelt wird und prinzipiell revidierbar sein muß.

So plausibel aber eine solche Forderung erscheinen kann, so schwierig ist es, sie zu realisieren. Sie setzt eine Souveränität der Beteiligten voraus, die im Druck der Alltagsgeschäfte weithin nicht gegeben und im Umgang mit Heranwachsenden, und schwierigen zumal, problematisch ist. Die Form des Vertrags also kann nur als prinzipielle Figur gelten, die ohne Vorgaben, ohne Vorgriffe, ohne stellvertretende Entscheidungen nicht verwirklicht werden kann. Ist damit aber – so muß wieder eingewandt werden – nicht doch all den Fatalitäten eines routinisierten Alltags und allen überlebten pädagogischen Machtansprüchen Tor und Tür geöffnet? Dem kann so sein; auch hier hilft nur der Versuch, die Gefährdung kritisch – reflexiv – einzuholen. Geht die traditionelle Alltagstheorie davon aus, daß Routinen und Verläßlichkeiten gegeben und nicht immer neu bewiesen werden müssen und daß die Ausnahme beweislastpflichtig ist, dann gilt, so scheint mir, für unsere Situation, daß gerade die Verläßlichkeiten legitimiert werden müssen. Die selbstkritische Reflexion ist die Regel, die im Konsens, in Verträgen auf Zeit ausgesetzt werden kann, damit Alltagsaufgaben pragmatisch erledigt werden. Das Verhältnis von Verläßlichkeit und Legitimation ist damit – der Alltagspragmatik gegenüber – umgekehrt. Die Pragmatik des Alltags muß pragmatisch verstanden und realisiert werden.

Dies aber gelingt als Moment eines gelingenderen Alltags nur dann, wenn – zumindest – viererlei gewährleistet ist.

- Ordnungsregeln regeln einen gemeinsamen Alltag; sie müssen für alle in gleicher Weise gelten; Vertrauen zwischen allen ist Voraussetzung dafür, daß sie ausgehandelt und praktiziert werden können.
- Es muß deutlich sein, daß in den Ordnungsregeln Ansprüche und Interessen – Pläne, Aufgaben und Konzepte, die wichtig, attraktiv und sinnvoll sind – strukturiert werden, daß Ordnungsregeln also funktional sind in bezug auf Aufgaben.
- Ebenso: Ordnungsregeln müssen im Alltag in ihrem Gewinn ausgewiesen und gelebt werden; sie müssen sich als lohnend erweisen z.B. in den Bestätigungen durch Aufgaben, die sie stellen, oder in der Freundlichkeit des entlasteten Umgangs, den sie ermöglichen, oder in den Freiräumen, die durch die Routinen gewonnen werden, oder – und nicht zuletzt – in der offen geführten Auseinandersetzung um Grenzen, um das Insistieren auf Grenzen ebenso wie um ihre Veränderung.
- Schließlich: Die Pragmatik der Ordnungsregeln im Alltag ist verwiesen auf Takt – Takt verstanden ebenso als Organon der praktischen Vernunft, die selbstreflexiv prüft, was in der Situation und in gegebenen Aufgaben angemessen ist, wie auch verstanden als Großzügigkeit und Wille zur undramatisch unaufwendigen Klärung von Schwierigkeiten.

Soziale Beratung

Soziale Beratung meint allgemeine Beratung in Lebensschwierigkeiten, vor allem in sozialen Schwierigkeiten. Solche Beratung wird unter anderem im Rahmen Sozialer Arbeit praktiziert, also z.B. im Allgemeinen Sozialen Dienst, in der Familienfürsorge, in der Jugend- und Erziehungs-, Familien- und Lebensberatung, in der Suchtberatung, in der Schuldnerberatung, aber – natürlich – ebenso im Kontext von z.B. Elternarbeit, Jugendarbeit, Arbeitsloseninitiativen, Kriseninterventionen. – Soziale Beratung zu verhandeln, scheint mir wichtig, weil sie einen weit ausgebauten, wichtigen Sektor von Beratungsangeboten in unserer Gesellschaft darstellt, weil hier aber auch für Beratungsarbeit überhaupt charakteristische Probleme besonders deutlich werden, Probleme im Widerspruch von Ziel, Konzept und Realisierung im Arbeitsalltag.

Die Tradition Sozialer Arbeit weist in den Anfang unseres Jahrhunderts zurück, zu Mary Richmond, Alice Salomon, Marie Baum. Diese Tradition der Sozialen Diagnose und Sozialen Arbeit, des case work, wurde in den 1960er Jahren scharf kritisiert und in der theoretischen Diskussion ebenso wie in der Alltagspraxis unter methodisch spezialisierteren vor allem psychologisch-therapeutisch orientierten Konzepten gleichsam verschüttet. Diese Tradition wird neuerdings rehabilitiert, weil sie – so wird argumentiert – für die Vielschichtigkeit und Komplexitität sozialer Probleme offen sei und einen Arbeitsrahmen skizziere, der Aufgaben der Lebensbewältigung vor aller Spezialisierung anzugehen erlaube. Dieses tradierte Konzept der Sozialen Beratung – so heißt es weiter – entspreche dem Konzept einer lebensweltorientierten Sozialpädagogik, wie es in den unterschiedlichsten Arbeitsfeldern der Sozialen Arbeit praktiziert wird; Soziale Beratung entspreche auch Interventionskonzepten, wie sie in der neuen Sozialpsychiatrie oder Gemeindepsychologie erörtert werden. – Aber: Diese neuerliche positive Bewertung des offenen Arbeitskonzepts der Sozialen Beratung ist eher ein Trend in der Theorie. In der Alltagspraxis wird sie weithin negativ eingeschätzt, wird sie gleichsam erlitten: Die offene, deshalb in vielem diffuse Arbeit erscheint als Restkategorie neben den spezielleren, eingegrenzteren und überschaubareren Beratungsformen. Sie wird gleichsam „aufgebessert" durch spezifische Ansätze z.B. aus der Familientherapie oder der Gesprächstherapie, durch Ansätze, die dem angestammten, glanzlosen Geschäft Reiz und Qualifikation, so hofft man, zuteil werden lassen; nach wie vor drängen ja viele Kolleginnen und Kollegen aus den Arbeitsaufgaben der Sozialen Beratung in speziellere Institutionen. – Dieses die Praxis bestimmende Arbeitsverständnis gleichsam eines Aschenputtelgeschäfts aber ist fatal. Es belastet den Alltag der Sozialen Beratung und verführt dazu, seine Notwendigkeit und Möglichkeiten zu unterschätzen. Gegen diese Unsicherheit und Unterschätzung ist es, so scheint mir, sinnvoll und nötig, das Konzept Sozialer Beratung zu klären und in seiner Leistungsfähigkeit im folgenden zu verdeutlichen.

Soziale Beratung ist ein methodisch ausgewiesenes, zielorientiertes Arbeitskonzept. Es meint in seiner methodischen Struktur den prozeßhaften Zusammenhang von Arbeitsstufen: Erkenntnis (Wahrnehmung/Diagnose) von Schwierigkeiten ist die Voraussetzung zur Klärung des Entwurfs von Hilfsmöglichkeiten; sie führt zur Unterstützung und Hilfe in der Erschließung von Ressourcen. – Dieses Konzept wird in seinem Grundmuster in immer neuen Akzentuierungen und Varianten beschrieben. C.W. Müller (1990) z.B. strukturiert das „didaktische" Arrangement der Beratung in drei Teilschritten: zunächst die analytische Einschätzung der gesellschaftlichen Genese sozialer Probleme und ihrer je individuellen konflikthaften Verarbeitung, dann die gemeinsame Suche nach alternativen Bewältigungsstrategien und der damit verbundenen zusätzlichen Ressourcen – und schließlich die Entwicklung eines mittelfristigen Lebens- und Handlungsplans und seine schrittweise Evaluierung im Prozeß. A. Fromman (1990) z.B. gliedert den Prozeß der Beratung in die vier Stufen des Wahrnehmens, Ordnens, Teilnehmens, Für-Möglichhaltens. – Dieses Konzept ist als Rahmenkonzept hilfreich. Aber die Allgemeinheit dieses Konzeptes ist auch unbefriedigend: Läßt es sich doch verstehen als spezifisch akzentuierte Darstellung eines allgemeinen Modells problemlösenden Handelns. Ein solches Modell ist eine notwendige Voraussetzung für die Praxis Sozialer Beratung, aber für die Konkretheit ihrer Praxis nicht hinreichend; es muß in seinen Voraussetzungen ebenso wie in seinen Methoden konkretisiert werden. Meine Vermutung zur derzeitigen Diskussion Sozialer Beratung zielt darauf, daß die Darstellung der Allgemeinheit dieses Konzeptes weniger wichtig ist als seine Bewährung in spezifischen Konstellationen. Die gerade angesprochene Unsicherheit und Unzufriedenheit in der Praxis scheint mir auch damit zusammenzuhängen, daß dies nicht immer hinreichend elaboriert ist.

Soziale Beratung im Lebensfeld

Ein Verständnis von Beratung primär von der Methode aus Beratungsdiskussion als Methodendiskussion greift zu kurz, weil Beratungshandeln nur verstanden werden kann im Kontext der Verhältnisse, auf die es sich bezieht. – Diese Behauptung klingt selbstverständlich; sie muß deshalb pointiert werden. Voraussetzung aller Beratung ist das Wissen um Lebensverhältnisse, um Lebenseinschränkungen und Lebensmöglichkeiten, wie sie unabhängig von Beratungskonzepten und ihrem Verständnis von Hilfsbedürftigkeit und Hilfschancen erfahren werden. Wie erleben sich die Betroffenen selbst, und wie spiegelt sich dies in Theorien und Beschreibungen, z.B. aus der Literatur, der Soziologie oder der Pädagogik und der Psychologie? Ein solches Wissen ist notwendig, damit der Blick auf Probleme nicht von vornherein eingeengt ist auf das, was als Hilfe gesellschaftlich etabliert und in bestimmten Beratungsmethoden als praktikabel ausgewiesen ist. Probleme dürfen nicht zu rasch gleichsam beratungsförmig werden, individualisierend, oder pathologisierend verstanden; Beratung darf sich nicht nur mit dem beratungsfähigen und willigen Menschen, dem „Homo Consultabilis" einlassen. Die Gefahr dieser Verengung ist altbekannt. Im Zeichen der Stigmatisierungs- und Professionalisierungskritik, und vor allem der generellen Sozialstaatskritik zur Figur des betreuten Menschen ist sie in den letzten Jahren immer wieder eindringlich beschrieben worden. Z.B. Rosenmayr's (1986) Hinweis darauf, daß die in

Familientherapien entworfenen Familienkonzepte selten der Realität heutiger Familien entsprechen, so wie sie etwa eine soziologisch orientierte Familienforschung oder auch heutige Literatur kenne, wiederfinde, pointiert dieses Problem. – Es braucht also gegen die Macht institutioneller und professioneller Deutungsmuster eine Gegeninstanz, an der sie kritisiert werden kann; Bedürfnisse und Beratungsangebote müssen als gleichsam unabhängige Größen zueinander im Beziehung gesetzt werden können. Daß dann ein zweiter Schritt der Engführung, bezogen auf den Zusammenhang von Wahrnehmung und Machbarkeit nötig ist, ist evident, – er muß aber in den Horizont eines weiteren Wissens eingebettet sein. (Von hier aus wird auch deutlich, wie notwendig neue Strukturen in der Aus- und Weiterbildung sind).

Soziale Beratung hat das Ziel, Hilfe zur Selbsthilfe in Lebensschwierigkeiten zu ermöglichen; dies bezieht sich auf die heutigen Gesellschaftsstrukturen der Ungleichheit, der Pluralisierung und Individualisierung, wie sie sich in den Wahrnehmungen und Bewältigungsstrategien des Alltags repräsentieren. Von da aus ergeben sich für soziale Beratung drei Postulate:

- Ungleichheiten, Unterprivilegierung, Randständigkeit – einhergehend mit fehlender Kenntnis, fehlender Selbstverständlichkeit und fehlendem Mut, Hilfen in Anspruch zu nehmen, verlangen besondere kompensierend gegenläufige Strategien der Beratung, auch um sich bekannt, zugänglich, vertraut, vertrauenerweckend zu machen.
- Die Offenheit der Situation verlangt einen gemeinsamen Prozeß des Aushandelns dessen, was als Lebensschwierigkeit verstanden und welche Form der Hilfe akzeptabel ist.
- Dieser Prozeß ist bestimmt durch die Vermittlung zwischen dem Respekt vor den Eigensinnigkeiten des Alltags und der kritischen Kompensation seiner Schwächen durch die Möglichkeit eines professionell ausgewiesenen Tuns, also durch die besonderen Ressourcen von Zeit, Erfahrung, Methode und anwaltschaftlicher Solidarität.

Zur Struktur Sozialer Beratung

Soziale Beratung bezogen auf heutige Lebensverhältnisse, Soziale Beratung engagiert im weiten Feld von Lebensschwierigkeiten: Ein solches Konzept könnte einen schwindlig machen: Es stützt ebenso überkommene und fatale Omnipotenzgefühle wie die durch die Frustration in so weiten Aufgaben notwendig erzeugte Hilflosigkeit und Verunsicherung. Soziale Beratung aber ist im weiten Feld der Hilfsangebote ausgewiesen durch spezifische Strukturen. Damit sind ihre Aufgaben und Möglichkeiten beschränkt, ist sie aber auch von falschen Ansprüchen entlastet.

Soziale Beratung ist – dies ist die erste Einschränkung – Kommunikation. Hilfe im Alltag – Case management, Care management, Ressourcenarbeit ist mehr: Es bedeutet ebenso die Vermittlung materieller Unterstützungen wie das Arrangement von hilfreichen Lebenssettings, ist auch Verwaltung und Organisation; daß Beratung sich in der Praxis mit diesen Unterstützungen verbindet, ja vermischt, ist Problem in vielen Arbeitsvollzügen; darauf komme ich zurück.

- Beratung als Kommunikation ist angesichts unserer Situation der Individualisierung und der damit gegebenen Reflexionsaufgaben eine elementare Voraussetzung zur Hilfe. Gerade im Faktum der Kommunikationsprozesse liegen aber auch Gefahren; sie können – vulgär formuliert – zum Zerreden von Problemen und Problemlösungen führen. Kommunikation, in der wir so geschickt und bewandert sind, wird benützt, um Entscheidungen und Handlungen zu vermeiden; dies praktizieren Adressaten ebenso wie Berater, die sich bisweilen durch die Konzentration auf Kommunikationsprozesse aus ihrer eigenen Ohnmacht in Bezug auf weitergreifende Lebensprobleme zurückziehen. (Kasakos 1980).

Und: Daß Bedeutung und Authentizität von Kommunikation schichtspezifisch sehr unterschiedlich sind, weiß man seit je. Angehörige der Unterschicht erwarten und verstehen Hilfe stärker als reale Hilfe oder definitive Ratschläge als Mittelschichtsangehörige. Beratung muß hier auf anderen Unterstützungen aufbauen.

Soziale Beratung ist Kommunikation auf der Basis von Vertrauen. – Beratung kann nur effektiv sein, wenn das, was Problem ist ebenso wie das, was als Ausweg praktikabel erscheint, zwischen den Ratsuchenden und den Beratern so ausgehandelt wird, daß der, der den Rat braucht, es als eigenen Weg erkennen und verfolgen kann. Beratung ist konstitutiv bestimmt durch das Prinzip der Freiwilligkeit, um diese Gemeinsamkeit, zu sichern gegen die im Beratungsverhältnis ja notwendig angelegte Ungleichheit zwischen Ratsuchendem und Ratgeber und die darin liegenden Gefahren der Suggestion, ja Manipulation des Ratsuchenden. So wichtig dieses Prinzip aber ist, so sehr muß es in vielen Fällen äußerlich bleiben. Ratsuchende kommen, weil sie mit ihren eigenen Möglichkeiten am Ende sind und gedrängt werden von der Verwandtschaft, von Freunden und vor allem von Institutionen. Auch wenn sie sich in der Beratung wie in einem Vertrag auf ein gemeinsames procedere festlegen, ist dies oft nur ein Ausweg, zu dem es keine Alternative gibt. Freiwilligkeit ist nur bedingt eine Garantie für die Gemeinsamkeit des Beratungsprozesses. – Wichtiger erscheint es deshalb, daß im Beratungsprozeß selbst Vertrauen wächst, indem es dem Berater gelingt, den Ratsuchenden in seiner Eigenheit, vor allem auch in seinen eigenen Möglichkeiten, Problemen und Hilfsressourcen zu sehen, zu akzeptieren, zu achten und sich ihm als nützlich zu erweisen. Vertrauen also – pointiert geredet – ist nicht im Fakt der Freiwilligkeit schon selbstverständlich gegeben, sondern muß im Prozeß der Beratung erworben und bestätigt werden. Die „Herstellung“ von Beratungswilligkeit, die Überwindung von Zugangsbarrieren ist dazu ebenso wichtig wie eine zugängliche, nicht expertenhaft einschüchternde Sprache.

Soziale Beratung ist – so habe ich oben gesagt – in Phasen strukturierte Kommunikation.

Die Phasen des Wahrnehmens/Erkennens, des Planens/Entwerfens und der Hilfe zur Realisierung konkretisieren sich in vielfältigen Ansätzen, wie sie aus sehr unterschiedlichen methodologischen Entwicklungen der letzten Zeit stammen: es gibt die vielfältigsten Techniken des Verstehens, der Interpretation und alternativen Interpretation, der Bestärkung und Unterstützung im Selbstvertrauen, im Sich-Organisieren und im kontrollierten Lernen. Diese methodischen Hilfen auch nur andeuten zu wollen, ist – bei der gegebenen Vielfältigkeit auf dem Methodenmarkt – unmöglich. Wichtig scheint mir im Kontext des Konzepts der Sozialen Beratung darauf zu insistieren, daß diese methodischen Möglichkeiten gleichsam instrumentell verstanden und praktiziert werden als Mittel, um Hilfe zur Selbsthilfe zu ermöglichen, daß sie also gleichsam eingeschmolzen werden in die durch die Aufgabe bestimmte wache Offenheit in der Situation.

Vier allgemeine Probleme in diesem Zusammenhang möchte ich akzentuieren. – Zunächst: Der Auftrag des Ratsuchenden an den Ratgeber, ihm zu helfen, verführt ebenso zur Ungeduld wie das Kompetenzgefälle zwischen beiden. Die Gefahr, daß der Ratsuchende darin den Eigensinn seines Problemverständnisses verliert, wird dadurch verstärkt, daß methodische Vorgaben spezifisch eng sind, also in Gefahr stehen, die Offenheit von Lebenserfahrungen sehr rasch in ihr eigenes Muster einzutragen. Demgegenüber braucht der Berater die Geduld, reden zu lassen, stehen zu lassen, zu akzeptieren; „wir finden es zunächst interessant", so formuliert Marianne Meinhold (1984) die Maxime eines ersten Zugangs. – Und: Die Vielfältigkeit der instrumentell genutzten Methoden bedeutet, daß das Arbeitskonzept unsauber, jedenfalls nur partiell sauber erscheint; dies wird der Praxis der Sozialen Beratung immer wieder zum Vorwurf gemacht. Demgegenüber ist es spannend, daß die neuere Verwendungsforschung (Beck/Bonß 1989) zeigen kann, daß eklektizistische Offenheit richtig und dem Problem angemessen sein kann. Beobachtungen praktizierter Sozialer Beratung (und auch anderer Beratungsprozesse) zeigen, daß mit Erfahrung und Sicherheit in der Arbeit Eklektizismus und pragmatischer Zugang wachsen; sie sind nicht Indiz einer gleichsam ungenügenden, unzuverlässigen Umsetzung theoretisch stringenterer Konzepte, sondern Ausdruck dessen, daß der Berater sich den Sachnotwendigkeiten der ihm angetragenen Aufgaben, wie sie sich aus den Lebensschwierigkeiten im Alltag ergeben, stellt. Indem Soziale Beratung die eigensinnige Dignität von Lebensproblemen akzeptiert, sind Minderwertigkeits- oder Insuffizienzgefühle unangemessen. – Und schließlich: Handeln in der Situation und im Methodeneklektizismus ist heikel; wenn das Handeln nicht entweder ins Zufällige oder auch nur in die Wiederholung des Alltagspragmatismus verrutschen soll, ist es angewiesen auf reflexive, selbstkritische

Kompetenzen. Nur in der immer neuen Prüfung – für sich selbst und vor allem in der Arbeitsgruppe, im Team, in der Supervision – ob und inwieweit die praktizierten Handlungsvorschläge zur Situation passen, kann Soziale Beratung praktiziert werden. Je notwendiger es ist, daß sie sich der Offenheit vielfältiger Situationen aussetzt, umso unverzichtbarer ist die reflexive Selbstkontrolle. – Wenn aber der Beratungsvorgang methodisch strukturiert wird, und wenn sich dazu sehr vielfältige Ansätze anbieten, dann ist es wichtig, daß die Vielfältigkeit des Methodenpluralismus sich nicht nur auf die Klärung psychischer Probleme bezieht, sondern auf die Komplexität der Alltagsaufgaben und die Gefahren, die hier lauern (z.B. die Arbeit ohne Struktur und Plan, ohne z.B. Differenzierung im Bereich des Machbaren, die Erfahrung der Ohnmacht, die sich in freundliche Ineffektivität rettet). Vor allem in der Beratung der Berater gewinnt die Klärung psychischer Probleme leicht Dominanz gegenüber anderen Fragen.

Soziale Beratung und Institutionen

Soziale Beratung wird ebenso mit spezifischen Adressaten wie mit spezifischen Institutionen praktiziert. Beide Formen der Differenzierung und Spezifikation sind nicht trennscharf, sie überlappen und überlagern sich; ich beschränke mich auf Bemerkungen zur Institutionalisierung von Beratung. So entlastend sie ist – so wichtig es auch ist, dies noch einmal der oben benannten Verführung zur Omnipotenz gegenüber zu erinnern – so heikel ist es: Die Institutionen in ihrer Struktur und Tradition bestimmen, welche Probleme in welchen Formen angegangen werden können. Der Allgemeine Soziale Dienst ist durch die gegebenen Rechtsvorschriften bestimmt und nicht frei von kontrollierenden Intentionen; Entscheidungen wie die über eine Heimeinweisung sind immer auch obrigkeitliche Akte. Suchtberatungen z.B. sind oft auf das Problem von Sucht und Suchtkarrieren bezogen und grenzen darin leicht die Einbettung dieser Probleme in die Schwierigkeiten von Lebensverhältnissen aus. Dieses Problem einer notwendigen Spezifikation in der Aufgabe und die damit gegebenen Verengungen in der Problembearbeitung müßten detailliert für die verschiedenen Institutionen verhandelt werden; ich beschränke mich hier aber auf allgemeine Maximen.

Zunächst muß bestimmt werden, wie extensiv und gewichtig in den unterschiedlichen Institutionen die Aufgaben für Beratung im engeren Sinn sind, – wie also Beratung eingebettet ist in andere Aufgaben, in die Aufgaben z. B. des Care managements (des being-with), der Begleitung in Aufgaben unmittelbar praktischer Hilfen, in Aufgaben der Ressourcenarbeit, der Organisationshilfen Diese Klärung hat in unserer Zeit ihre eigene Brisanz gegenüber der Tatsache, daß Soziale Arbeit (im ASD z. B.) unter so kärglichen Bedingungen praktiziert werden muß, daß sie unter ihren eigenen Möglichkeiten bleibt, ja diese selbst nicht mehr sieht (gleichsam ein häßliches Entlein ist, das nicht an sich als zukünftigen Schwan glaubt) gegenüber auch dem so weit verbreiteten – gleichsam kompensierenden – Trend zur Beratung im engeren Sinn, einem Trend, der (oben war davon die Rede) auch durch die Möglichkeiten der Zusatzqualifikation (und der damit einhergehenden Statusverbesserungen) so gestützt wird.

In den Institutionen, innerhalb ihres spezifischen Arbeitsauftrags, kommt es darauf an, die Aufgaben so zu strukturieren, daß Soziale Beratung möglich ist. Die Jugendgerichtshilfe hat weniger Möglichkeiten als die Jugendberatung, der ASD ist durch die unaufhebbare Koppelung mit hoheitlichen Aufgaben eingeschränkter als eine freie Beratung. Innerhalb aber des jeweiligen Institutionszwecks gibt es die Möglichkeit unterschiedlicher Akzentuierung: man kann sich im ASD einigen, unproblematische, geklärte Vormundschaftsfälle gleichsam schematisch zu erledigen, damit Zeit bleibt für die schwierigen, die auf Beratung angewiesen wären (Greese/Oberloskamp 1990). Man kann sich in der Erziehungs-, Familien- und Lebensberatung einigen, wie die Aufgaben zwischen Individualarbeit, Gruppenarbeit, Supervision, Begleitung von Aktiv- und Initiativgruppen und Öffentlichkeitsarbeit gewichtet werden, auf welche Adressatengruppen sich die Beratung konzentriert; (gerade in den Erziehungsberatungsstellen ist – ihrem prominenten Status geschuldet – die Möglichkeit groß, sich zu einem eigenen Arbeitsprofil zu entscheiden). Man kann sich in der Straßensozialarbeit entscheiden, mit welchen Gruppen man arbeiten will und kann, wie z. B. Voraussetzungen auch dafür geschaffen werden, daß man (trotz pädagogischer und ideologischer Schwierigkeiten) sich mit rechtsextremen, gewalttätigen Gruppen einläßt.

Indem die einzelnen Beratungsangebote zusammenwirken in einem gegebenen, überschaubaren Lebensfeld, in einem Stadtteil oder in einer Region, also die lokale Versorgung Organisationsprinzip der Arbeit wird, wird das Problem der Kooperation, der Transparenz zwischen den Institutionen und der Vernetzung zunehmend brisant; für Soziale Beratung gilt sicher, was für Soziale Arbeit insgesamt gilt, nach einer Zeit der differenzierenden Spezialisierung steht nun eine der Kooperation und Vernetzung an.

Solche Vernetzung aber kann nur gelingen, wenn Bewußtsein und Sicherheit im jeweils spezifisch eigenen Arbeitsauftrag einhergehen mit dem Wissen von der alle unterschiedlichen Spezifikationen verbindenden gemeinsamen Arbeit, wenn – pointierter formuliert – Konzentration auf die eigene Arbeit, Isolierung und Konkurrenz aufgehoben werden in neuer Kollegialität, also in einer offenherzigen, freimütigen Streitkultur im Dienst dieser gemeinsamen Arbeit. –

Schließlich: Das Nebeneinander unterschiedlicher Beratungsinstitutionen ist zur Zeit – dem allgemeinen Professionalisierungsdenken gemäß – vom Allgemeinen, Unspezifischen zum Besonderen, Spezifischen hin gewertet; im Zug der Lebensweltorientierung ist solche Wertung dysfunktional und muß umgedreht werden: Institutionen, die die Allgemeinheit Sozialer Beratung wahrnehmen, sind innerhalb des Versorgungssystems zentral, – wohl ebenso zentral wie die Arbeit des Allgemeinen Mediziners innerhalb der medizinischen Versorgung. – Institutionen wie der Allgemeine Soziale Dienst oder Allgemeine Beratungsstellen müssen verstanden werden als Zentren, als organisierende Mitte innerhalb des weiteren Beratungsangebots. Ihre Arbeit muß aufgewertet und vor allem angemessen bezahlt werden.

Soziale Beratung zwischen Kontrolle und Hilfe

Soziale Beratung und Soziale Arbeit sind seit je geprägt durch den Widerspruch zwischen Kontrolle und Hilfe, zwischen dem Auftrag – auf der einen Seite – Schwierigkeiten und Abweichungen im Sinne herrschender Normalitätsstandards zu integrieren und zu disziplinieren, und der Aufgabe – auf der anderen Seite – im Sinne der Ansprüche und Rechte der Menschen in einer sozialen Gesellschaft Nöte und Defizite zu kompensieren und Hilfe anzubieten, damit Menschen sich als Subjekte ihrer selbst erfahren können. Indem Soziale Beratung im Zug der Lebensweltorientierung so praktiziert wird, daß sie in der Lebenswelt der Adressaten agiert, wächst auch die Gefahr der Kontrolle; indem sie – pointiert formuliert – Adressaten in ihrer Problemsicht und in ihren eigenen Problemlösungsansätzen näherrückt, wird es für die Adressaten schwieriger, die Eigenheit der Erfahrungen zu behaupten, sich auch zu distanzieren oder zu entziehen. Soziale Beratung gerät, je effektiver sie praktiziert wird, umso stärker in die Gefahr einer kolonialisierenden Aufdringlichkeit der normalisierenden Manipulation. – An der Diskussion um Konzepte wie Arbeitsfähigkeit, psychische Gesundheit und Selbstbeherrschung oder Gesundheit überhaupt wird ebenso deutlich wie an der Verdrängung tradierter Konzepte von Verwunderlichkeit, Abartigkeit, Schrulligkeit, wie sich allgemeine Verhaltensstandards in unserer Gesellschaft durchsetzen. David Matza (1973) hat diese Prozesse der Verdrängung von Auffälligkeit und Verschiedenheit zugunsten professionell-institutionell geregelter Verhaltenskategorien höchst eindrucksvoll beschrieben. In diesem Kontext kann Soziale Beratung ein Moment verengender Normalisierung sein.

Dies zu sehen ist das eine; die Frage, was es für die Praxis bedeutet, ist das andere. Man wendet solchen Überlegungen gegenüber ein, daß sie vor allem eine Sorge der Theoretiker seien (und hier vielleicht auch eher aus elaborierten Konzepten der Medizin oder der Therapie entwickelt sind), als ein Problem der Praxis: hier gelinge es, gemeinsame Arbeitsprozesse zu bewältigen, hier erfahre man sich. – Zugunsten der Gefahr der Kolonialisierung die in der neueren Entwicklung zunehmend sich erschließenden Ansprüche auf Hilfe und Hilfsmöglichkeiten preiszugeben, wäre fatal, hieße es doch die gegebene Ambivalenz zu leugnen, das Problem gleichsam wie den Gordischen Knoten zu durchhauen. – Als Ausweg bleibt, so scheint es, nur der Versuch, sich in der Arbeit gegen die in ihr angelegten Gefahren zu wehren. Dazu ist es notwendig, die Rechte von Adressaten in Bezug auf Mitwirkung zu sichern (im Zusammenhang mit Freiwilligkeit war davon oben ja die Rede), und, vor allem, Soziale Beratung auf eine

Berufsethik festzulegen (siehe dazu die Entwürfe von Burkhard Müller 1990, oder Ernst von Kardorff 1988), die die selbstkritische Prüfung des Handelns institutionalisiert als kritische Selbstreflexivität. Nur wenn Reflexivität zur Klärung dessen praktiziert wird, was in der Offenheit der Situation jeweils angemessen ist, also sich um das Wissen um die unaufhebbare Gefährlichkeit des Tuns, um radikale Selbstkritik erweitert, erfüllt sie die an Soziale Beratung sich stellenden Aufgaben.

Schließlich: Solche kritische Selbstreflexion Sozialer Beratung ist notwendig, damit sie die ihr zufallenden Aufgaben nicht nur erledigen kann, sondern in ihr mit gutem Gewissen ein Selbstbewußtsein entwickelt, das sich im Mit- und Nebeneinander mit anderen Beratungsangeboten behaupten läßt.

Die Aufgabe einer lebensweltorientierten Sozialen Arbeit wird vor allem auch deutlich neben den therapeutischen Hilfen, über deren Notwendigkeit ja nicht diskutiert werden kann, die sich aber gleichsam als mainstream für Beratung, als generelles Angebot so rasant verbreiten und durchsetzen. Neben deren Engführung, konzentriert auf die oft reduktionistische Bearbeitung von Verhaltens- und Vorstellungsmustern, agiert Soziale Beratung in der Flächigkeit des Alltags. Damit vermeidet sie ein – mit falscher Verallgemeinerung einhergehendes – Gesellschafts- und Lebensverständnis in therapeutischen Kategorien. Sie unterläuft jene „Tyrannei der Intimität“ (Sennett 1983), die mit der Kritik fehlender Aufrichtigkeit und Intensivität zugleich die so schwierigen Aufgaben der pragmatischen Lebens- und Überlebensarrangements unterschätzt und denunziert. Lebensweltorientierte Soziale Beratung ist ein Versuch, die Normalität des Lebens und seiner Bewältigungsmuster im Alltag zu stützen.

Den Eigensinn sozialer Beratung herauszustellen scheint mir deshalb notwendig, damit die offenen Möglichkeiten nicht zurückbleiben neben jenen spezialisierenden Angeboten zur rechtlichen oder psychotherapeutischen Bearbeitung von Problemen, wie sie sich im mainstream unserer Gesellschaft durchsetzen. Die Schwierigkeiten der Alltagsbewältigung, die sich in einer Gesellschaft der Ungleichheit, der Vergesellschaftung, der Pluralisierung der Lebenslagen und der Individualisierung der Lebensführung ergeben, müssen auch auf der Ebene des Alltags angegangen und bewältigt werden können.

Schule von der Sozialpädagogik her gesehen

Bildungsgeschichten als Befreiungsgeschichten

Franz Michael Felder, 1839-69, erzählt in seiner Autobiographie (Aus meinem Leben) vom Raptus des Lesen-Lernens, des Lernens überhaupt (vgl. dazu meine Darstellung in Jens/Thiersch 1987). Er, ein Bub aus armer Bauernfamilie in Vorarlberg, nur auf einem Auge sehend und kränkelnd, drängt sich zum Lesen: zunächst in der Schule, dann, indem er sich Bücher und Lesestoff besorgt, beim Lehrer, beim Pfarrer, indem er Einwickelpapier aus alten Zeitungen, aus der Gartenlaube studiert, indem er sich Zeitungen abonniert. Mit dieser seiner Leidenschaft wirkt er schwierig, ja abartig: In der Schule lachen die anderen ihn aus, zuhause versucht die Mutter (der er in der kleinen Landwirtschaft helfen muß, da der Vater schon gestorben ist), ihn vom Lesen abzubringen und zum Bauernstand zu überreden. Auch der Pfarrer redet auf ihn ein: auch er bereue, studiert zu haben und kein einfacher Bauer mehr zu sein, und was Bildung denn wert sei, wenn er, Franz Michael, als Preis für sie doch nur seine Mutter enttäuschen müssen. Diese Ermahnungen lassen natürlich Franz Michael nicht unberührt: Er ist sich nicht sicher, ob er lesen wollen darf. Er spürt, wie er sich lesend seiner heimischen Welt entfremdet: sie wird ihm klein, eng, borniert und verächtlich; er spürt, wie er sich seiner selbst unsicher wird. Schwankend zwischen Leidenschaft und Selbstüberwindung, zwischen Keckheit und Arroganz im Umgang mit den Dörflern und zurückgezogener Verzweiflung wird er schließlich krank Die Geschichte nimmt aber ein gutes Ende: Franz Michael steigt beim Alm-Auftrieb einer seiner Kühe in den reißenden Tobel nach und gerät selbst in die Strudel. Bauern, die mit ihrem Vieh vorbeiziehen, finden es nicht nötig zu versuchen, ihn zu retten; fast wäre er ertrunken. Aus Scham und Reue im Dorf wächst – endlich – der Wille zur Versöhnung: Franz Michael wird akzeptiert und schließlich später als Bauer Volksschriftsteller und Volkserzieher für sein heimatliches Vorarlberg.

Bildung als Abenteuer, wie es auch durch Schule vermittelt wird, Schule als Initiation in eine Wirklichkeit, die aus Enge, aus Armut, Krankheit und beschränkten, eingefahrenen Traditionen herausführt, die Kämpfe verlangt mit der Umwelt und mit sich selbst, Kämpfe, die erst durch Angst, Verzweiflung, durch Mühen und Anfechtungen hindurch zum Ziel führen. Schule öffnet eine Welt, die dem Gegebenen gegenüber anders, gewichtiger, überlegen, größer und reiner ist, eine Welt, in der Klarheit und Wissen freiere Bilder von Lebensmöglichkeiten vermitteln und darin eine neue, eigene Souveränität im Leben.

Franz Michael Felders Geschichte steht für viele ähnliche – wie sie von Karl Philipp Moritz bis zu Nathalie Saracutte und vor allem auch aus der Frühzeit der Sozialdemokratie erzählt worden sind. Solche Geschichten gibt es auch aus der sozialpädagogischen Praxis: Herbert Colla z.B. berichtet in seinem „Fall Frank" (1973) von Anstrengungen um Bildung und vom Erfolg einer Befreiung, die aus elementaren Kränkungen und der Erfahrung von Ziellosigkeit, Gewissenlosigkeit und Sinnlosigkeit herausführt. Martin Bonhoeffers Konzept von Heimerziehung ist nachdrücklich auf Schule und Schulfähigkeit hin orientiert, wie sie z.B. durch sehr intensiven Einzelunterricht allererst möglich gemacht werden muß (Tübinger Verein, Konzeptpapiere); besonders schwierige und belastete Jugendliche brauchen Distanz zu den Fatalitäten ihrer Herkunft und Arbeit an neuen Erfahrungen und Aufgaben. – Gerade in ihren eigenen Aufgaben also sieht Sozialpädagogik sich verwiesen auf die Möglichkeiten von Schule, ist sie mit ihr zusammengespannt in der Arbeit an Bildungsgeschichten, an der Entdeckung und Stabilisierung von Lebenssouveränität.

Sozialpädagogik und Schule

Dies festzuhalten scheint mir wichtig. Das Wissen um das eine gemeinsame Geschäft ist Voraussetzung und Hintergrund meiner folgenden Überlegungen zur Schule von der Sozialpädagogik her gesehen: zu kritischen – aus Enttäuschung, Leiden, Zorn und Hilflosigkeit erwachsenen – Fragen, zu dagegen gesetzten „positiven“ Anregungen zur Schul-Arbeit.

Aber klingt eine solche Formulierung – Leiden an der Schule und Anregung zur Schule – nicht anmaßlich, klingt sie nicht, als wolle ich für die Sozialpädagogik insistieren auf jener Position, nach der sie die bessere Pädagogik vertrete, – einer Position, die ja weit in die Tradition der Diskussion zwischen Schul- und Sozialpädagogik zurückreicht und sie schon immer belastet hat. – Dies will ich nicht; eine solche Selbsteinschätzung der Sozialpädagogik ist ebenso irreal wie anmaßlich; Prestigerivalitäten sind unfruchtbar. – Aber in einem gemeinsamen Erziehungsgeschäft gibt es strukturelle Differenzen, die es zu sehen und zu nutzen gilt. Indem die Sozialpädagogik auf Kinder und pädagogisches Handeln gleichsam einen eigenen, der Schule gegenüber verschobenen Blick werfen kann, sind Diskussion und Auseinandersetzung sinnvoll zwischen unterschiedlichen Positionen im gemeinsamen Geschäft, zwischen Positionen, die sich in der Differenz von Einheit und Unterschiedlichkeit vergleichen, aneinander reiben und gegeneinander kritisieren können.

Ich frage im folgenden von der Sozialpädagogik her nach der Schule. Ist eine solche Frage aber nicht mit den Konstrukten von der Schule und der Sozialpädagogik viel zu pauschal, als daß sie sinnvoll verhandelt werden könnte? Gibt es *die* Schule und *die* Sozialpädagogik? – Natürlich gibt es sie nicht.

Schule, das ist die Vielfältigkeit ganz unterschiedlicher Institutionen: Grundschule, Hauptschule, Berufsschule, Sonderschule, Realschule, Gymnasium, Internatsschule.

Sozialpädagogik, das sind so unterschiedliche Arbeitsfelder wie z.B. Jugendarbeit in Verbänden und Jugendhäusern, Jugendberatung, Straßenjugendarbeit, Projekte mit arbeitslosen jungen Menschen, – Sozialpädagogik, das ist Sozialhilfe, Beratung, Heimerziehung, Ehe-, Lebens- und Erziehungsberatung, Drogenarbeit, Arbeit mit Strafgefangenen, Arbeit mit Stadtstreichern, Kooperation mit Selbsthilfegruppen, mit Initiativgruppen.

Von *der* Schule und *der* Sozialpädagogik reden kann man aber auch deshalb nicht, weil die jeweils gleichen Institutionen so unterschiedlich sind; sie sind geprägt von einem spezifischen Arbeitsklima, einer spezifischen Arbeitskultur und von jenen Pädagoginnen und Pädagogen, die mit ihren unterschiedlichen persönlichen Möglichkeiten und ihrem unterschiedlichen Engagement dort tätig sind.

Angesichts der Vielgestaltigkeit von Schule und Sozialpädagogik kann die Frage nach der Schule, wie sie von der Sozialpädagogik her erscheint, nur aus der Abgehobenheit einer Vogelperspektive verhandelt werden, nur in gleichsam verwegener Pauschalisierung in einigen Rahmenfragen. – Trotz dieser Einschränkungen aber gibt es Unterschiede, die in den unterschiedlichen Strukturen von Schule und Sozialpädagogik angelegt sind, – Strukturen, die es erlauben, unter den gegebenen Vorbehalten die Schule von der Sozialpädagogik her zu befragen.

Schule, das ist trotz der Vielgestaltigkeit der Institutionen ein in staatlicher Zuständigkeit weithin einheitlich und überschaubar strukturierter Bereich, bestimmt durch durchgehende Aufgaben, repräsentiert in gesettelten Institutionen, begründet und gestützt in festen und öffentlich akzeptierten Traditionen. – Sozialpädagogik ist dagegen eine schwer überschaubare Vielgestaltigkeit von Trägerschaften und unterschiedlichen, oft auch noch nicht sehr alten, aktuellen Aufgaben; die Institutionen sind häufig nicht groß (z.B. Beratungsstellen), Traditionen sind unübersichtlich und öffentlich nur bedingt respektiert. – Diese Vielgestaltigkeit und Offenheit aber macht die Sozialpädagogik ungeschützt und sensibel für Entwicklungen, Verschiebungen und Krisen; sie scheint – pointiert und nur halbrichtig formuliert – wie ein vielarmiges Wesen in den Problemströmungen zu schwimmen.

Wenn ich von der Sozialpädagogik her nach der Schule frage, müßte diese Frage eigentlich ergänzt werden durch die umgekehrte nach der Sozialpädagogik von der Schule her; ein ausgeglichener Disput zwischen Sozial- und Schulpädagogik könnte nur so zustande kommen. Dies aber kann hier nicht geleistet werden. Das Folgende ist also einseitig und in den Gewichten zwischen Sozial- und Schulpädagogik verzerrt.

Schule von der Sozialpädagogik her gesehen: Leiden an der Schule

Sozialpädagogik hat es z.B. in der Jugendarbeit mit Jugendlichen zu tun, die neben Familie, Schule und Beruf offenere Erfahrungen in der Jugendkultur suchen; Sozialpädagogik arbeitet – z.B. in der Familienhilfe, in der Beratung, in der Heimerziehung – mit Kindern und Jugendlichen, die in ihren bisherigen Lebensverhältnissen und sehr oft eben auch in der Schule nicht zu Rande gekommen sind, mit Heranwachsenden, deren Schwierigkeiten häufig durch Schule verstärkt, ja nicht selten mitproduziert worden sind. So sieht Sozialpädagogik eine Schule, der gegenüber sie ratlos, hilflos, auch zornig ist:

- In der Schule gelten Aufgaben und Regeln in einer Allgemeinheit, die den Interessen, Bedürfnissen und Möglichkeiten von Gruppen und Einzelnen oft äußerlich bleibt, in der Allgemeinheit, die durchgesetzt wird auch gegenüber Gleichgültigkeit, Langeweile, Apathie und Verweigerung; Kindern und Lehrer leiden dann gemeinsam am gemeinsamen Geschäft: Zeit verstreicht, verbröselt sich, wird belanglos. – In dieser Allgemeinheit aber, und gleichsam abstrakt, zählt der Einzelne in seinen Leistungen, seinen Möglichkeiten, seinen Versagungen. Gruppen- und Teambeziehungen sind demgegenüber Randwerk.
- In der Schule sind Wissen, Wissensstoff, Wissensanstrengung wichtig, Wissen, das trotz aller Reformkonzepte noch immer auch in der Gestalt der Stoffhuberei präsentiert wird, demgegenüber eigene Neugier eher randständig bleibt. In der Schule gibt es noch immer das tradierte Reglement eines Vortragsunterrichts, der häufig phantasielos und im dirigistischen Frage-Antwort-Ritual praktiziert wird; Erweiterungen zum selbst erarbeiteten Projekt, zu Gruppen und zum Schülerreferat bleiben nicht selten gerade in Vorbereitung und Anleitung ungekonnt und dabei ineffektiv, aneignendes, „genetisches" Lernen wird viel zu selten praktiziert.
- In der Schule zählt vor allem intellektuelles Wissen und Können; praktische und soziale Erfahrungen und Übungen gewinnen nur zögernd und auch eher vom Rand her Eingang in die Schule.

- In der Schule sind die Formalien von Noten und Beurteilungen wichtig; sie braucht die damit gegebenen Rituale der Kontrolle und Disziplinierung, nutzt sie, federt sie jedenfalls nicht ab; den dadurch ausgelösten Prozessen steht sie gelassen, wenn nicht gleichgültig gegenüber, der für die Schüler so belastenden dauernden sozialen und persönlichen Erfahrung, sich auf den Prüfstand verwiesen zu sehen und dort behaupten zu müssen, der Konkurrenz, Rivalität, Bewertung und dem Zweifel an sich.
- In der Schule werden Schwierigkeiten mit den Schülern und die besondere Arbeit mit ihnen an Eltern, an Berater, an Schulsozialarbeit und an Sozialarbeit delegiert, wenn sie an Eltern statt für Kinder einstehen. Schule, so scheint es, erwartet das schulleichte Kind, analog dem so oft gewünschten und so selten vorkommenden pflegeleichten Kind in Familien. Wo der Schule dieses Kind nicht präsentiert wird, sondert sie und grenzt sie aus, und verweist an die Sonderschule oder ans Jugendamt.
- Schule tut sich schwer, Fragen, die sich zwischen Sozialpädagogen und Lehrern ergeben, offen zu verhandeln. (In Erziehergruppen, auf Kooperation befragt, ist es erschütternd, wie selten von freundschaftlichen, kollegialen, gemeinsamen Anstrengungen um ein Kind berichtet wird). Sozialpädagogen denken mit Entsetzen, wie es im Umgang mit der Schule wohl Eltern mit schwierigen Kindern gehen mag, Eltern, die ja mit den Problemen des Kindes identifiziert werden und als Nicht-Fachleute Lehrern noch anders als Kollegen unterlegen sind. Sozialpädagogik sieht eine Schule, die es nahelegt, daß man sich angesichts ihrer Macht und ihrer Machtmittel zurückhält, Unzufriedenheit und Zorn in sich hineinschluckt, damit die Kinder nicht noch mehr zu leiden haben.

Schule, so von den Erfahrungen von Sozialpädagogen aus gesehen, erscheint als eine Institution, die mit ihrem Bildungsauftrag Schwierigkeiten hat und ihren Erziehungsauftrag weitgehend nicht zur Kenntnis nimmt oder delegiert, als eine Institution, die ihre Aufgabe und ihre Chance zum Bildungsabenteuer in der Anstrengung um Wissensplunder verspielt, weil ihr die Verbindung von Leben, Erfahren und Lernen nicht gelingt, als eine Institution, die

Schwierigkeiten hat mit den besonderen Lebensproblemen der Schüler ebenso wie mit einer Institutionen übergreifenden pädagogischen Kollegialität.

Die Befangenheit der sozialpädagogischen Erfahrungen

Solche Aussagen aber sind nicht nur begründet im bösen Blick vom Rand und von unten her; in sie mischen sich auch Ressentiments und Übererwartungen: Sozialpädagogen sind weitgehend Pädagogen, die keine Lehrer werden wollten. In ihre Interpretation von Schulschwierigkeiten der Kinder und Jugendlichen, mischen sich – den psychoanalytischen Regeln der Übertragung folgend – sicher auch Erinnerungen, Enttäuschungen und Abrechnungen mit der Schule. Und: Sozialpädagogen haben in der Offenheit der Jugendarbeit ebenso wie in den pädagogischen Strapazen des Umgangs mit belasteten Kindern ein schwieriges Geschäft. Sie verstehen nicht, daß man ihnen darin nicht hilft; sie können nicht gut gerecht bleiben, wenn andere ihre Sicht der Aufgabe nicht teilen. – Vor allem aber: Im Bild der Schule, wie es sich von der Sozialpädagogik her ergibt, stecken Projektionen, in denen Sozialpädagogen die Erfahrung des Leidens an ihrer eigenen Arbeit auf die Schule übertragen. Natürlich nämlich wissen Sozialpädagogen,

- daß auch sie die Kinder und Jugendlichen an allgemeinen Normen an Gesetzen, Auflagen und Verhaltenserwartungen messen und daß sie in ihren Institutionen Zwänge durchsetzen müssen, die den Bedürfnissen von Gruppen und Einzelnen nur bedingt entsprechen, ja ihnen äußerlich bleiben und sie vergewaltigen,
- daß auch sie vieles, was sie sehen, wissen und realisieren müßten, nicht praktizieren, – ihrerseits bestimmt durch Arbeitszwänge ebenso wie durch Müdigkeit, Enttäuschung, Phantasielosigkeit, Genügsamkeit und Feigheit,
- daß auch sie Kinder und Jugendliche zwischen den verschiedenen Institutionen, also z.B. zwischen Beratung und sozialem Dienst, zwischen Beratung und Heim, zwischen Heim,

Psychiatrie und Gefängnis weiterschieben, abdrängen und ausgrenzen,

- daß auch sie sich schwertun mit der Kollegialität zwischen verschiedenen Institutionen, also z.B. zwischen Erziehungsberatung und Jugendamt, zwischen Jugendamt und Heim, und vor allem zwischen der Gruppe der professionellen Pädagogen und den Laien, also den Eltern, Pflegeeltern oder Mitarbeitern in Selbsthilfeeinrichtungen.

Gerade weil Sozialpädagogik solche Probleme intern mit Leidenschaft, ja oft mit Selbstzerfleischung diskutiert, ist sie dann auch dankbar und erleichtert, sie an anderen zu sehen und kritisieren zu können. Kritik erfüllt die Funktion der Abwehr.

Dem ist so; dies nicht sehen und erörtern zu wollen, wäre unlauter. Nur darf diese Gegenkritik nicht die Kritik selbst aufheben. Sie gilt, aber sie ist aus dem Leiden an der oben angesprochenen Differenz von Gemeinsamkeit und Unterschied, von Betroffenheit und Projektion vielleicht besonders scharf und klar.

Schule von der Sozialpädagogik her gesehen: Sozialpädagogische Erfahrungen, die für Schule wichtig sein könnten

Kritische Anfragen an die Schulen sind das eine – das andere sind sozialpädagogische Erfahrungen, die für die Schule in ihren Schwierigkeiten wichtig, anregend und herausfordernd sein können, wenn sie in ihre spezifischen Strukturen und Aufgaben transformiert werden.

Daß solche sozialpädagogischen Erfahrungen verwandt sind mit vielem, was auch im schuleigenen Diskurs verhandelt wird, ist evident; aus ihrem anderen Zugang heraus aber kann die Sozialpädagogik vielleicht Akzente und Dringlichkeiten unterstützen. – (Wenn ich oben die Einseitigkeit meiner Argumentation zuungunsten der Schule angemeldet habe, wird sich dies im Folgenden verstärken. Sozialpädagogik präsentiert, sich, und ganz sicher ungerechtfertigt, nur in der Rolle des Anbieters).

Die Kooperation der Sozialpädagogik mit der Schule ist institutionalisiert im weiten Kranz der unterstützenden Hilfen, der

Schularbeitshilfen und der Hortarbeit, vor allem aber in der Schulsozialarbeit – ebenso im Rahmen wie im lockeren Zusammenhang mit der Schule. Auf ihre ja sehr vielgestaltigen Formen und Möglichkeiten will ich hier aber nicht eingehen, auch nicht auf ihre oft so bedrückenden institutionellen und statusbezogenen Probleme. Schulsozialarbeit erscheint noch immer weithin in der Rolle jenes traditionellen Dienstmädchens, das ganz den Interessen der Herrschaft verpflichtet ist, allseits verfüglich und diskret sein muß und schlecht bezahlt wird. Ich will hinter die Institution Schulsozialarbeit und allgemeiner nach Eigenheiten sozialpädagogischer Erfahrung fragen, – gleichsam nach dem sozialpädagogischen Blick, – um so Strukturen zu verdeutlichen, die auch in Schulsozialarbeit übersetzt werden können, die aber – vielleicht – für Schule überhaupt, für den schulischen Blick wichtig sind.

Die ungeschützte Offenheit sozialpädagogischen Arbeitens konfrontiert sie – davon war bisher die Rede – nicht nur mit Erfahrungen vom Rand, von Krisen her, sondern darin in greller Deutlichkeit mit strukturellen Veränderungen der Gesellschaft, der Öffentlichkeit und vor allem der Lebensverhältnisse von Familien, von Kindern, von Heranwachsenden.

Sozialpädagogik arbeitet z.B. mit Heranwachsenden, deren Lebensverhältnisse geprägt sind durch die Ungleichheit der gesellschaftlichen Ressourcen in unserer reichen Zwei-Drittel/Ein-Drittel-Wohlfahrtsgesellschaft, die geprägt sind durch die Erosion struktureller sozialer und individueller Lebens- und Deutungsmuster, durch die Pluralisierung der Lebenslagen und die Individualisierung der Lebensführung. Sozialpädagogik hat es zu tun

- mit Heranwachsenden, von denen viele durch Neid und Ressentiments gezeichnet sind,
- mit Heranwachsenden, die aber alle bestimmt sind durch die Offenheit und Unsicherheit der gegebenen Verhältnisse, vor allem in bezug auf ihren Status in der Familie und in bezug auf Wissenstraditionen und Lernaufgaben,
- mit Heranwachsenden, die sich darin auf sich und die Gruppe der Gleichaltrigen verwiesen sehen und zugleich als selbstän-

dig erfahren, die also wählen, wählen wollen und wählen können, die sich dort engagieren, wo sie gewählt haben,

- mit Heranwachsenden also in einer Jugendkultur, die geprägt ist durch Eigenwilligkeit und Anstrengung zur Gestaltung der Gegenwärtigkeit eines unmittelbaren Alltags, durch Expressivität und Authentizität, durch Erfahrungen, die sich als nützlich erweisen.

Von der offenen Konfrontation mit heutigen Heranwachsenden her gewinnen alte Ansätze der Sozialpädagogik neue Bedeutung und die Sozialpädagogik ihr neues Profil.

Jugendarbeit arbeitet seit je vor allem in und mit Gruppen, – bezieht sich also auf die Vorgabe der spezifischen Jugendgesellungsform, wie sie in den Brüchen der Moderne zunehmend als Fix- und Orientierungspunkt wichtig wird. Gerade im Umgang mit schwierigen Heranwachsenden erweist sich – z.B. im Konzept der mobilen Jugendarbeit – dieser Ansatz als fruchtbar: der Einzelne wird erreichbar, wenn er in der Realität seiner Erfahrung in der Gruppe genommen wird, – in ihren Normen und Aktionen, in ihren internen Auseinandersetzungen und Anerkennungen. –

Ergeben sich von hier aus nicht Fragen an die Größe und Struktur von Klassen – vor allem an die so schematische und in bezug auf Lebensphasenprobleme so unsensible Klassengröße? Brauchen z.B. 12-15jährige nicht vor allem kleinere Gruppen (8-15)?

Die Erfahrung von der Eigensinnigkeit der Jugendkultur bekräftigt zunächst das alte Rousseau'sche Argument, daß für die Heranwachsenden die Gegenwart der Zukunft nicht aufgeopfert werden dürfe; sie zwingt aber zur neuen Auslegung der Frage, inwieweit ein traditionelles pädagogisches Umgangsmuster mit deutlichen Rollendefinitionen und -erwartungen zwischen den Generationen noch praktiziert werden kann. – Jugendarbeit setzt zunehmend darauf, Räume und Gelegenheit zur Verfügung zu stellen oder zu arrangieren, in denen die Heranwachsenden sich in ihren Möglichkeiten erfahren können, sich ihre Verhältnisse gestalten können. Die Umgangsformen von Beratung werden wichtig, also das Aushandeln von Aufgaben- und Problemdefinitionen und Lösungsmöglichkeiten auf der Basis von Offenheit, wechselseitiger Zuständigkeit und Freiwilligkeit.

Jugendarbeit arbeitet seit je ohne Möglichkeiten zu Sanktion oder äußerlichen Gratifikationen; sie muß bei Heranwachsenden für ihr Angebot werben und versuchen, sie zu fesseln, – sich also behaupten in der Konkurrenz zu den Pflichtaufgaben in der Familie, der Schule und der Arbeit, in der Konkurrenz aber auch zu den Medien mit der oft so bravourösen Didaktik und in der Konkurrenz zu kommerziellen Offerten.

So wird Jugendarbeit – jedenfalls tendenziell – wach und fündig (und unterliegt darin ebenso oft) in bezug auf

- die Wege und Aspekte, um den Gebrauchswert, die Nützlichkeit dessen, was sie vermitteln will, zu bestimmen und deutlich zu machen,
- die Verbindung von Erfahrung und Wissen, von Neugier und Wissen, von Handeln und Wissen zu gestalten,
- Werbestrategien und Geduld in diesen Werbestrategien zu entwickeln,
- Zurückhaltung in bezug auf Ziele und Programme zu praktizieren, ebenso wie in bezug auf die Systematik und Vollständigkeit des Angebots,
- also vorsichtig, versuchend zu bleiben in bezug auf die Logik des Sachaufbaus zugunsten von erfahrungs- und situationsoffenen Entwicklungen in gleichsam experimentellen Arrangements,
- intellektuelle, soziale und körperbezogene Vorhaben miteinander zu verbinden, also Arbeitsformen mit alltagsbezogenen, ästhetischen und intellektuellen Komponenten. Sozialpädagogische Jugend- und Bildungsarbeit zielt auf offene Zeitplanung und szenische Arrangements.

Diese Strategien der Werbung und offenen Planung haben ihre heutige Bedeutung im Kontext der offenen kulturellen Tradition – in denen man ausweisen muß, was als wichtig gelten soll. Sie sind wichtig auch im Kontext jener Erfahrungen von Offenheit und Zumutung der Wahl, wie sie für die Jugendkultur charakteristisch sind; man engagiert sich in dem, was überzeugend ist; dann allerdings – und dies wird immer wieder in ebenso imponierender wie beglückender Weise deutlich – mit Leidenschaft, Phantasie, Durchhaltekraft.

Die Arbeit mit besonders schwierigen Jugendlichen wird für die Sozialpädagogik zunehmend schwieriger, weil – in den Brüchen der Tradition und der Offenheit unserer Situation – die Lebenswege ebenso vielfältig werden wie die Übergänge und Grenzen zwischen „normalem" und hilfs- und unterstützungsbedürftigem Verhaken. Sozialpädagogik hat – ganz analog zu Therapie und Psychiatrie – in den letzten Jahren Zurückhaltung gelernt; sie erfährt, wie hilflos moralisierende Umgangsformen bleiben, wie notwendig es ist, sich zunächst auf das einzulassen, „was interessiert" (Meinhold 1984). Nachdem Sozialpädagogik im Verstehen nicht selten die Frage nach der Herausforderung von Aufgaben und Alternativen vernachlässigt hat, sucht sie zunehmend nach einer neuen Balance zwischen Akzeptanz und Aufgabe. – So haben sich in den letzten Jahren vielfältige Institutionen entwickelt, um den ebenso individuellen wie schwierigen Ansprüchen gerecht werden zu können und Wege zu finden, Heranwachsende in Schwierigkeiten durch die Aktivierung und Schaffung sozialer, materieller und individueller Ressourcen zu stützen und zu fördern. Beratungsangebote haben sich ebenso differenziert wie Arbeitsformen innerhalb der Jugendarbeit, z. B. im – gerade schon erwähnten – Konzept der mobilen Jugendarbeit, die mit schwierigen Gruppen arbeitet, indem sie sie in ihrem Lebensfeld z. B. auf der Straße oder in der Szene aufsucht und von dort aus versucht, alternative Handlungsmöglichkeiten, „funktionale Äquivalente" in neuen attraktiven Lebens- und Handlungsräumen zu entwickeln.

Daß Soziale Arbeit Kinder und Heranwachsende im Zusammenhang mit ihren Eltern sieht, ist trivial – das Problem der Elternarbeit aber erweist sich zunehmend als schwierig. Gewiß: In der Sozialen Arbeit werden die Rechte und Zuständigkeiten der Eltern sehr und oft ideologisch überhöht akzentuiert; familiensystemisch orientiertes Arbeiten ist weit verbreitet, vieles geschieht in der Praxis in der unkritischen Übernahme von Elterninteressen und -wünschen. Trotzdem machen Erfahrungen z. B. aus der Heimerziehung, aus der Drogenarbeit, aus der Arbeit mit Eltern behinderter Kinder und neuerdings zunehmend drastisch aus der Arbeit des Kinder- und Jugendschutzes aus deutlich, wie schwer es ist, mit Eltern belasteter Kinder und Heranwachsender zu arbeiten; die Parteilichkeit für die Kinder erschwert die Arbeit, macht blind für die Probleme der Eltern; in der professionellen Arbeit entwickeln sich Strategien der Immunisierung, die darauf hinzielen, die Heranwachsenden ganz aus den Möglichkeiten und Bedürfnissen der eigenen Institution zu sehen. Man schätzt das institutionsförmige Kind, Eltern stören. Die hier sich stellenden Aufgaben zeichnen sich allmählich ab und verlangen zunehmend Kraft und Phantasie. – In bezug auf die Probleme der Elternarbeit sieht der Sozialpädagoge – wenn ich dies etwas salopp formulieren darf – mit Neid auf die Schule ebenso wie auf den Kindergarten, in denen ja vielfältige Formen der Elternpartizipation gesetzlich geregelt sind; es stellt sich ihm allerdings die Frage, inwieweit diese Vorgaben z.B. in bezug auf die oft so angstbesetzt ritualisierten Elternsprechstunden und die Klassenelternabende genutzt werden, oder ob sie auch dazu dienen, die realen und verhandlungsbedürftigen Probleme zu umgehen.

Elternarbeit als Arbeit mit Heranwachsenden auch im Kontext ihrer Familie ist aber nur ein Moment einer Arbeit im Lebensfeld der Heranwachsenden; sie sind ja nicht nur durch familiale Beziehungen, sondern ebenso durch ihre Freunde, lokale Gegebenheiten und Traditionen geprägt. Regionalisierung der Arbeit meint die Öffnung der Arbeit zu diesen lokalen, sozialen und strukturellen Gegebenheiten, also Kooperation mit Vereinen, mit Burger- und Selbsthilfegruppen, mit Kirchengemeinden, mit dem Netzwerk der Beziehungen und Traditionen, die das reale Lebensfeld der Heranwachsenden bestimmen.

Vor dem Hintergrund solcher Erfahrungen – der Erfahrung der Gruppenarbeit, des notwendigen Aufwands für Werbung, der Zurückhaltung in bezug auf Vorgaben, der Anstrengung um Konsens, der Arbeit mit Eltern und im Gemeinwesen stellt sich die Frage an die Schule, ob sie sich nicht allzusehr darauf verläßt, daß sie eine Pflichtveranstaltung ist, die in der Vorgabe eines Kanons und der gesellschaftlichen Aufgaben der Selektion und Statuszuweisung legitimiert und in ihrer Arbeit durch sekundäre Motivation gestützt ist, eine Institution, die es sich im Status der Monopolinstitution leistet, auf Herausforderungen und Vorgaben der gegenwärtigen Gesellschaft und der durch sie geprägten Heranwachsenden nur bedingt einzugehen.

Gewiß: Die Diskrepanz zwischen schulischen Möglichkeiten und heutigen Herausforderungen ist zunächst eine Frage nach der Struktur der Schule, also nach spezifischer Bürokratiestruktur, nach Lehrplan, Stoffpensum, Zeitgliederung (3/4 Stundenrhythmus usw.), nach Klassengrößen und Beurteilungsauflagen. Seit der Reformpädagogik wird dies mit gleichbleibender Leidenschaftlichkeit in der Schuldiskussion erörtert; die Tatsache, daß die alten Forderungen nur noch dringlicher geworden sind, erzeugt Enttäuschung, Verbitterung und Resignation. Schule, so wie sie sich darstellt, ist in ihrer Geprägtheit anachronistisch, gleichsam wie ein Dinosaurier in den modernen Beweglichkeiten; Strukturreformen sind überfällig. –

Das Wissen um die Strukturen – und ihre oft so verzweiflungsvoll pretrifizierte Kräftigkeit – ist das eine, das andere aber ist die Frage nach dem subjektiven Faktor, die Frage also nach Möglichkeiten, in der Struktur zu leben, zu überleben, sich zu behaupten und damit vielleicht – wenn auch auf Umwegen, – kräftig zu werden auch zu Strukturveränderungen; es wäre unerlaubt vereinfacht, die Frage nach Struktur und subjektiven Möglichkeiten nur alternativ zu verhandeln.

Gerade hier haben sich in den letzten Jahren Arbeitskonzepte und Arbeitsselbstverständlichkeiten in der Sozialpädagogik ergeben, die sich als effektiv erweisen, und – so scheint mir wenigstens – dringend von der Schule übernommen werden sollten.

Handeln mit Menschen in Institutionen kann nur praktiziert werden als reflexives Handeln, also als Handeln, das sich in Aufgaben und Situationen seiner selbst versichert. In der Sozialpädagogik ist es inzwischen selbstverständlich, daß ihre Aufgaben nicht ohne die verbindliche Organisation von Selbstreflexion bewältigt werden können, also nicht ohne intensive Teamarbeit, Praxisberatung, Kollegialberatung, Supervision. – Ich gestehe, daß ich vor dem Hintergrund solcher Selbstverständlichkeit in der Sozialpädagogik mit Lehrern oft Mitleid habe – wenn ich so ungeschützt formulieren darf. Die Tradition der Lehrer und ihr Berufverständnis machen sie weithin zu Einzelkämpfern, gestützt allein durch Ansprüche an Aufgaben und professionelle Kompetenz, durch Ansprüche, die ihnen oft in den je einzeln zu bewältigenden Auseinandersetzungen mit Klassen und Stoff nicht viel helfen. – Beratungskonzepte jedenfalls, nicht Konzepte für Beratungslehrer, sondern Konzepte für Kollegialberatung, also für wechselseitige, offene, nicht kontrollierende, freie gegenseitige Stütze und Hilfe in den Schwierigkeiten der Alltagsarbeit und auch der eigenen Person, werden in der Schule kaum praktiziert; die Schulberatungsdiskussion scheint auch da, wo sie geführt wird, in einer eigentümlichen Weise geprägt durch die Angst vor den Gefahren der Beratung – also der Möglichkeit von Aufdringlichkeit, der künstlichen Dramatisierung von Problemen; angesichts der generellen Beratungsabstinenz in der Schulpraxis läßt sich bei solchen Ängsten der Verdacht nicht von der Hand weisen, daß hier eine Sache abgewehrt wird, ehe man sich auf sie einläßt. – Von der Sozialpädagogik her möchte ich fragen, ob es nicht sinnvoll wäre, sich dafür zu engagieren, daß z.B. fünf Stunden pro Woche für Beratung der Lehrer untereinander im Zeitbudget verbindlich werden.

Schließlich: Wenn sich so von der Sozialpädagogik her Provokationen und Unterstützungen in Strukturproblemen ebenso wie in inneren Verhältnissen der Schulen ergeben, dann ist dies Indiz dafür, daß die Sozialpädagogik, gleichsam gebeutelt von den neuen Aufgaben in den letzten 30 Jahren sich immens differenziert hat und expandiert ist. – Auch Schule braucht einen neuen Status: die Brüchigkeit der sozialen Traditionen der Wissensbestände, die neuen Selbstverständlichkeiten der Jugendkultur – einhergehend mit der Verlängerung und Intensivierung der Schulzeit – verlangen neue Muster einer Schule als spezifischem Lebens- und Lernort. Schule aber hat sich in den letzten Jahren in bezug auf die Grundstruktur und die Hauptaufgaben nicht gravierend verändern können. Wenn Schule als schwieriges Geschäft in schwierigen Aufgaben sich auch überfordert sieht und darin akzeptiert, braucht sie weitergehende Ressourcen.

Schlußbemerkung

In ihren Erfahrungen und Handlungsstrategien ist Sozialpädagogik gleichsam vom worse case der gesellschaftlichen Entwicklung her bestimmt und, jedenfalls ihren strukturbedingten Tendenzen nach, ausgesetzt und offen für Entwicklungen, Wandlungen und Krisen im Jugend- (und Gesellschafts-)Leben. Damit „paßt“ sie in die besonderen Aufgaben und Schwierigkeiten einer Zeit, in der überlieferte Normalitätsentwürfe brüchig und durch Krisen hindurch, neue Orientierungen gesucht werden. In dieser Offenheit ist Sozialpädagogik herausfordernd für Schule, die stabiler strukturiert und in festeren Traditionen bestimmt ist. Übernimmt die so vielgestaltige und ungeschützte Sozialpädagogik, so könnte man kühn und anmaßlich fragen, Pfadfinder- und Vorreiterfunktionen? Wird es, wenn Straßen sich auflösen, nötig, auch querfeldein fahren zu können? Sind Fahrräder und Handwagen besser als Autos?

Damit aber wird Sozialpädagogik, so denke ich, auch wichtig für den allgemeinen pädagogischen Diskurs, den Diskurs also zwischen den unterschiedlichen pädagogischen Arbeitsfeldern in ihren unterschiedlichen Deutungsmustern für Probleme und in ihren unterschiedlichen Handlungsmustern.

Ein solcher Diskurs wird zur Zeit nicht hinreichend praktiziert. – Sozialpädagogische Fragen jedenfalls sind einstweilen in den Diskurs allgemeiner Verhandlungen pädagogischer Fragen nicht hinreichend einbezogen. Vor Jahren schon hat Walter Hornstein (1985) das Desiderat beklagt; es ist kaum abgearbeitet worden. In Dietrich Benners systematischer Pädagogik (1987) z.B. sind die Anschlußstellen deutlich markiert, aber im Vergleich zur Ausführlichkeit anderer Verhandlungen ganz unausgearbeitet. Herwig Blankertz (1982) hängt in seiner Geschichte der Erziehung Sozialpädagogik hinten an, knapp und wenig detailliert; er erörtert auch – und dies verwundert sehr – die historischen Konzepte und Angänge zu heutiger Sozialpädagogik da nicht, wo sie sich aufdrängen, also z.B. im Kontext der Industrieschulen, im Kontext der Theorie von Pestalozzi, im Kontext der Armenfürsorge im vorigen Jahrhundert. – Die Enzyklopädie Erziehungswissenschaft z.B. hat Sozialpädagogik als Disziplin bewußt ausgespart ebenso wie die Sonderpädagogik. Das aber hat zur Folge, daß die von der Sozialpädagogik her zu verhandelnden Themen und Fragestellungen in Hauptartikeln nur am Rande auftauchen und vornehmlich in den Stichworten der Lexikonteile abgehandelt werden; da aber bleiben sie, gemessen an der Ausführlichkeit, die vor allem unterrichtlichen und schulischen Problemen gewidmet ist, irritierend knapp.

Diese Defizite müssen abgearbeitet werden. Indem Pädagogik sich nämlich in den letzten Jahren zur Unübersichtlichkeit vielfältiger Fachdiskurse und Fachbereiche ausdifferenziert hat, und der Fortschritt ihres Arbeitens in diesen Differenzierungen lag, scheint es nun an der Zeit, wieder die gemeinsamen Fragen und Strukturen zu verdeutlichen, also durch die Differenzierungen hindurch neu auch nach Gemeinsamkeiten zu fragen. Daß das neue Verhältnis von Differenzierung und Gemeinsamkeit nicht im Muster von allgemeinen Oberbegriffen und speziellen Unterbegriffen, im Muster also der Hierarchie des Allgemeinen und Besonderen gefunden werden kann, sondern nur im Diskurs gemeinsamer Fragen aus der Perspektive der unterschiedlich konkreten Aspekte ist evident.

Altwerden in unserer Gesellschaft – Überlegungen zum Generationenvertrag

Die mit dem Stichwort des Generationenvertrags angesprochenen Fakten sind bekannt: die demographischen Entwicklungen, die sozialpolitischen und persönlich-individuellen Schwierigkeiten, die damit verbundenen Aufgaben. – Davon zu reden hat zur Zeit Konjunktur; manche nämlich der drängenden Probleme anzugehen scheint gesellschaftspolitisch opportun: Alte Menschen sind als Konsumentengruppe zunehmend wichtiger, ebenso wie als politische Meinungsträger, vor allem auch in Konkurrenz zu anderen Bevölkerungsgruppen (z. B. jungen Menschen). Andere Probleme sind so überfällig, daß sie angegangen werden müssen, wenn die Gesellschaft ihre Glaubwürdigkeit nicht verlieren will, z. B. die Organisation von Wohn- und Lebensmöglichkeiten vor allem für alte Menschen der vierten Generation, von neuen Pflege- und Versorgungseinrichtungen. – Nachdem die Probleme alter Menschen so lange verdrängt und übersehen wurden, sind die Voraussetzungen günstig, daß endlich die überfälligen Anstrengungen möglich werden, die zum Abarbeiten eines so evidenten Nachholbedarfs unvermeidlich sind.

Eine solche Situation fordert dazu heraus noch einmal und gleichsam aus dem Abstand zu überlegen, wie sich die heutigen Verhältnisse entwickelt haben und wie sich Wege für die weitere Entwicklung abzeichnen. Ich will dazu die Gedanken schweifen lassen – eher auf Umwegen und ausholend in historische und allgemeinere Fragen – und versuchen, einen Rahmen zu skizzieren, in dem sich dann vielleicht auch die gegenwärtigen konkreteren Aufgaben verorten lassen.

Großelternschaft – historische Erinnerungen

Ich beginne mit der Frage nach der Großelternschaft, also einer Frage nach der Bedeutung älterer Menschen für jüngere; ich wähle diesen Einstieg, weil die besondere Entwicklung der Diskussion von Alten-Problemen und Altenarbeit allzu leicht dazu verführt, vor allem auf Schwierigkeiten, auf Nöte, Mängel und Unzulänglichkeiten bei alten Menschen zu sehen und demgegenüber die Frage nach ihren spezifischen Möglichkeiten, Kräften und Leistungen zu unterschätzen, ja zu verschweigen. Die Frage nach Großelternschaft zielt dagegen auf eine besondere Form von Belastbarkeit und Leistung alter Menschen, auf eine Rolle, die in der Generationenreihe für andere wichtig ist, und darin auf eine eigene Form der Erfahrung von Lebenssinn und Lebenserfüllung für alte Menschen. Heinrich Jung-Stilling (1740-1811) erzählt in seiner Autobiographie auch von seinem Großvater (vgl. dazu meine Darstellung in Jens/Thiersch 1987). Heinrich erinnert sich: Er war 21-jährig, hatte mancherlei getan, versucht und war gescheitert; er fragte sich, was das Leben ihm eigentlich gebracht habe, wer er sei. Er besuchte – der Großvater war schon lange tot – die Großmutter; er fand sie „am gewohnten Platz hinter dem Ofen sitzend“, sie erkannte ihn auch bald an der Stimme, denn sie war star-blind und konnte ihn nicht mehr sehen. Die Großmutter erzählt, wie sie sich, Jahre zurück, mit ihrem Mann über Heinrich, den kleinen Enkel, unterhalten hat. „Da sprachen wir dann so von unseren Kindern und auch von Dir ... er sagte, Margarete, wenn ich doch noch erleben möchte, was aus dem Jungen wird, ich weiß nicht ... aber der Junge wird doch am Ende glücklich sein, das kann nicht fehlen. Wenn ich eine Axt mache, so will ich damit hauen; und wozu unser Herrgott einen Menschen schafft, dazu will er ihn brauchen.“ – So vom Großvater zu erfahren und von seinem Vertrauen in ihn, hilft Heinrich aus seinen Schwierigkeiten heraus; es gibt ihm Halt und Orientierung für sein weiteres Leben. – Heinrichs Mutter war früh gestorben, der Vater war in pietistisch-mystische Enge geraten, die dem Buben nur sehr eingeschränkte und verkrampfte Möglichkeiten ließ. Er aber konnte dies überstehen, weil es das Großelternzuhause gab, und in ihm den Großvater, den christlichen Patriarchen, Ebert Stilling. Er sagt von sich: „Ich bin ein Mann, ich hab Gott geliebt und ihm gedient, jedermann das seinige gegeben, meine Kinder erzogen, ich war treu, meine Sünden vergibt mir Gott, das weiß ich." Diese Sicherheit, dieses zugleich demütige und kräftige Sich-eins-wissen mit sich und seinem Gott gibt Ebert, seiner Familie und seinem Enkel Verläßlichkeit und Kraft. Ebert, „der im Alter auch zunehmend zärtlicher gegen seine Angehörigen wird, liebt seinen Enkel sehr"; der alte Stilling selbst freute sich auf einen Enkel und hoffte, noch einmal vor seinem Ende seine alten Wiegenlieder zu singen und seine Erziehungskunst zu beweisen." Wenn er samstagabends, es ist kühler, aus dem Walde heimkommt, bringt er dem Buben Brot mit, das er sich abgespart hat, und das dieser, wiewohl es eingetrocknet und alt ist, „lieber aß wie alles andere". Der Großvater erzählt, singt und spielt mit dem Enkel „Vater Stilling hatte den Kunstgriff in seiner Kindererziehung, er wußte allen Augenblick eine neue Belustigung für Henrichen, die immer so beschaffen waren, daß sie seinem Alter angemessen, das ist, ihm begreiflich waren; doch so, daß immer dasjenige, was dem Menschen ehrwürdig sein muß, nicht allein nicht verkleinert, sondern gleichsam im Vorbeigang groß und schön vorgestellt wurde". – Großvater und Enkel stecken viel zusammen – gegenüber den in vielem eher ängstlichen Frauen bilden sie gleichsam eine verschmitzt-verschworene Kumpanei: Ebert erzählt Heinrich vom Glauben der Vorfahren und von seinem eigenen Glauben, er erzählt Sagen aus der Gegend; Heinrich wiederum erzählt dem Großvater, was ihn beschäftigt, was er liest. Der Großvater läßt den älter werdenden Enkel auch einmal die Schule versäumen und nimmt ihn mit hinaus an seine Köderstelle in den Wald; hier, fern vom Dorf und draußen in der freien Landschaft unter den Sternen, wird der Glaube des Großvaters auch für den Jungen zur Gewißheit. Er erlebt, wie der Großvater immer wieder von der Köderstelle weg in den tiefen Wald geht und sprachlos, gleichsam selig benommen von Glaubenserleuchtung, zu ihm zurückkehrt. – Beide arbeiten viel zusammen, sie arbeiten auch zusammen auf dem schadhaften Dach, als der Großvater tödlich abstürzt.

Ebert als Großvater ist geprägt durch die sozialgeschichtliche Situation, das ganze Haus und den frühen Pietismus; Großelternschaft ist für Ebert Stilling in der Lebensordnung des ganzen Hauses mit dem Ineinander von Arbeit und Privatheit, von Arbeit und Familie eine Aufgabe unter anderen, aber sicher eine sehr zentrale. Das Verhältnis zwischen Großvater und Enkel ist bestimmt durch gegenseitiges Geben und Nehmen und vom Großvater her ganz indirekt: Der Großvater öffnet dem Enkel einen weiteren und freieren Horizont als Vater oder Schule. Er erschließt ihm Wirklichkeit, indem er ihn an seinem Wissen und Leben teilhaben läßt und ihm traut, an ihn glaubt; er selbst findet zugleich im Umgang mit dem Enkel notwendige Aufgaben, Bestätigung in seinen Erfahrungen und das Glück gebraucht zu sein, das Glück des Zueinandergehörens, der gemeinsamen Erlebnisse und Unternehmungen.

Großelternschaft, das ist neben dem Großvater die Großmutter. Ich berichte aus einer anderen Zeit und einem anderen sozialhistorischen Kontext, aus dem Arrangement der großbürgerlichen Familie im vorigen Jahrhundert. Lily Braun (1865-1916) erzählt von ihrer Großmutter, Jenny von Guststedt. – Lily, die Enkelin, fühlte sich im heimischen Offiziershaushalt mit den damals so eingeschränkten Lern- und Lebensmöglichkeiten einer „höheren Tochter“ gleichsam unbehaust: „Ich arbeite nicht nur an nichts, ich lebe nicht einmal, ich werde gelebt“, – schreibt sie in ihr Tagebuch. Zum Leben in diesem Milieu ist Gegenpol und Gegenwelt die Großmutter; sie war in der Weimarer Gesellschaft großgeworden, hatte noch Goethe gekannt und blieb bis ins Alter hinein mit seinen Enkeln befreundet; sie las mit der Enkelin Goethe-Texte aus alten, ihr gewidmeten Originalen, las aber auch die Reichstagsprotokolle der Reden Bebels und anderer Sozialdemokraten. Die Großmutter litt, wie die Enkelin, an der Welt ihrer Kinder, einer Offizierswelt in Lily's Familie und an der Gutsherrnwelt ihres anderen Sohnes, bei dem sie nun ihre Altersunterkunft gefunden hatte: „Für Muttermühe, Muttersorge, Mutterarbeit entschädigt die Liebe zu den Kindern und die Freude an ihnen – aber der Schmerz und der Stachel über ihre Leiden und ihre Sünden und ihre schweren Schicksale, die sind pardessus le marche und je mehr man liebt, desto schwerer ist dieses Mitleiden und je älter man wird, desto kraftloser ist man dagegen ... eine Mutter trägt nicht nur ihre eigene Last, sondern noch die Lasten ihrer Kinder und Kindeskinder bis zum Grabe, und das Schlimmste ist, daß sie sie ihnen dadurch nicht einmal abnimmt.“ – Die Großmutter liebt die Enkelin, sie entdeckt an ihr noch einmal die Erinnerungen an ihre eigenen, inzwischen schon fast verschütteten Möglichkeiten; die Enkelin wiederum liebt und bewundert die Großmutter über alles: „Wie oft flüchtete ich in ihr stilles Reich ... sie hat in ihrer Güte, ihrer Anteilnahme, ihrer stets gleichbleibenden freundlichen Stimmung immer Zeit für mich, sie lachte mich niemals aus und antwortete nie auf meine tausend Fragen mit jenem, ein weiches Kinderherz so verletzenden: Das verstehst Du nicht ... niemals so wie in dem Ton des Moralpredigers ... aber gerade weil sie keine Autorität über mich zu gewinnen suchte, wurde sie zur höchsten Autorität." – Die Welt, die die Großmutter der Enkelin öffnete, wird für diese im Laufe ihres Lebens zur eigenen Welt: Nachdem sie als junge Frau die Briefe der Großmutter mit Goethe herausgegeben hatte, werden ihr Erfahrung und Schicksal der Großmutter noch einmal neu und intensiv lebendig, als sie selbst nach langen intensiven und strapaziösen Jahren der Arbeit in der Sozialdemokratie zur Politik auf Distanz gehen muß und prüft, was sie getan, geleistet hat, wer sie ist. Sie gibt die Lebenserinnerungen ihrer Großmutter heraus und findet darin den Weg auch zur Arbeit an ihren eigenen Erinnerungen; durch die Arbeit an ihnen findet sie zu neuer Sicherheit und Entschiedenheit im eigenen Leben.

Das Grundmuster dieser Großelternschaft der Jenny von Guststedt ist dem von Ebert Stilling nicht unähnlich; auch hier ein Geben und Nehmen, auch hier die so indirekt diskrete Großelternpädagogik, auch hier der Glaube an das Enkelkind, auch hier die Erfahrung, gebraucht, geliebt zu werden, – das Glück im Lebenssinn, in gemeinsamen Erlebnissen und Unternehmungen. Dieses allgemeine Muster aber ist hier eingefügt in das andere sozialgeschichtliche Lebensmuster der großbürgerlichen Familie des vorigen Jahrhunderts und in die Enge des Frauenlebens, das ganz auf die Familie konzentriert ist; Großmutterschaft ist hier gleichsam Fortsetzung der Mutterschaft, eine besonders intensive, ja vielleicht die einzige Möglichkeit einer erfüllten Lebenserfahrung.

Großelternschaft heute

Was aber besagen solche umwegigen, historischen Annäherungen an unser Thema für die Frage nach der Lebenssituation heutiger älterer Menschen? – Zunächst dürfen die skizzierten Geschichten ganz sicher nicht romantisierend verallgemeinert werden; sie entstammen beide einem sozialgeschichtlich glücklichen Milieu, sie sind beide von dankbaren, von den Großeltern sehr geprägten Enkeln erzählt und darüber hinaus sicherlich auch als autobiographische Darstellungen aus der Rückschau verklärt. Beide Geschichten sind idealtypisch; sie sind wichtig als Bild, in dem Möglichkeiten deutlich werden, die glücklich und sinnvoll sind: „Das nächste Mal fange ich gleich mit Enkeln an..." meinte Tucholsky einmal.

Natürlich gibt es ganz andere Lebensmuster von Großelternschaft und Großelternpädagogik, – dies ließe sich aus Autobiographien aus der gleichen historischen Zeit und aus unserer Gegenwart belegen, z.B. aus den Erzählungen der Bettine von Arnim, des Maxim Gorki, der Rosalia Wenger, des Bernward Vesper oder des Fritz Mertens.

Die Frage nach der Großelternschaft muß differenziert werden z.B.

- nach der jeweiligen historischen Situation,
- nach der jeweiligen sozialen Schicht, aber auch der regionalen Bedingtheit (den Unterschieden also zwischen Großstadt, Stadt und Land),
- nach unterschiedlichen Funktionen von Großelternschaft zwischen Ersatzelternschaft und begleitender Großelternschaft, zwischen selbstverständlicher Nähe und faktischer Nichtexistenz,
- nach den Lebens- und Erziehungsstrukturen im Verhältnis zwischen Eltern und Großeltern, also nach der unterschiedlichen Gewichtung von Kritik, Ergänzung und Kompensation, nach dem Ausmaß von Vertrauen, Unfreiheit und Angst zwischen den Generationen,
- nach dem Unterschied zwischen Großvater und Großmutter innerhalb der Großelternschaft.

Wie aber realisiert sich Großelternschaft heute in unserer Situation? – Ich erinnere an weniges: Kleine Kinder und Kinder, die nicht in den Kindergarten gehen können, sind häufig bei den Großeltern; diese springen entlastend in Krankheits- und anderen Krisensituationen ein – Großeltern haben auch die Möglichkeit, mit Geld zu helfen. Diese Möglichkeiten zur Unterstützung und Hilfe werden häufig praktiziert im Lebensmuster der „Nähe auf Distanz“, in einem Arrangement also, daß die Erreichbarkeit zwischen Großeltern, Eltern und Enkelkindern ebenso ermöglicht wie das eigenständige Leben auch der Großeltern im eigenen Haushalt. – Gerade in diesen Strukturen aber werden sich in der nächsten Zeit weitreichende Veränderungen ergeben: Strenge Distanz zwischen Eltern und Großeltern hatte und hat ihren Grund auch in unterschiedlichen Lebens- und Erziehungskonzepten: Eltern finden und organisieren lieber im Freundeskreis, also innerhalb der eigenen Generation – Möglichkeiten einer Unterstützung in der Erziehung; sie nutzen zunehmend die sozialstaatlich angebotenen Institutionen, also Kindergruppen, Hort, Tagesmütter. – Großelternschaft verändert sich aber nicht nur durch veränderte Einstellungen, sondern vor allem durch neue Zeitstrukturen im Lebenslauf und neue Strukturen im familialen Zusammenleben: Angesichts des Trends zur frühen Heirat und vor allem zu wenigen Kindern, ja nur zu einem Kind, ergibt sich Großelternschaft in einem Lebensabschnitt, in dem die jungen Großeltern ihrerseits sich wieder ganz auf ihre Arbeit und ein eigenes, nicht durch Kinderaufgaben gebundenes Leben hin orientieren; Großelternschaft trifft in die Zeit des „empty-nest“. Hinzu kommt, daß die sich ändernden Strukturen des Zusammenlebens, z.B. zunehmende Scheidungen und Leben in Freundschaftsverbindungen, Beziehungen zwischen Eltern und Großeltern und eben auch zu Enkelkindern locker und schwerer überschaubar werden lassen. – Großelternschaft wird eine Möglichkeit, die sich vielleicht ergibt, die aber, wo sie ergriffen wird, im Lebenskonzept der Beteiligten weniger zentral ist.

Lebensverhältnisse älterer Menschen – Individualisierung

Mit diesen ja nur sehr pauschalen Hinweisen aber will ich die Fragen nach der Großelternschaft verlassen und nun, von ihnen her verallgemeinernd nach Lebensbedingungen und -formen älterer Menschen in unserer Zeit fragen. – Daß auch hier differenziert werden müßte, ist evident (siehe dazu ja eindringlich und detailliert den 4. Familienbericht 1986); ich bleibe aber im ductus des Bisherigen und skizziere allgemeine Möglichkeiten, die sich in unterschiedlichen Lebenskonstellationen konkretisieren.

Veränderungen von Großelternschaft, wie sie gerade angedeutet wurden, weisen auf Gesellschaftsentwicklungen, die die Lebensverhältnisse älterer Menschen überhaupt in unserer Gesellschaft prägen.

Ältere Menschen sind tendenziell finanziell unabhängiger, können es sich also leisten, im eigenen Haushalt zu leben. Sie sind nicht mehr so sehr in die Familie eingebunden; dies trifft besonders für die Frauen zu; sie haben ein freieres Verhältnis zur eigenen Arbeit und zu eigenen Freundschaften. Wenn sie schließlich Zeit für sich und die Realisierung ihrer eigenen Lebenspläne haben, dann ergeben sich für sie neue Möglichkeiten und Formen der Selbständigkeit. Diese Entwicklungen lassen sich zusammenfassen im Konzept der Individualisierung, also im Konzept einer zunehmenden Offenheit für Möglichkeiten und Optionen in der Lebensgestaltung. Wie weit aber sind sie Realitäten oder doch nur Tendenzen – Ansprüche, Hoffnungen auf Ansprüche und Wünsche, die sich an den Gegebenheiten unserer Lebenstraditionen und gesellschaftlichen Verhältnisse brechen? Ich will mich in diesem Zusammenhang darauf beschränken zu prüfen, wie das gleichsam normale Leben gesichert ist und wie die vor allem für die vierte Lebensphase wichtigen besonderen Unterstützungen und Hilfen in Not oder bei Pflegebedürftigkeit verfügbar sind.

Meine These ist, daß in bezug auf beide Fragen die Situation alter Menschen geprägt ist durch einen Anachronismus, durch Rückständigkeit und Verspätung in den Sicherungen und Unterstützungen, – durch Rückständigkeit und Verspätung, wie sie die

Probleme alter Menschen als weniger wichtig und nachrangig innerhalb unserer gesellschaftlichen Entwicklung ausweisen.

Zur Sicherung des „Normal-Lebens“ – Renten

Zunächst zum Rentenproblem, – und dazu ein wenig ausholender, weil vor allem in diesem Zusammenhang die Rede vom Generationenvertrag verhandelt wird. – Das in der Rentenversorgung liegende Problem ist, so scheint mir, im historischen Rückgriff deutlich. Ich erinnere: Bis ins 18. Jahrhundert brauchten besitzende Eltern ihre Kinder als Erben; das Generationenverhältnis war durch das Erb- und Entmündigungsrecht geprägt. Mit dem aufkommenden Industrieproletariat – man war vom Land in die Städte gewandert und hatte dabei die ländlichen Traditionen und Lebensstrukturen aufgegeben – änderten sich die Verhältnisse: Hier gab es nichts zu vererben, man hatte nur die eigene Arbeitskraft und brauchte zu deren Unterstützung Kinder als Mitverdiener und Versorger im Alter. Dies war als Basis des Generationenvertrags, ein unsicherer, unzuverlässiger Boden – die Zumutung, sich und die Eitern zugleich zu versorgen, war für den Arbeiter irreal und führte (mit vielen anderen Beschwernissen) zu Unzufriedenheit und Unruhe; die Rentenversicherung entstand: Das Generationenverhältnis wurde damit abstrakt. Es trat eine ökonomische Entkoppelung der Generationen ein: Alte Menschen lebten nicht mehr vom eigenen Besitz, auch nicht vom Verdienst der Kinder, sondern, in der Form der Solidargemeinschaft organisiert, von dem, was die jüngere Generation erwirtschaftet, von dem also, was nicht mehr im Zusammenhang einer Familie überschaubar ist, sondern nur im Abstraktum der Generationsgruppen aufeinander bezogen wird.

Dieses System ist ganz zweifelsohne entlastend; es bietet die Voraussetzung zur Selbständigkeit und Unabhängigkeit älterer Menschen, die Voraussetzung also auch zum Lebensmuster von „Nähe auf Distanz“. Natürlich gilt dies nur prinzipiell, nicht im konkreten: Armut im Alter, Armut als verschämte Armut, Armut vor allem von Frauen ist nach wie vor massiv. Frauen sind auch als ältere Menschen in unserem System überproportional arm. So hilfreich also das gegebene Rentensystem im Prinzip ist, so fehlen hier doch Berechnungsmodi und Ressourcenzuweisungen, die das Prinzip des lebenswürdigen Lebens (wie es ja das Sozialrecht als Leitmaxime formuliert) realisieren, es fehlen konkrete Bestimmungen, die ausgewiesen sind gegen Schichtunterschiede, gegen Deklassierungen, gegen die in unserer Gesellschaft sich ausbreitende gelassene Gleichgültigkeit jener zwei Drittel, denen es gut geht, und zugunsten jenes Drittels, das am Rand lebt, benachteiligt in Alter, in Arbeit, Verdienst, sozialer Position und Geschlecht.

Diese Desiderate lassen sich verstehen als Anachronismen innerhalb des gegebenen Versorgungssystems, – als Anachronismen, die im Horizont des Sozialstaatspostulats aufgearbeitet werden müssen. Die Frage aber stellt sich, ob nicht das gegebene System der Rentenversorgung selbst, das Muster also des individuellen abstrakten Generationenvertrags, anachronistisch ist. – Die demographische Entwicklung wird dazu führen, daß immer weniger tätige Menschen immer mehr nicht mehr tätige Menschen mitversorgen müssen; im Jahre 2030 kommen – so hat man errechnet – auf einen Verdienenden ein zu versorgender Mensch. Unterschiedliche Modelle zur Erwirtschaftung des dann notwendigen Rentenaufkommens werden diskutiert, z.B. die Besteuerung der „Moral-Hazards", also jener Kinderlosen, die, wie man im Kontext einer solchen Rechnung argumentiert, – darauf spekulieren, von Kindern, die andere Leute gezeugt und großgezogen haben, mitgezahlt zu werden; vielleicht DM 500.000, gleichsam als Äquivalent für zwei nicht großgezogene Kinder müßten dann abgesteuert werden. Ebenso wird „natürlich" über unterschiedliche Formen einer offeneren Immigrantenpolitik diskutiert.

Ich gehe auf solche Modelle nicht ein, weil sie die in der Struktur des Rentensystems liegenden prinzipiellen Schwierigkeiten noch nicht treffen – sie scheinen eher wie Korrekturen gleichsam an einem ptolemäischen Weltbild und nicht wie der Entwurf eines neuen, kopernikanischen. – Die neuere Entwicklung der Produktions- und Konsumverhältnisse macht deutlich, daß gesellschaftliche Produktivität nicht mehr primär auf dem Ertrag der menschlichen Arbeitskraft basiert, sondern in der Produktivität des Apparats von Technologie und Konsum. Daraus aber müßte folgern, daß Renten vom Ertrag des Apparates, also gleichsam als Maschinensteuer, abgeschöpft werden müßten. Der Widersinn der Ungleichzeitigkeit einer nicht mehr zumutbaren Belastung der Arbeitenden für die Nicht-Arbeitenden wäre so aufgehoben und der ja immer wieder prognostizierte Krieg der Generationen vielleicht unterlaufen; es wäre auch den heutigen Möglichkeiten der Produktion und vor allem des ja vorhandenen gesellschaftlichen Reichtums Rechnung getragen. – Ich belasse es bei dieser Frage, beschränkt auf die Probleme der Alten und Renten, und verallgemeinere nicht –, wie es ja naheliegend wäre – zum Problem eines allgemeinen Grundeinkommens. – Schon die Frage nämlich einer solchen Umstrukturierung der Rente greift weit in das gesellschaftlich Akzeptable hinaus: Ist das Nebeneinander der abstrakt persönlichen Struktur des Rentensystems und der neuen Form gesellschaftlicher Produktivität nur Ungleichzeitigkeit? Könnte es nicht auch sein, daß diese Ungleichzeitigkeit dem Strukturgesetz unserer modernen warenproduzierenden Gesellschaft entspricht, deren Interesse primär in neuen Investitionen in Maschinen, Verkehrs-, Kommunikationsmitteln und Waffen liegt, denen gegenüber die Sicherung humaner Lebensbedingungen defizitär bleibt. Ist sie Ausdruck eines Gesellschaftsverständnisses, das auf Reichtum, Apparate und Sachen gerichtet ist und nicht auf Menschen, Ausdruck eines Gesellschaftverständnisses – so böse und bitter Erich Fromm – das tendenziell nekrophil ist?

Zur Sicherung in Altersrisiken

Anachronistisch, rückständig sind vor allem auch die institutionellen Unterstützungmöglichkeiten in den Schwierigkeiten der vierten Lebensphase, – und nur auf die möchte ich mich im folgenden beziehen.

Die notwendigen Ansprüche im Kontext für Individualisierung werden zunehmend deutlich, die Ansprüche an die Möglichkeiten der eigenen Lebensgestaltung, die Ansprüche an eigenes Wohnen, an das Leben der Familie der Kinder, an die Unterbringung und Pflege in Heimen. – Die Entwicklungen in den letzten Jahren sind gerade hier – im Zeichen einer lebensweltorientierten Arbeit – groß; die Szene bewegt sich.

- Hilfen werden zunehmend verstanden als Unterstützung in gegebenen Lebensverhältnissen; ambulante und präventive Maßnahmen werden ausgebaut.
- Es entstehen neue Formen der Selbsthilfe auch zwischen den Generationen und der Unterstützung älterer Menschen in ihrer Wohnung, ebenso wie neue Formen der Hilfe und Unterstützung von Familien, in denen ältere, pflegebedürftige Menschen leben, es entstehen vor allem auch neue Formen regional/lokal offener, gemeinwesenorientierter Häuser für alte Menschen, in denen sie nicht, wie in traditionellen Altenheimen noch oft, aus ihrem gewohnten Lebensfeld herausgedrängt werden, in denen das Leben eingebettet bleibt in gewachsene Strukturen und im Austausch zwischen Generationen.
- Wenn sich so zunehmend Strukturen einer gemeinwesenorientierten, regionalisierten Arbeit, Strukturen einer kommunalen Infrastruktur auch für ältere Menschen abzeichnen, dann ist auch Altenarbeit geprägt durch jene Entwicklungen, wie sie in anderen Bereichen unseres Sozialstaates sich durchsetzen, in der Gemeindepsychiatrie – ebenso wie in der Jugendhilfe.

So hoffnungsvoll diese Entwicklungen sind – es wäre aber fahrlässig, neben ihnen die oft so bittere und entwürdigende Realität zu übersehen, in der viele ältere Menschen, und wiederum oft vor allem die Ärmeren, leben müssen. – Dazu drei Erinnerungen:

Wenn ältere Menschen allmählich in Schwierigkeiten, in körperliche Gebrechen und Einsamkeit geraten, und ihrer Lebenslinie, ihrem individualisierten Lebensplan folgend – Weiterhin selbständig und selbstbestimmt wohnen wollen, dann bricht sich dies oft an Defiziten an Geld und Wohnungszustand. Viele Wohnungen sind unkomfortabel, der Aufwand zum Wirtschaften, Kochen und Heizen wird allzu groß, die Verkehrsmöglichkeiten sind schlecht oder teuer; das Leben schrumpft, verengt sich, wird kläglich. – Wenn ältere Menschen nicht mehr selbständig leben können, stellt sich die Frage, ob sie sich in die Familie oder in die Verwandtschaft zurückziehen sollen. Sie haben Wert auf Distanz gelegt, sie waren selbständig, wollten selbständig sein und müssen dies nun aufgeben. Die neue Nähe ist nicht nur anstrengend, weil die Rollen neu und oft ja angesichts auch belastender Vergangenheiten ausgehandelt werden müssen, sondern vor allem, weil sie im Kontext der modernen Kleinfamilie praktiziert werden, also in gegebenen engen Wohnverhältnissen und anspruchsvoll-intimen Beziehungen unter wenigen Menschen, also in Lebensformen und -ansprüchen, die ja auch den Umgang zwischen Eltern und Kindern oft so anstrengend und dramatisch sein lassen. Und: Diese neue Nähe ist besonders belastend für Frauen. Die Tatsache, daß sie sich wieder einlassen müssen auf das Zusammenleben mit anspruchsvollen, bedürftigen Menschen, auf Pflege, läuft oft den eigenen Lebensplänen und -möglichkeiten zuwider, den Möglichkeiten ihrer eigenen Lebensphase; frei geworden von den eigenen Kindern, frei geworden also zur Freiheit eines eigenen Lebens, wie es vielleicht die älteren Menschen schon hinter sich haben oder wie die Jüngeren es als elementares Defizit gerade an den älteren Menschen erleben und für sich zu vermeiden sich anstrengen), erfahren sie sich wieder zurückgeworfen auf verwandtschaftliche und familiale Verpflichtungen. Wo sie sich trotz solcher Schwierigkeiten auf solches Zusammenleben einlassen, fehlen Unterstützungen und Beratungshilfen. – Wie sehr dies zehrt, wie anachronistisch hier das Hilfsangebot ist, machen Vergleiche deutlich: Wenn Frauen bzw. Familien mit ihren Kindern überlastet und überfordert sind, dann gibt es zur Zeit ebenso Kindergruppen wie Tageshort und Tagespflege; Pflegekinderfamilien werden heute als Ergänzungsfamilie verstanden und der Verträglichkeit und Kooperation zwischen Mutter und Pflegemutter gilt zunehmend die gesteigerte Aufmerksamkeit in der Beratung solcher Pflegeverhältnisse. Wo aber sind Institutionen und Phantasie zu Institutionen für die Unterstützung in den Belastungen und Überforderungen im Zusammenleben mit älteren Menschen?

Die Schwierigkeiten wachsen, die Familien sind überfordert. Was bedeutet es als Indiz für die Achtung älterer Menschen und den Status von Altenarbeit, daß Heime oft noch so sind, daß die älteren Menschen ebenso wie ihre Angehörigen und Freunde vor ihnen Angst haben – Angst, die zu einem schlechten Gewissen führt, das erpreßbar macht und im Kontext der so unterschiedlichen ländlichen, religiösen und familialen Traditionen zu Lebensarrangements führt, in denen alle nicht zu ihren Möglichkeiten kommen? – Was bedeutet es, daß das Besoldungs- und Ausbildungsniveau in der Altenarbeit so niedrig, niedriger als in anderen Bereichen unseres Sozialstaates ist? Was bedeutet es, daß gerade hier so viele Zivildienstleistende, also unbezahlte und unausgebildete Arbeitskräfte tätig sind, eine Personengruppe, die von den eigenen Lebensmöglichkeiten und -entwürfen häufig auch überfordert ist? Und was wird, wenn die Zivildienstleistenden ausbleiben (Raichle 1991)?

Alter im Lebenslauf

Ich habe bisher nach Aufgaben und Problemen gefragt, die sich aus der Tatsache des Älterwerdens ergeben; ich habe dies als wichtigen Indikator für Aufgaben und Probleme genommen. So notwendig und in bezug auf sozialpolitische und individuelle Probleme ergiebig ein solcher Ansatz ist, so muß er doch in die weitere Frage nach der Lebensgestaltung im Lebenslauf eingebettet werden.

Martin Kohli (1987) hat eindrucksvoll gezeigt, wie sich der uns heute geläufige, gegliederte, in spezifische Phasen und Aufgaben strukturierte Ablauf des Lebens seit Beginn der Neuzeit allmählich herausgebildet hat; Kohli fragt, wie die institutionellen Regelungen unseres Lebens den Alltag bestimmten und ob sie noch den heutigen Möglichkeiten und Bedürfnissen entsprechen. – Zu diesen ja sehr ins Weite führenden Fragen hier nur eine knappe Anmerkung: Individualisierung bedeutet in unserer Gesellschaft auch Selbstverwirklichung in der Arbeit. Recht und Möglichkeit von Arbeit aber ist für die meisten Menschen – von Politikern, Dirigenten und Wissenschaftlern, also privilegierten Menschen, abgesehen – sehr eindeutig auf Altersspannen verteilt. Deckt sich dies mit heutigen Arbeitsbedürfnissen und -fähigkeiten, paßt es zu dem, was als Alterskompetenz verstanden wird? – Die Gliederung des Lebens in Phasen des Arbeitendürfens und Nichtdürfens geht einher mit der Gliederung der Zeitstruktur. Unser Leben zerfällt in Zeitphasen, in Phasen der Beschäftigung, der Eile, der Hetze und in Phasen der Leere, der Überflüssigkeit, in Phasen, die orientiert sind an Leistung, Steigerung der Leistung, Wachstum, einhergehend mit der Demonstration von Leistungsfähigkeit als Schönheit, und in Phasen, orientiert an Rückschau, Ruhe und Mühsal. Was aber bedeutet es, daß so unterschiedliche Einstellungen zum Leben in Lebensphasen voneinander getrennt werden? Sokrates, – um es mit einer drastischen Erinnerung zu verdeutlichen – glaubte, daß rechtes Leben Vorbereitung auf das Sterben sei, daß das Wissen vom Sterben integriertes Moment jeder Lebenserfahrung sei. In unserer Phaseneinteilung aber bleibt dies Wissen verdrängt, ausgegrenzt, – einhergehend mit vielfältigen Tabuisierungen von Ineffektivität, Mühsal, Verzweiflung, einhergehend mit der Tabuisierung des Todes überhaupt. Dies wiederum bedeutet, daß in den Beschäftigungen das Wissen von Vergänglichkeit und Hinfälligkeit und damit – wenn ich dies so ungeschützt formulieren darf – auch jene Gelassenheit fehlt, die aus dem Wissen um die prinzipielle Hinfälligkeit unserer Anstrengungen stammen könnte. Solche Hinweise führen auf die Frage, ob und inwieweit die Gliederung des Lebenslaufs vermittelt werden muß mit einem Lebenskonzept, das nicht in Stufen, sondern gleichsam horizontal unterschiedliche Lebensdimensionen in einen neuen Ausgleich zu bringen versucht, ob und inwieweit also Möglichkeiten der Arbeit, der unterschiedlichen Zeiterfahrung – Und natürlich ebenso der sozialen, der öffentlichen, der politischen Erfahrung und Betätigung – in neuer Weise quer zu Lebensphasen ermöglicht werden müssen. – Mit solchen Fragen aber gerate ich ins Weite, nicht nur in bezug auf Probleme des Lebensverständnisses, sondern ebenso in bezug auf sozialpolitische und rechtlich-institutionelle.

Wichtig schließlich aber scheint es mir, noch an etwas anderes zu erinnern. – Wir leben in einer Gesellschaft, in der – so eindrucksvoll Imhof (1981) – erstmals sehr unterschiedliche Erfahrungen, Erfahrungen nämlich aus vier Generationen, gleichzeitig präsent sind: Dies bietet die Chance, eine Vielfältigkeit von Erfahrungen, von Erlebnissen, vom Reichtum des gelebten Lebens in unmittelbaren Begegnungen und Beziehungen miteinander zu vermitteln. Wenn aber die darin liegende Chance für ein bewußteres, in der Konfrontation und im Vergleich unterschiedlicher Erfahrungen gleichsam reflektierteres gesellschaftliches Leben genutzt werden soll, braucht es vielfältige, bewußte Anstrengungen. Sie aber sind nötig als Gegengewicht gegen fatale Entwicklungen unserer Zeit, – gegen die politisch gesellschaftlichen Verdrängungen von Vergangenheit, gegen die Hektik im Wechsel von Moden und Vorstellungsmustern, gegen den so albernen marktbestimmenden Kult des immer nur Neuesten. Die Vermittlung der unterschiedlichen Erfahrungen und Erlebnisse zwischen den Generationen sind ein notwendiges Moment jeder Kommunikationskultur, die für das humane Gesicht unserer Gesellschaft unverzichtbar ist.

III. Voraussetzungen

Ansprüche an die Träger der Sozialen Arbeit – Folgen für die Verbände

Ansprüche des Bürgers an die Träger der Sozialen Arbeit

Die Frage nach Ansprüchen bezieht sich zunächst auf Hilfen, auf die Gewährung und die Effektivität von Hilfen, also nicht primär darauf, wer sie anbietet, in welcher Trägerschaft – kommunal, evangelisch, katholisch, liberal-fachlich oder links-sozial getönt – sie angeboten werden. Kommunale Familienhilfe? Katholische Kleiderhilfe? Evangelische Beratung?

Wenn Ansprüche an die Träger aber zunächst allgemeine Ansprüche an Hilfe sind, dann zielt die hier zu verhandelnde Frage zunächst auf Probleme der Hilfe allgemein. – Gewiß: Ansprüche unterscheiden sich natürlich sehr danach, wer Ansprüche stellt, ob es z.B. Obdachlose sind, jugendliche Sozialhilfeempfänger, alleinerziehende Frauen, überforderte Familien oder Ausländer. Ansprüche unterscheiden sich natürlich auch danach, ob sie auf materielle oder beratend-kommunikative Hilfen zielen, auf Geld und Räume oder auf Beziehungen, auf Geld oder auf gute Worte, in der pointierten Formulierung Hartmut Dießenbachers (1984). – Aber jenseits solcher Unterschiedlichkeiten gibt es allgemeine Fragen an Art und Effektivität der Hilfen, Fragen danach,

- ob Hilfen hinreichend sind, ob sie Nöte und Ratlosigkeit beheben können, heute, beim gegebenen Status der Sozialpolitik, bei den gegebenen Verteilungsproblemen in der Zweidrittel/Eindrittel-Gesellschaft,
- ob Hilfen da geboten werden, wo sie fehlen, ob sie regional/lokal verfügbar sind und, auf die gegebenen Nöte bezo-

gen, individuell passen, heute, bei den gegebenen immensen Unterschieden in den regionalen Versorgungsangeboten,

- ob Hilfen, wo sie angeboten werden, auch erreichbar sind, ob sie zugänglich sind oder abgeschirmt bleiben hinter den Schwellen einer bürokratisch geprägten und parzellierenden Bearbeitung, einer expertenhaften Distanz, ja Arroganz.

Schließlich: Im Zusammenhang der Frage nach den Bürgeransprüchen an soziale Hilfen ist die Frage nach der Rechtsstellung des Bürgers und nach seinen Partizipationsmöglichkeiten besonders wichtig.

In bezug auf Rechtspositionen sind Desiderate offenkundig und führen zu wichtigen Diskussionen: z.B. zum Kindesrecht und zu Rechten von Heranwachsenden auf Antrag und Widerspruch zu Maßnahmen, z.B. zu Eltern- und Pflegeelternrechten, z.B. zur Regelung der rechtlichen Mündigkeit und Entmündigung bei alten Menschen. – In bezug auf Partizipationsmöglichkeiten in Institutionen und in Maßnahmen der Sozialen Arbeit ist die Szene schwer überschaubar. Im Kindergarten haben sich neben den kodifizierten Mitbestimmungsrechten vielfältige informelle und deshalb personen- und situationsabhängige, aber hocheffektive Formen der Kooperation zwischen Kindergarten und Eltern ausgebildet. In der Heimerziehung ist es auffällig, ja erschreckend, wie hier die Traditionen der zwanziger Jahre der Schulgemeinde oder der Konzepte Bernfelds oder Korczaks sich verloren haben in eher verwaltungsförmigen oder pädagogisch-therapeutischen Arrangements. In Behinderteneinrichtungen kämpfen Eltern sehr um Mitsprachemöglichkeiten, obwohl sie gerade hier ja besonders naheliegend und notwendig wären. In Bürger- oder Selbsthilfeinitiativen gibt es vielfältige Konzepte partizipativer Arbeit, aus denen sich sicherlich für Einrichtungen in der Sozialen Arbeit vieles lernen läßt. Stadtteilkonferenzen praktizieren neue Formen der Absprache, der Bedarfsfeststellung und vor allem der regional konkreten Planung, in denen Erfahrungen, wie sie ja auch in der Struktur des Jugendwohlfahrtsausschusses angelegt sind, weitergeführt und neu konkretisiert werden.

Solche Fragen, die Ansprüche an Hilfen überhaupt bestimmen, ließen sich natürlich weiterführen – darauf aber will ich mich nicht einlassen, sondern nun spezieller danach fragen, was es bedeutet, daß soziale Hilfen in der gegebenen Trägerstruktur angeboten werden. – Die bisher skizzierten allgemeinen Fragen aber sind notwendig, um den weiteren Horizont dieser ja engeren und nachgeordneten Frage deutlich zu machen und um ihre Bedeutung und Tragweite zu relativieren; sicherlich aber ist sie gerade in unserer Gegenwart nicht nur notwendig, sondern überfällig.

Die Pluralität der Trägerstruktur der Sozialen Arbeit ist in der gegenwärtigen Situation eine besondere Chance zu einem vielfältigen individualisierten Angebot, aber eine Chance, die es gegen hinderliche Entwicklungen und Verkrustungen freizusetzen und zu nutzen gilt.

Soziale Arbeit ist plural strukturiert in doppelter Hinsicht, im Zusammenspiel von Staat und freien Trägern, also im Zusammenspiel von zwei verschiedenen, zumindest verschieden akzentuierten Strukturprinzipien und im Zusammenspiel der verschiedenen Träger, die nach Weltanschauungen, nach Größe, nach Organisationsform und nach Arbeitsprofil unterschieden sind. – Diese Pluralität in der Struktur der Sozialen Arbeit ist zunächst Indiz der historischen und gesellschaftlichen Nachrangigkeit Sozialer Arbeit. Das Bildungswesen etwa ist in staatlicher Zuständigkeit und einheitlich strukturiert: (z.B. mit der Einführung der allgemeinen Schulpflicht, der Ordnung der Lehrpläne, der Einrichtung von Lehramtsstudiengängen); der Staat ist, weil es ihm wichtig ist, zuständig. Soziale Arbeit dagegen hat sich daran gemessen spät entwickelt und in Rücksichten auf die bestehenden Organisations- und Angebotsformen, die sich im Feld der Sozialen Arbeit im Lauf des vorigen Jahrhunderts zunächst im „freien Feld" ausgebildet hatten. – Diese Nachrangigkeit nun ermöglicht eine Pluralität, eine offene Buntheit der Angebote, die strukturellen Gegegebenheiten und Erfordernissen unserer Gegenwart besonders entgegenkommt.

Natürlich war die Offenheit im Nebeneinander unterschiedlicher Trägerschaften schon immer eine besondere Chance der Sozialen Arbeit: man hat die Auswahl zwischen verschiedenen Beratungsangeboten; mit bösen Erfahrungen beim einen Träger kann man zum anderen ausweichen; Mitarbeiter können wechseln, z.B. hat der Radikalenerlaß in der Sozialen Arbeit lange nicht so gegriffen wie im Bildungswesen; die plurale Struktur läßt Schlupflöcher. Und vor allem: die Offenheit im Nebeneinander verschiedener Träger bedeutet – wieder im Unterschied auch zum Bildungswesen gesehen – eine Lebendigkeit der Szene vor allem auch von den Rändern her. In der Sozialen Arbeit kann man auf neue Aufgaben und Probleme rasch und flexibel eingehen; mit der Konkurrenz untereinander sind auch Phantasie und Experimentierlust provoziert.

Diese Offenheit in der Trägerstruktur kommt nun in besonderer Weise Entwicklungen in unserer Gegenwart entgegen, die sich charakterisieren lassen durch brüchig werdende Normalitätsentwürfe in den gesellschaftlichen und sozialen Lebensformen, durch neue Lebensmuster der Pluralisierung und Individualisierung, also durch offene Lebensentwürfe, z.B.

- in der Ordnung von Arbeit und Freizeit,
- in der Ordnung in der Abfolge von Lebensphasen, also von Jugend, Erwachsensein, Alter,
- in den Rollenmustern im privaten Miteinander, in den Rollenmustern also von Frau, Mann, Kind, in der Rollenstruktur der „Familie".

Gewiß dürfen solche Entwicklungen nicht überbewertet werden, sie sind vermittelt mit den bestimmenden gesellschaftlichen Vorgaben in Lebenslagen und sozialen Bedingtheiten, wie sie gerade für Menschen im unteren Drittel der Gesellschaft lebensbestimmend sind. Trotzdem aber ist die Tendenz deutlich: Es wird zunehmend bewußt, daß unterschiedliche, gleichgewichtige Lebensentwürfe nebeneinander existieren und daß individuelle Erfahrungen wichtig werden. Für Individuen gilt, was sie sehen, erleben und wollen; sie müssen sich in dem, was sie wollen, ausweisen und legitimieren. Wenn Elisabeth Beck-Gernsheim (1988) davon spricht, daß Geburten heute Kopfgeburten seien, abhängig nämlich von auszuhandelnden Entscheidungen, dann trifft dies, scheint mir, den hier gemeinten Tatbestand sehr präzis.

Diese gesellschaftlichen Entwicklungen verlangen auch in den Dienstleistungen der Sozialen Arbeit entsprechende Angebote,

Angebote jenseits allgemeiner, standardisierter Formen, unterschiedliche, offene, flexible, nachgehend-individualisierende Hilfsangebote.

Indem die offene Trägerstruktur der Sozialen Arbeit dies strukturell möglich macht, wird sie zur Chance: „die Letzten werden die Ersten sein“ (wie ich im Kontext einer Verhandlung auch über Caritas und Diakonie vielleicht formulieren darf). Aber so deutlich die strukturelle Chance ist; sie ist eine notwendige, keinesfalls schon eine hinreichende Voraussetzung für ein offenes, flexibles und individualisierendes Angebot Sozialer Arbeit. Sie ist eine Chance – die Chance aber muß gegen Entwicklungen und Verkrustungen freigesetzt und durchgesetzt werden.

Die Auslegung der Pluralität der Trägerstruktur als weltanschauliche Pluralität ist im Widerspruch von weltanschaulich-konfessionell gebundenen Trägern und säkularisierter Gesellschaft prekär; Entwicklungen zu einer fachlich ausgewiesenen Pluralität sollten forciert werden.

Natürlich betrifft die Frage nach der weltanschaulichen Orientierung nicht alle Trägerverbände – sie ist nur eine Teilfrage, aber angesichts der Größe von Caritas und Diakonie für das Gefüge der Trägerstruktur insgesamt nicht unwichtig. Aber ist die Frage – auch jenseits solcher Einschränkungen – als Frage wichtig?

Die derzeitige Diskussionsszene spricht dagegen. Fragen nach Bedeutung und Inhalt weltanschaulicher Grundrichtungen, d.h. nach konfessionellen Einstellungen und konfessioneller Macht sind in der Sozialen Arbeit nicht en vogue; die zu ihrer Erörterung nötige Programmdiskussion und Ideologiekritik scheint seit Jahren nicht mehr attraktiv zu sein. Die zur Zeit herrschenden eher strukturellen Fragen suggerieren, daß zum Verständnis von Verbänden anderes wichtig ist: gesellschaftliche Funktionen, Organisationsmuster, Verhandlungsstil usw. Und schließlich treffen sich weltanschauliches Desinteresse und strukturelles Interesse damit, daß unsere Gegenwart ja in der Auseinandersetzung mit Glaubensfragen und Kirche ungemein friedlich geworden ist – jedenfalls wenn man an Leidenschaftlichkeit und Bissigkeit früherer Zeiten zurückdenkt mit ihren Kämpfen im Namen eines militanten Humanismus oder Agnostizismus. Man hat sich an das Miteinanderleben gewöhnt, man läßt sich gegenseitig gelten, man respektiert sich.

Und entspricht diese gelassene Selbstverständlichkeit nicht auch der Praxis der heutigen Sozialen Arbeit? – Die Verbände sind im vorigen Jahrhundert entstanden und groß geworden auch im Zeichen der damaligen allgemeinen restaurativen Wende, sie waren getragen auch von Missions- (und missionspolitischen) Programmen und -absichten; (Klaus Mollenhauer (1988) hat dies in seinen „Ursprüngen der Sozialpädagogik" eindrücklich beschrieben). Aber dies war doch nur ein Anfang, von dem aus sich die Geschichte der Sozialen Arbeit als Geschichte ihrer Säkularisierung, als Geschichte der Entkonfessionalisierung und Verweltlichung im Zeichen von Professionalisierung entwickelt hat. Natürlich gibt es bis heute konfessionell geprägte Argumentationen. Aber leben sie nicht eher in Festreden oder Verbandsproklamationen? Sind sie prägend für die alltägliche Arbeit? Orientiert die sich nicht an Sachproblemen und Fachdiskussionen? Was bedeutet die konfessionell unterschiedliche Trägerschaft für die Kooperation im Stadtteil, in der Region? Da, so scheint es, kooperiert man ideologisch unbefangen im Zusammenspiel unterschiedlicher Sachkompetenzen.

Wenn dem aber so ist, hat sich dann das Problem der konfessionellen Trägerschaft nicht entdramatisiert? Hat sich die Frage nach der weltanschaulichen Bestimmung der Trägerstruktur nicht erledigt? – Aber ist die Sache wirklich so glatt? Gibt es nicht noch andere Aspekte?

Es gibt natürlich entschieden christliche Traditionen und christlich geprägte Arbeit in den Verbänden. – In der Praxis von Beratungen wird deutlich, wer sie trägt, nicht nur in § 218-Beratungen. – Neuerdings mehren sich in den Verbänden die Forderungen, daß nach der Zeit der gleichsam neutralen Professionalisierung die Diskussion um das spezifisch Eigene wieder intensiver aufgenommen werden müsse, um den Auftrag von Caritas und Diakonie, um ihr, wie man sagt, „proprium". Und schließlich: Es gibt eine durchaus weltanschauungsbestimmte Einstellungspolitik, gewiß konjunkturabhängig, aber gerade deshalb auch mit der Tendenzwende der letzten Jahre wieder zunehmend virulent (die Mahnung, die schon in den 1970er Jahren in Berlin am Schwarzen Brett hing, wer aus der Kirche ausgetreten sei, solle um des Berufes willen doch wieder eintreten, bestätigt sich inzwischen vielfältig). Innerhalb der Verbandsarbeit werden Konsequenzen aus dem Sonderstatus des Tendenzbetriebes gezogen: Es gibt Schwierigkeiten in der Organisation als Arbeitnehmer mit den Gewerkschaften; man erwartet Dienstleistungsgesinnung; eine große Untersuchung im Rahmen der Humanisierung der Arbeitsweltprojekte in konfessionellen Behinderteneinrichtungen macht den Zusammenhang von Arbeitsbedingungen, Arbeitseinstellungen und Dienstleistungsgesinnung überaus deutlich (Neumann 1988, Wacker/Metzler 1989).

Diese Hinweise machen deutlich, daß die Thesenfrage nach dem Widerspruch von weltanschaulich konfessionellen Trägerinteressen und säkularisierter Gesellschaft nicht erledigt ist; einer Gesellschaft also, die nicht primär christlich und ganz sicher zunehmend weniger konfessionell orientiert ist. Diese Frage zu stellen ist auch deshalb wichtig, damit sich nicht hinter dem Rücken dcr allgemeinen öffentlichen Gelassenheit und Akzeptanz Interessen und Machtinteressen gleichsam unbeachtet durchsetzen, die dem allgemeinen öffentlichen Konsens und dem sozialstaatlichen Auftrag der Sozialen Arbeit nicht gerecht werden.

So evident es also ist, daß die Frage verhandelt werden muß, so schwierig ist dies; sie ist diffizil, komplex und verwoben in weitreichende theologische und gesellschaftliche Probleme. Ich beschränke mich auf zwei knappe Hinweise.

In der Frage nach der Bedeutung der weltanschaulich konfessionellen Trägerschaft bietet sich zunächst eine gleichsam unproblematische theologische Lösung an – das Säkularierungskonzept (Gogarten 1953): Nach ihm müssen Glaube und Geschäfte der Welt voneinander unterschieden werden; wahrer Glaube erfüllt sich darin, daß die Geschäfte der Welt nach ihren eigenen, weltlichen, säkularen Gesetzlichkeiten erfüllt werden; Friedrich Gogarten erinnerte gerne an das dictum Luthers, wie sehr die Engel im Himmel sich darüber freuen, wenn sie den Knecht Hans auf der Erde Mist fahren sehen, ordentlich, zuverlässig, nach den Regeln, wie sie in der Landwirtschaft gelten. Im Zusammenhang eines solchen Konzeptes wäre das Besondere, Eigene einer christlich konfessionellen Sozialarbeit die gute Erfüllung des ihr zugewiesenen „weltlichen" Geschäfts. – Dieses Konzept, in dem der alte Ansatz der Zwei-Reiche-Lehre Luthers in die Bedingungen der modernen Gesellschaft hinein weitergedacht wurde, aber ist theologisch und geschichtlich nicht unproblematisch. „Gebt Gott, was Gottes, und dem Kaiser, was des Kaisers ist" – damit hat man auch immer wieder gerechtfertigt, daß man sich aus Fragen der Welt herauszuhalten hat; damit hat man immer wieder Auseinandersetzungen um Gesellschafts- und Lebenskritik im Namen christlicher Traditionen abgewehrt: in den Diskussionen in der Friedensbewegung mit ihrem Einspruch im Namen der Bergpredigt gegen Rüstungspropaganda und -wahn und in Diskussionen z.B. zur Familienpolitik und Lebensplanung. Die gerade in den letzten Jahren zunehmende Vitalität in religiösen Auseinandersetzungen und religiös inspirierten Sinnfragen – deutlich in der Lebendigkeit von Gemeinden, Jugendgruppen, aber auch z.B. von Kirchentagen – zeigt, wie wichtig und provokativ die Auseinandersetzung mit christlichen Traditionen zur Bewältigung heutiger Lebensaufgaben ist. Gilt in dieser Situation das Säkularisierungskonzept noch? Ist das Verhältnis zwischen Glaube und Welt und damit auch die Bestimmung einer christlich konfessionellen Sozialarbeit nicht verworfener, unübersichtlicher, schwieriger – gezeichnet von allgemeinen gesellschaftlichen Strukturprinzipien der Pluralisierung und Individualisierung?

In dieser offenkundig unübersichtlichen Situation scheint es mir wichtig, daß für die Frage der Eigenheit christlich konfessioneller Verbandstätigkeit die weiteren glaubensgeschichtlichen (und erst recht die binnentheologischen) Auseinandersetzungen eher nachrangig sind. Hier nämlich muß es um die Bestimmung des Aufgabenverständnisses angesichts gegebener gesellschaftlicher und ja auch rechtlich kodifizierter Erwartungen, angesichts eines gegebenen sozialstaatlichen Selbstverständnisses gehen. Die Träger, so die für die derzeitige Situation konstitutive Konstruktion, handeln im Interesse und nach dem Willen der Eltern, und dies bezieht sich auf die weltanschauliche Grundrichtung, die Religion; die Eltern aber sind in gegebener säkularer Gesellschaft nicht primär christlich konfessionell bestimmt, ganz abgesehen davon, daß für viele Maßnahmen in der Sozialen Arbeit die Chance einer Wahlfreiheit zwischen konfessionell unterschiedlich orientierten Maßnahmen fiktiv ist. In einer säkularen Gesellschaft verblaßt ein christlich-konfessionelles Elternmandat und die in ihm liegende Begründung für die Struktur der Sozialen

Arbeit. Das hier liegende Problem in der Sozialen Arbeit wird vielleicht durch einen Vergleich zur Schule deutlich: Es gibt freie Schulen – konfessionelle, anthroposophische, anti-autoritäre – es gibt sie aber als Zusatz neben einem zunächst selbstverständlichen, flächendeckenden Angebot nicht weltanschaulich geprägter Schulen; die „Verweltlichung" der Grund- und Hauptschulen liegt ja noch nicht sehr weit zurück. Daß zur Zeit diskutiert wird, ob das Verhältnis von allgemeinen staatlichen und von weltanschaulich geprägten Schulen glücklich ist und vielleicht doch verschoben werden solle, ist kein Argument gegen das gültige prinzipielle Konstruktionsmuster.

In welche Richtungen führen solche Hinweise? Mir scheint, daß sie auf Zurückhaltung in bezug auf die christlich konfessionelle Prägung der Arbeit zielen, daß also in gegebener säkularer Situation das Säkularisierungskonzept pragmatisch plausibel und historisch angemessen ist. Die säkularisierte Gesellschaft braucht und zahlt für ihre säkularisierten Bürger fachlich angemessene Hilfen. Diese Orientierungsrichtung will ich nicht z. B. in angebotsspezifische oder anstellungsrechtliche Details auslegen; die Diskussion um das spezifische Arbeitsprofil der Verbände – das proprium – darf sicher nicht einhergehen mit Einschränkungen in Fachstandards und Mitarbeiterrechten (und ganz sicher nicht mit Nötigungen und sublimen Verklemmungen). Das Eigene beweist sich – positiv formuliert – in der Verläßlichkeit der Kreativität und Energie in fachlich ausgewiesenen Konzepten und vielleicht (nicht einklagbar in weltlichen Regeln, sondern gleichsam als super-additum) in einer besonderen Intention zur Arbeit in einer besonderen Kultur z. B. der beharrlichen Parteilichkeit für Menschen am Rand und in Hoffnungslosigkeit, des Einsatzes, der Gelassenheit. Das Angebot der kirchlich konfessionellen Träger wäre, so ausgewiesen, ein spezifisches Angebot neben anderen auf dem Markt, um dort zu konkurrieren und sich zu behaupten.

Eigenständigkeit und Pluralität im Angebot sind gefährdet durch interne Strukturentwicklungen. Es wäre notwendig, die Größe der Verbände offensiv zu nutzen und einen transparenten Verhandlungsstil in der Jugendhilfe auszubilden.

Die neuere Verbandsdiskussion – vor allem die Neokorporatismusdiskussion – hat Kritik vor allem zu zwei Komplexen vorgebracht: zu Größe und Bürokratieförmigkeit und zu Ressourcen der Verbände.

Die freien Träger sind groß. Sie sind in ihrer Größe nach außen abgeschottet und mit der Klärung der Binnenregeln und -verfahren beschäftigt, ja oft okkupiert. Diese Regeln sind als Verwaltungs- und Bürokratieregeln von den Verfahrensregeln beim öffentlichen Träger nicht prinzipiell unterschieden; freie Träger lassen sich, pointiert formuliert, als parastaatliche Großorganisationen verstehen. Nun muß man gewiß mit solchen Charakterisierungen sehr vorsichtig sein: Die Träger sind sehr unterschiedlich – in bezug auf die Organisationsstruktur, vor allem auch auf den realen Einfluß der Zentrale auf die nach- oder beigeordneten Organisationen, in bezug auf die reale Macht, aber auch auf die Selbständigkeit der Landesorganisationen und der regionalen/lokalen Arbeit.

In diesen Einschränkungen meldet sich ein Problem an, das mir gravierender scheint als das in der allgemeinen Diskussion favorisierte: Die Verbände sind locker strukturiert; die Möglichkeiten einer einheitlichen, ja nur einer transparenten Konzeptlinie sind von da aus sehr eingeschränkt. Und: Die Arbeitsausstattung in den Verbänden – und da besonders auch in den Zentralen – ist dürftig: Es fehlen ebenso Mitarbeiter wie moderne Arbeits- und Verwaltungsressourcen. Natürlich dürfen solche Monita nicht einfach management-technologisch genommen werden; es scheint mir verwunderlich, wie sehr man neuerdings von wirtschaftlich ausgewiesenen Konzepten fasziniert ist. – Es ist aber offenkundig, daß das Problem der Verbände auch das der Diskrepanz von Programm, Organisation und Arbeitsfähigkeit ist.

Treffend aber auch scheint mir aus dem Kontext der Neokorporatismus-Diskussion die Kritik am Verhandlungs- und Aushandlungsstil.

Für die konkreten Programme sind die freien Träger auf staatliche Gelder angewiesen. Die Verbände fügen sich mit ihrer Programmatik in staatliche Vorgaben; der Staat seinerseits ist angewiesen auf die Durchführung seiner Programme durch die Träger. Um Programme und Gelder auszuhandeln und abzusichern, bildet sich jener Verhandlungsstil aus, den man als neokorporatistisches Verhandlungskartell bezeichnet: Weil man aufeinander angewiesen ist, nimmt man Rücksicht; man spielt sich aufeinander ein, eigene querläufige Ansichten schleifen sich ab, es bildet und bestärkt sich ein Verhandlungsmanagement; vor allem Praktiker von der Basis bleiben außen vor Indem so aber die internen Verhandlungsmöglichkeiten wichtig werden, schwächt sich die Pluralität in den Angeboten, und verliert sich vor allem die Offenheit zu den Bedürfnissen der Bürger.

Gegen solche Tendenzen bilden sich Gegentendenzen aus; zwei sollen benannt werden.

Zunächst: Größe ist Macht. Die Verbände haben ihre Macht in der Öffentlichkeit genutzt – z.B. in der Ausländer- oder Asylantenfrage; die Frage aber ist, ob sie ihre Macht stärker, leidenschaftlicher, nützen könnten, und damit die Selbstverständlichkeiten der so etabliert gelassenen Zwei-Drittel/Ein-Drittel-Gesellschaft irritieren? Ob sie sich nicht auch in der Wohnungs-, in der Stadtbau- und in der Arbeitspolitik stärker einmischen müßten? Ob sie nicht für ihre Klientel und für die Qualität ihrer Arbeit andere Arbeitsbedingungen einfordern müßten? – Größe als Macht verlangt Unabhängigkeit. Es stellt sich die Frage, wie die freien Träger auch zu unabhängigen Finanzierungen kommen können.

Zum zweiten: Was ich gerade als neokorporatistisches Verhandlungskartell benannt habe, läßt sich – dem bösen Unterton solcher Titulierung zuwiderlaufend – zunächst natürlich als Verhandlungskultur verstehen: Alle Betroffenen bemühen sich gemeinsam, Sachargumente soweit auszutauschen, bis sie zu einem für alle tragbaren und vertretbaren Konsens gelangen. Daß sich im Umgang zwischen staatlichen und freien Trägern und zwischen den Trägern immer wieder solche gemeinsamen und effektiven Diskussionen ergeben, kann gar nicht bestritten werden.

Es muß aber dagegen gefragt werden, ob das Konstrukt eines solchen freien Aushandelns nicht allzu gutgläubig die Möglichkeiten eines nur sachlichen Diskutierens unterstellt, ob es – pointiert und historisierend geredet – vor der Grundeinsicht der notwendigen Gewaltenteilung im Aushandeln öffentlicher Geschäfte steckengeblieben ist. Realität ist: die Planer sitzen zusammen mit denen, die Pläne ausführen; diejenigen, die Geld bewilligen, mit denen, die das Geld brauchen; diejenigen, die Programme planen und durchführen, mit denen, die Programme prüfen. Dieses Ineinander von Entwurf, Realisierung und Prüfung gibt es vielfältig und auf allen Ebenen der Sozialen Arbeit. Die Kritik am Jugendwohlfahrtsausschuß etwa zielt ja gerade darauf hin, daß dieses „Gemauschel" die in der Struktur einer gemeinsamen Verhandlung liegenden Chancen unterläuft und ruiniert, daß Rücksichten aller auf alle zu Lösungen auf dem kleinsten gemeinsamen Nenner oder zu Immobilität führen. Niemand tritt dem anderen zu nahe, damit dieser nicht in anderen Situationen einem selbst zu nahetritt.

In anderen Bereichen verfährt man institutionell härter und transparenter. Im Bildungsrat z.B. unterschied man zwischen Fachkommissionen und der Regierungskommission; in der Deutschen Forschungsgemeinschaft gilt, daß Begutachtungen und Programmprüfungen anonym sind, daß z.B. Kollegen, die in der gleichen Institution zusammenarbeiten, sich nicht gegenseitig begutachten dürfen usw.

Die Aufgabe wäre, mehr Unabhängigkeit und damit Transparenz in der Planung und Realisierung Sozialer Arbeit zu praktizieren. Mir scheint als Titel für solches Vorhaben der der Streitkultur passend, wie er in der neueren politischen Diskussion ja zunehmend benützt wird: Streitkultur als Offenheit im Nebeneinander von Positionen, die Unterschiede zugeben und aushandeln kann, Streitkultur, die die Gleichberechtigung unterschiedlicher Positionen institutionell zu sichern sucht und sich dem Respekt in den Unterschieden angesichts der gemeinsam zu lösenden Aufgaben verpflichtet weiß.

Angesichts von Bürgerinitiativen und Selbsthilfeinitiativen ergibt sich für die freien Träger eine neue Position zwischen öffentlichen Trägern auf der einen Seite und Selbsthilfen auf der anderen; in dieser Mittelposition liegen besondere Aufgaben.

Kritik an den großen Verbänden stammt nicht nur aus der gleichsam innerfachlichen Organisations- und Institutionskritik. Ihre heutige Vitalität hat ihren Grund vor allem auch darin, daß in der – oben ja angesprochenen – Erosion tradierter Normalitätsentwürfe unserer Gesellschaft auch jenes neuzeitliche Credo brüchig geworden ist, das den Zusammenhang von Humanität und organisatorischem und bürokratischem Fortschritt im Ausbau des modernen Wohlfahrtsstaates unterstellte. Im Gegenzug werden die eigenen Lebenserfahrungen, die Zuständigkeiten für das eigene Leben wichtig. Dies artikuliert sich vor allem in den sozialen Bewegungen und im Bereich der Sozialen Arbeit innerhalb neuen Erwartungen an ehrenamtliche Tätigkeit und in Bürger- und Selbsthilfeinitiativen.

Damit aber gewinnt die Kritik an Größe, Bürokratisierung und Neokorporatismus in den Verbänden eine neue Akzentuierung. Die Verbände, im vorigen Jahrhundert entstanden als Repräsentanten des Bürgerwillens zur Aufklärung, Unterstützung und Hilfe, sehen sich in diesem ihrem traditionellen Selbstverständnis in Frage gestellt, weil sie konfrontiert sind mit anderen, neuen, gleichsam nachgewachsenen Nachfolgern in bezug auf ihre eigenen Ursprungsintentionen.

Zwar sieht die Bevölkerung in den Verbänden – so ja die Ergebnisse der Allensbachumfrage – nach wie vor die Träger einer raschen, direkten, unbürokratisch unkomplizierten Hilfe, der Hilfe von Mitbetroffenen für Betroffene. Werden die Verbände damit aber gerade nicht in einer Leistungsfähigkeit definiert, die sie nicht mehr repräsentieren?

Die Organisation der Mitwirkung Ehrenamtlicher in der Sozialen Arbeit ist seit je eine der Aufgaben der großen Verbände. Neuerdings aber stagnieren die zahlen der Ehrenamtlichen und regt sich unter den Ehrenamtlichen Unwillen, wenn sie – wie traditionell eingefahren – eher in zugehenden, zuarbeitenden Tätigkeiten eingesetzt werden; sie beanspruchen selbständige Arbeit, qualifizierte Beratung in dieser Arbeit, Mitbestimmung. Diese Interessen weisen auf das neue Grundverständnis in Selbsthilfe/Bürgerinitiativen hin. Indem in ihnen Bürger Probleme, die sie bedrängen oder die ihnen brisant erscheinen, aufgreifen, um sie in eigener Kompetenz – und in kollegialer Regelung der Zuständigkeiten – anzugehen, ergab sich in den letzten Jahren eine reiche Szene zwischen Mutter-Kind-Gruppen, Krabbelstuben und Kinderläden, zwischen Selbstorganisationen von Eltern kranker oder suchtabhängiger Kinder und Heranwachsender bis hin zu Selbsthilfeorganisationen von Pflegeeltern zu

Selbstorganisationen von Sozialhilfeempfängern, von psychisch Gefährdeten und zu alternativen Lebensangeboten für Heimkinder oder Trebegänger, und schließlich, zu Lebensgemeinschaften, die Soziale Arbeit und Leben miteinander zu verbinden suchen.

Daß in dieser vielfältigen und vitalen Entwicklung eine Provokation für die großen Träger liegt, ist offenkundig, so wie es eine Provokation für die Professionalisierung und Institutionalisierung der Sozialen Arbeit mit ihren expertenhaft eingespielten Definitionsmustern und Handlungsvorschlägen ist. Die Vitalität der Selbsthilfe- und Bürgerinitiativen legt es nahe, in ihnen eine Alternative zu den großen Trägern zu sehen. Eine solche Sicht ist gerade in der heutigen politischen Großwetterlage verführerisch. Es bietet sich an, die Verbände zu umgehen und Bürger- und Selbsthilfeinitiativen direkt anzusprechen, die Initiativen gegen die Verbände auszuspielen. – Das ist aber – vor allem auch im Hinblick auf die mit der Größe der Verbände gegebene notwendige sozialpolitische Macht – gefährlich. Den öffentlichen Trägern stünden keine großen freien Träger gegenüber, der öffentliche Träger könnte das „divide et impera" praktizieren – eine Strategie, die ja mit einem generell weit verbreiteten Interesse, Gegen-Macht gegen den Staat zu dämpfen, sehr verträglich ist.

So naheliegend es ist, große Träger und Selbst- und Bürgerinitiativen als Alternative zu sehen, so unzulänglich ist es: Viele Initiativen praktizieren Soziale Arbeit so, wie es die Träger auch tun, mit öffentlichen Zuwendungen, in Programmvorgaben eingepaßt; viele sind ihrerseits – wenn auch in geringerem Maße – organisationsgeprägt; viele sind von Professionellen in den Verbänden angestiftet, angeregt und beschäftigen ihrerseits Professionelle; viele sind den Dachverbänden – vor allem dem Paritätischen Wohlfahrtsverband – angeschlossen.

Aus dieser Besonderheit der Initiativen, provokative Alternative zu den großen Verbänden und doch keine Alternative zu ihnen zu sein, ergeben sich Konsequenzen für die Struktur der Szene der Sozialen Arbeit – also für das Miteinander der verschiedenen Träger und für das Selbstverständnis vor allem auch der großen Träger.

Diese Szene der Sozialen Arbeit erscheint dreifach gegliedert, in den öffentlichen Träger, die großen Verbände und die Bürgerinitiativen und Selbsthilfegruppen; diese drei Träger praktizieren

Soziale Arbeit jeweils in unterschiedlich akzentuierter Weise. Indem sie sich gegenseitig herausfordern, kritisieren und in ihrem Selbstverständnis und ihren Angeboten ergänzen, realisieren sie miteinander jene Vielfältigkeit der Sozialen Arbeit, die für unsere Zeit effektiv sein könnte.

In solcher dreisäuligen Trägerschaft müssen die großen Träger ihre eigene Position relativieren. Sie stehen dem öffentlichen Träger nicht mehr allein gegenüber. Sie müssen sich anstrengen, Formen zu finden, damit auch in ihren Organisationsformen Bürgerwille sich repräsentiert. Die Relativierung ihrer Position muß einhergehen mit dem Respekt vor der Aufmüpfigkeit, Widerborstigkeit und Unwilligkeit bei den Initiativen; in solchem Respekt versagen sie es sich, die Initiativen einzugemeinden, zu domestizieren. (Wie schwierig das in der Praxis sein kann, macht z.B. der Streit um Frauenhäuser oder um Selbsthilfeinitiativen überaus deutlich). – Und schließlich: Neben dem Respekt müssen sie von ihrem Gründungsauftrag her sich auch darum bemühen, daß den Initiativen Raum und Ressourcen für ihre Tätigkeiten gegeben werden, sie müssen – in dem eingespielten Machtspiel der Großen untereinander – auch Vertreter, Ombudsmann der Ansprüche der Initiativen sein, weil diese Schwächeren mit weniger eigenen Ressourcen im Spiel ausgestattetet sind. (Mir scheint, daß Vorstellungen, wie sie vom DPWV entwickelt worden sind, um die Arbeitsmöglichkeiten auch der kleineren Organisationen zu sichern, ein guter Beweis sind für die Glaubwürdigkeit von Verbänden in bezug auf ihre eigene Verpflichtung dem Bürgerwillen und den Initiativen gegenüber).

Schließlich: Zum Problem des Verhältnisses der großen zu den kleinen Trägern noch eine zusätzliche Bemerkung. Im Kontext der kritischen Fragen nach der Bedeutung von Größe und Institutionalisierung bei den Verbänden ist in den letzten Jahren auch deutlich geworden, wie sehr die Konzentration auf die institutionell-professionelle Ausbildung der Sozialen Arbeit dazu geführt hat, nicht-professionelle Soziale Arbeit zu verdrängen – und damit einhergehend – auch aus dem Blick zu verlieren. Christian Marzahn (1988) hat gezeigt, wie sehr die Stabilisierung der verbandlich organisierten Sozialen Arbeit begleitet war von der Verdrängung von Bürger- und Selbsthilfeinitiativen, vor allem auch von Arbeiterselbsthilfeinitiativen. Die Entwicklung der Fachdiskussion der Sozialen Arbeit in den letzten 30 Jahren hat zunehmend dazu geführt, daß Fachprobleme als Probleme der Fachinstitution und der Fachmitarbeiter verhandelt werden und daß daneben die nicht fachlichen Möglichkeiten sozialer Hilfe vernachlässigt werden. Z.B. ist die Diskussion zur Jugendarbeit zunehmend eine geworden zu Jugendhäusern und Jugendzentren und zu Problemen der professionellen Jugendhausmitarbeiter. Die Vielfältigkeiten und Schwierigkeiten der nicht professionell wahrgenommenen Jugendgruppenarbeit ist daran gemessen weitgehend randständig geworden (wie Hans Gängler (1990) nachgewiesen hat). Die Kenntnis über Arbeitsfelder, die vorwiegend ehrenamtlich wahrgenommen werden, ist gering, die Kenntnis also z.B. über die inneren Probleme der Bahnhofsmission, der Hilfen für Selbstmordgefährdete, der Telefonseelsorge usw. Das Wissen um eine relativierte Bedeutung der organisierten und institutionalisierten Sozialen Arbeit muß also zu einer neuen Sensibilität im Umgang mit nicht-professioneller Arbeit und einem neuen Interesse an deren Möglichkeiten führen.

Vielfältigkeit im Mit- und Nebeneinander der Angebote zeigt sich auch als Unübersichtlichkeit, Ungleichmäßigkeit, Ineffektivität und Chaos. Es braucht deshalb neue, vermehrte Anstrengungen zur Planung und zur Forschung.

Sind die bisherigen Überlegungen aber nicht verharmlosend, idealistisch im bösen Sinn? Ist, was ich als Vielfältigkeit, als Spiel von Positionen, als interne Transparenz, als Streitkultur, als neues Nebeneinander von Staat, Verbänden und Selbsthilfeinitiativen beschrieben habe, nicht in der Realität eher ein unübersichtlicher Dschungel, ein Chaos des Neben- und Gegeneinanders, geprägt durch Verteilungs- und Selbstbehauptungskämpfe?

Gewiß, solche Charakterisierungen ließen sich vielfältig belegen. Sie sind kein Einwand gegen die bisher beschriebenen Möglichkeiten, machen aber eindringlich deutlich, wie notwendig es ist, die Kompetenzen zur Planung ebenso wie zur forschenden wissenschaftlichen Reflexivität zu stärken; nur so nämlich können Unübersichtlichkeiten strukturiert und vor allem sachfremde Interessenauseinandersetzungen zurückgedämmt werden.

In der Planungsdiskussion der letzten Jahre ist deutlich geworden, daß die Soziale Arbeit keine gleichsam schematisch technologischen Entwürfe braucht, sondern Instrumente zu einer auf die konkreten Jugendhilfeszenen bezogenen Entwicklungsplanung. Eine solche Planung schärft sich aus in der Auseinandersetzung mit politischen Vorgaben und im Diskurs mit den Partizipationsansprüchen und Möglichkeiten der unmittelbar Betroffenen. Sie versucht in gemeinsamen Entwicklungen diskursiv die für eine regionale/lokale Szene notwendigen Einrichtungen und Abstimmungen zwischen Richtungen und Initiativen zu klären und zu gestalten. Man könnte sie verstehen als eine spezifische Form wechselseitiger Beratung, in der der für Beratung ja immer konstitutive erste Schritt, die Erhebung zur Situation, ein besonderes Gewicht hat, aber nur verstanden werden kann als Beginn einer auf Dauer zu stellenden Gestaltungs-Diskussion. Die Koordination der verbandsbestimmten, die lokalen Szenen übergreifenden Planungen mit den Bedürfnissen vor Ort ist ein besonderes und besonders heikles Problem; hier fehlen Modelle und Konzepte.

Berufspraxis und Studium – zum Diplomstudium Erziehungswissenschaft/Sozialpädagogik

Die Frage nach Konzept und Effektivität des Diplomstudiengangs ist alt und verstummt nicht. Gerade wieder hat der Wissenschaftsrat (im Zusammenhang mit seinen Empfehlungen über den Ausbau der Lehrerbildung in den neuen Bundesländern) sich nur zögernd zur bedingten Einrichtung von Diplom-Studiengängen auch in den neuen Bundesländern entschließen können, da der Studiengang ja neben den so sehr viel effektiveren Fachhochschulen nur für eine sehr ungesicherte Berufszukunft ausbilde. Der Wissenschaftsrat wiederholt (und verstärkt) damit nur Einschätzungen, die auch bis weit in die Erziehungswissenschaft hinein verbreitet sind, und die in den letzten Jahren massiv gestärkt werden durch kritisch-selbstkritische Zweifel am Ausbildungs- und Wissenschaftskonzept des Studiengangs.

Diese Diskussion verwundert angesichts der Geschichte und der verfügbaren Darstellungen zum Studiengang. Sie macht es aber nötig, die Probleme noch einmal aufzunehmen und zu versuchen, sie zu klären.

Zur Etablierung des Studiengangs

Der Studiengang ist gerade 20 Jahre alt. – Vorlaufend, in den 1920er Jahren gab es Ansätze, die speziellen Probleme der Sozialpädagogik im Rahmen der Erhebungswissenschaft zu thematisieren. Nohl vertrat die These, daß Sozialpädagogik die eigentliche Pädagogik sei, die nämlich, in der pädagogische Aufgaben sich elementar und bedrängend stellen; die sozialpädagogischen Fragen aber blieben innerhalb der Erziehungswissenschaft randständig. Nach Ansätzen (1952 auf der Konferenz der Universitätspädagogen und 1953 im Göttinger Entwurf zu einer Prüfungsordnung) wurde erst 1970 der Diplomstudiengang mit dem Schwerpunkt Sozialpädagogik eingerichtet – als Studiengang der Allgemeinen Pädagogik und arbeitsfeldbezogenen Pädagogik, Theorie und Praxiswissen untereinander so zu verbinden sucht, daß er Voraussetzungen zu wissenschaftlich fundierter Handlungskompetenz vermittelt. Der Studiengang hatte sich gegen Widerstände und widrige Umstände durchzusetzen. Er mußte konkurrieren mit anderen, gleichsam alt eingesessenen Studiengängen (Psychologie, Theologie, Jura) und vor allem mit den Fachhochschulen, die sich zeitgleich mit der Einführung des Diplomstudiums etablierten; er mußte sich behaupten vor allem aber gegen den Widerstand der Praxis (die berüchtigte Städtetags-Empfehlung von 1977 sah keinen Bedarf für Universitätsabsolventen in diesem Feld), und – schließlich – gegen die Zweifel des Wissenschaftsbetriebs (der Wissenschaftsrat erwog schon 1977, die Einstellung des Studiengangs zu empfehlen). – Nun aber ist er zur Zeit der stärkste Zweig innerhalb des Diplomstudiums Erziehungswissenschaft (bei knapp 30 000 Studenten im Jahr 1985 und rund 2500 Absolventen sind 57% aller Examen in der Studienrichtung Sozialpädagogik absolviert worden), und hat sich auch in der Praxis durchgesetzt; Busch/Hommerich (1981) haben schon vor Jahren konstatiert, daß die erste Phase der Professionalisierung, die beginnende Bekanntheit und beginnende Selbstverständlichkeit auf dem Berufsmarkt gelungen sind. Man trifft Diplompädagogen inzwischen überall: in Ämtern und Einrichtungen, in Verbänden, in Bürger- und Sozialinitiativen; sie sind – so wird übereinstimmend konstatiert – normaler Bestandteil der sozialen und der mit sozialen Problemen befaßten wissenschaftlichen und beruflichen Szene.

Arbeitsmarktprobleme

Ist diese Position aber nicht teuer, allzu teuer bezahlt? – Zwar lag die Arbeitslosenquote für Diplompädagogen im Ganzen gesehen nicht weit über 10%, also durchaus im Rahmen der derzeitigen Arbeitslosigkeit für Sozialwissenschaftler. – Aber hinter der zeitgemäßen „Normalität" dieser Situation verbergen sich böse Risse.

Die Arbeitslosigkeit von Berufsanfängern war in den letzten Jahren groß, also die mühsame Zeit bis zu einer ersten dauerhaften Einstellung mit allen so demoralisierenden und zum bloßen Überleben sozialisierenden, ja disziplinierenden Folgen. Dies aber verschiebt sich nach der in den letzten Jahren schlechten Arbeitssituation zunehmend; der Markt und damit der Bedarf an Arbeitskräften wächst wieder, auch im Zug der Vereinigung. – Vor allem aber ist der Zusammenhang von Arbeitsleistung und Bezahlung wenig strukturiert, Ansprüche auf ein in Maßen akademisches Bezahlungsniveau lassen sich derzeit allenfalls für 40 % realisieren, – und dies wieder nur auf die Gesamtheit der Absolventen bezogen. Daneben setzen sich zunehmend Teilzeitarbeit und stundenweise Honorartätigkeiten durch, – vor allem bei Frauen, so wie es generell den Strukturen unseres geschlechtsspezifischen Arbeitsmarktes entspricht.

Aber: Sind diese zur Zeit sehr mühsamen und bitteren Realitäten ein Einwand gegen das Projekt des universitären Studiums? Strukturell gesehen wohl nicht, – aber ich geniere mich, dies so zu formulieren, denn in der realen Situation ist dies gleichsam struktureller Zynismus.

Stellenstrukturen in der Praxis können nicht als naturwüchsig, gleichsam als Gottesurteil über die Notwendigkeit von Arbeitsqualifikationen genommen werden. In der sozialen Szene nämlich ist der Normalpool an Stellen (bis zu Leitungs- und Planungsaufgaben) durch den BAT unakademisch definiert. Die darin liegende Unterprivilegiertheit der Sozialen Arbeit (gegenüber anderen Praxisfeldern wie Schule, Medizin oder Therapie) „abzuarbeiten", braucht Zeit; die derzeitige sozialpolitische Großwetterlage (mit ihrer Sparpolitik und ihrer neoliberalen Ideologie gegen soziale Probleme und Soziale Arbeit) gibt dazu keine Unterstützung. Die Zersplitterung der Trägerschaften in der Sozialen Arbeit (zwischen Kommunen und großen Verbänden), die geringe Organisation von Beschäftigungsinteressen (die Gewerkschaften tun sich gerade hier ungeheuer schwer) und nicht zuletzt die dem Einzelnen drohende Arbeitslosigkeit führen zum Fortbestand des Status quo. – Und: In der gegebenen Finanzsituation und im Druck der so vielfältigen und schwierigen Aufgaben nutzen manche Anstellungsträger die gegebene Situation, benutzen gerne (und fachlich-sachlich gesehen durchaus anerkennend) akademische Qualifikationen, erwarten aber für wenig Geld ebenso Ausbildung wie Praxiserfahrung und Zusatzqualifikation und, wenn möglich, zunächst ein Praktikum oder eine Probezeit, dies vielleicht auch noch unbezahlt oder erst nur durch einen Teilzeitvertrag gedeckt. – Die Situation scheint mir aber vor allem auch im Zeichen der deutschdeutschen und der europäischen Perspektiven der nächsten Jahre eher offen; man muß abwarten.

Und schließlich: Haben die Probleme der Nicht-Honorierung der akademischen Qualifikation der Sozialarbeit nicht ihren Grund auch darin, daß sich hier ein neuer Typ von Beschäftigung durchzusetzen beginnt? – Die Notwendigkeit einer Qualifikation zur wissenschaftlich gestützten, souveränen und reflexiven Sozialarbeit ist strukturell evident; solche Arbeit aber der Unterstützung, Hilfe und Provokation in den Schwierigkeiten der Lebensbewältigung liegt dicht an jenen Arbeiten, die vorberuflich von Frauen ausgeübt wurden, und auch jetzt, im Kontext von Verberuflichung und Verwissenschaftlichung der Sozialarbeit, überproportional (zu 80%) von Frauen wahrgenommen werden. Ist also die geringe Honorierung dieser Arbeit nicht auch Ausdruck dessen, daß hier Aufgaben in Beschäftigungsverhältnisse transformiert werden, die der traditionellen Ordnung unseres Beschäftigungswesens und der traditionellen Mißachtung von Frauenarbeit entsprechen? Sind also die derzeitigen Anstellungsschwierigkeiten nicht auch Zeichen für die Schwierigkeiten einer Neuorientierung, eines Umbruchs in der Struktur des Beschäftigungswesens, hoffentlich eines cultural lag? – In diese Richtung, wenn ich dies noch anmerken darf, scheint auch die Tatsache zu weisen, daß die miserable Bezahlung zwar durchgehend moniert wird, daß sie aber, so verwunderlich dies heutzutage klingt, offenbar kein essentieller Grund zum Zweifel an der Arbeit ist: Mehr jedenfalls als das Geld zählen Aufgaben, die als sinnvoll und lohnend erfahren werden, zählen Verträglichkeit und Solidarität im Team. Sozialpädagogik/Sozialarbeit als Moment in einem postmateriellen Arbeits- und Lebenskonzept?

Vor dem Hintergrund dieser Ergebnisse wird man den zunächst formulierten Satz, daß der Diplomstudiengang sich durchgesetzt hat und Bestandteil der sozialen und wissenschaftlichen Szene geworden ist, einschränken müssen: Er hat sich etabliert unter arbeitsmarktpolitisch restriktiven, belastenden, in der derzeitigen Situation sehr erschwerenden Bedingungen. Er hat sich mit beträchtlichen Blessuren etabliert, darin aber das festzuhalten scheint mir wichtig, durchaus mit realistischer Perspektive auf mögliche Verbesserungen.

Praxisakzeptanz, Praxisqualifikation

Aber ist eine solche, auf quantitativ bestimmte Zuwachsraten, auf Stellen, Strukturen und Verdienstmöglichkeiten bezogene Aussage nicht nur äußerlich und darin unbefriedigend? – Es scheint mir naheliegend und sinnvoll, weiterzufragen,

- wo in der vielgestaltig weitläufigen Szene der Sozialpädagogik Diplompädagogen zum selbstverständlichen Bestandteil der Szene gehören und,
- ob und worin sie ihrerseits den Gewinn sehen, den sie aus ihrem Studium, aus ihrer Kompetenz des wissenschaftlich qualifizierten Professionellen ziehen.

Zunächst: Die Arbeitsfelder in der Sozialpädagogik haben sich den Diplompädagogen sehr unterschiedlich geöffnet. Der Kindergarten z.B. ist, jedenfalls was die praktische Tätigkeit anbetrifft, ein Arbeitsfeld, in dem Durchmischungen zwischen unterschiedlich Ausgebildeten, wie sie z.B. in der Heimerziehung oder in Beratungsstellen selbstverständlich sind, nicht praktiziert werden. Vor allem in der Fachberatung haben universitär (oder Fachhochschul-)Ausgebildete eine Chance. Für die erweiterten Aufgaben z.B. der Integration im Kindergarten, der Elternarbeit vom Kindergarten aus und der Gemeinwesenorientierung fehlen von der Ausbildung her Kompetenzen. – Auch die Altenarbeit sperrt sich gegenüber akademisch ausgebildeten Pädagogen; ein hoher Pflegenotstand, anspruchsvolle Programme für die Neustrukturierung der Altenarbeit in bezug auf ambulante Angebote, Gemeinwesenorientierung und im Pflegebereich qualifiziert-reflektierte Konzepte der Pflege, auch bis zum Tod im Hospiz gehen einher mit ungewöhnlich kärglich ausgestatteten Stellen, restriktiver Einstellungspolitik und Aus- und Nothilfe mit Zivildienstleistenden, also Menschen, die zwar Engagement und Kräftigkeit, aber keine Ausbildung mitbringen. – Und: In Arbeitsfeldern, die aus ihrer Geschichte heraus von anderen Professionen besetzt worden waren, geraten die akademischen Diplom-Pädagogen – trotz ihrer formal gleichen Qualifikation – nur in nachgeordnete Positionen; in Erziehungsberatungsstellen sind – obwohl dort viele Diplompädagogen beschäftigt sind – Leitungsstellen eindeutig Monopol von Psychologen; Sozialarbeit in der Schule, in der Klinik oder in der sozialpsychiatrischen Gemeindearbeit ist in der Institution nachgeordnet.

So unbefriedigend sich aber diese Situation darstellt, so wäre es doch verfrüht, hier weitreichende Schlüsse zu ziehen. Das Studium der Sozialpädagogik ist mit seinen 20 Jahren sehr jung. Um sich gegen etablierte Anstellungsordnungen (wie sie z. B. im Zusammenhang mit „schulgewohnten" Regelungen den Kindergarten bestimmen), oder gegen ältere und etabliertere Berufsgruppen (Psychologen, Mediziner und Juristen) durchzusetzen, braucht es Zeit. Pointierend gefragt: Ist es nicht geradezu unsinnig anzunehmen, daß ein Ausgleich zwischen historisch und positionell so ungleich ausgestatteten Berufsgruppen in zwei Jahrzehnten gelingen kann? Hier wird man die weitere Entwicklung gelassen abwarten müssen.

Zum anderen: Bewähren sich die wissenschaftlich qualifizierten Pädagogen mit ihrer Kompetenz in der Praxis? Verändert sie sich durch ihre Arbeit?

Gewiß: Die Entwicklungen und Erfolge des Diplomstudiums in den letzten 15 Jahren sind in der Praxis nicht nur äußerlich geblieben. Heutige Praxisdiskussionen zu Problemen institutionalisierter Sozialarbeit ebenso wie zu Lebenslagen und -schwierigkeiten des Klientels zeigen dies. Eine sozialwissenschaftlich inspirierte, auf gegebene Lebensprobleme bezogene und tendenziell solidarische Sozialpädagogik/Sozialarbeit wird nicht selten praktiziert.

Und: Ein Zusammenhang von Studium und Praxis wird auch durch die Absolventen der Studiengänge bestätigt; Untersuchungen ergeben eher freundlich-passable Einschätzungen.

Darf man sich jedoch mit solchen, eher generellen Auskünften beruhigen? Stehen ihnen nicht weniger erfreuliche Erfahrungen gegenüber?

Viele Pädagogen haben in ihrer Arbeit eine enge Perspektive; sie kennen ihr Feld, Kollegen in ihrem Feld und vielleicht die einschlägige, feldspezifische Diskussion. Sie sehen ihre Arbeit nicht im Kontext des weiteren Spektrums von Jugendhilfe; sie agieren isoliert in ihrem Bereich, z.B. der Heimerziehung, der Erziehungsberatung, der Bürokratie, der freien Initiativen und tun sich schwer in offenen Absprachen und gemeinsamen Aktionen mit Kollegen aus anderen Bereichen. – Viele sind unsicher in sozialpolitisch offenen Ansätzen, die über maßnahmenbezogenes familien- und individuumzentriertes Handeln hinausgehen.

Viele Pädagogen beschreiben das, was sie tun, primär – ja oft ausschließlich – mit den Erfahrungen, die sie in der konkreten Arbeit gemacht haben. Ob und inwieweit solche Erfahrungen im Licht von Wissenschaft gewonnen oder reflektiert worden sind, ist aus ihren Darstellungen nicht erkennbar. Neben solchen auf die erfahrene Praxis bezogenen Berichten steht dann bisweilen – gleichsam als Überbau – ein allgemein gesellschaftliches Räsonnement, Überlegungen z.B. zur Funktion und Nicht-Funktion sozialpädagogischer Tätigkeit.

Viele Pädagogen sind in dem, was sie über ihre eigenen Tätigkeiten aussagen, unsicher. Was ist es, was sie den ganzen Tag tun, wofür sie sich engagieren, was sie freut, wovon sie oft so müde sind? Viele Pädagogen können zwar eindringlich beschreiben, wie okkupierend ihre Arbeit ist; sie tun sich aber schwer, wenn sie begründen sollen, warum ihnen ihre Arbeit mit den Kindern, Heranwachsenden und Ratsuchenden sinnvoll und lohnend erscheint, warum sie sich als Pädagogen auf die Arbeit einlassen. Manche Pädagogen kompensieren diese Unsicherheit in der eigenen Arbeit dadurch, daß sie sich scharf – und nicht ohne hellsichtige Bosheit – von dem abheben, was Angehörige anderer Berufsgruppen – Juristen etwa oder Psychiater – tun oder lassen oder falsch machen.

Vielen Pädagogen scheint das, was sie als Pädagogen tun, nicht attraktiv genug. Sie setzen ihre Hoffnung auf methodische Zusatzausbildungen wie z.B. TZI, Encounter, Familientherapie der verschiedensten Spielarten – und erwarten sich von da aus eine attraktivere Kompetenz. Natürlich – das zu betonen ist eigentlich überflüssig – sind Fortbildungen notwendig und sinnvoll; sie werden aber dann fatal, wenn sie nicht zur Strukturierung und Qualifizierung der eigenen Arbeit – im Heim, im sozialen Dienst, in Initiativen, im Jugendhaus – dienen (ein Zusatzkönnen also vermitteln, das sich in die Arbeit integrieren läßt), sondern zur Ausbildung eines gleichsam spezialisierten Separees in der Arbeit führen: Im „Schlamassel" der notwendigen Aufgaben gibt es dann ein paar besondere Situationen, auf die sich intensiver einzulassen lohnend erscheint. Zusatzausbildungen – so fehlgenützt – dienen der Abwertung der sozialpädagogischen Arbeit oder der Frustration in ihr.

Vielen Pädagogen erscheint zunehmend das pädagogische Geschäft irrelevant: Die einen finden ihr Selbstbewußtsein im politischen Engagement, das sie neben und außerhalb der pädagogischen Arbeit eingehen; die anderen – gleichsam auf dem umgekehrten Weg – engagieren sich in Selbsterfahrung und Selbstklärung und sehen auch ihre Berufsarbeit primär nur unter der Frage, ob und was sie ihnen für das Selbstverständnis in ihren Lebensproblemen bringt.

Diese Beobachtungen lassen sich auf Defizite in den Voraussetzungen für professionelles Arbeiten beziehen. Sie zielen auf Mängel in der Verfügbarkeit und Selbstverständlichkeit des Handlungswissens und im Selbstbewußtsein im Handeln. Es fehlen Erfahrung und Glaube, daß theoretische Einsichten für die konkrete Praxis nützlich sind. Es fehlt ein sicheres Wissen in bezug auf das, was die eigenen Aufgaben, also die Möglichkeiten, Risiken und Grenzen des eigenen Tuns sind. Es fehlt eine – jedenfalls elementare – Zufriedenheit mit Wissen und Können, wie man es erworben hat und praktiziert. Es fehlt ein Wissen, Pädagoge zu sein, das quer zu den Tätigkeiten in unterschiedlichen Institutionen und bei unterschiedlichen Trägern miteinander verbindet, ein Wissen, das kooperationsfähig macht und damit Voraussetzungen schafft auch zu einem gesellschaftspolitisch durchschlagenden, offensiven Handeln.

Diese Beobachtungen aber müssen unter unterschiedlichen Aspekten diskutiert werden.

Zunächst: Die Frage, ob und was man aus dem Studium für die Praxis gelernt habe, verweist auf das alte, nicht nur von der Pädagogik her schwer durchschaubare Verhältnis von Theorie und Praxis. Salopp geredet – und um nun nicht in den hier liegenden Untiefen zu versinken: Mein Lehrer Friedrich Gogarten pflegte zu sagen, daß ihm im Laufe seiner langen Lehrtätigkeit nichts so unverständlich geblieben sei, wie der Übergang vom Theologiestudenten zum Pfarrer. – Das hier liegende Problem aber muß, scheint mir, vor allem auch im Kontext der Ergebnisse der neueren Verwendungsforschung diskutiert werden (vgl. Beck/Bonß 1989). Praxis folgt, so heißt es, in ihren Aufgaben einer eigenen Logik; von ihr her wird das wissenschaftlich Gelernte Bestandteil, gleichsam Material in einem neuen Kontext und darin vorläufig; es wird für die Aufgaben und Lösungsmöglichkeiten der Praxis instrumentell genutzt. – Die Frage nach dem Effekt eines Studiums kann nur im Durchgang durch solche notwendigen Transformationen beantwortet werden; hierzu aber fehlen einstweilen Fragen und Forschungen.

Und: Die Diskrepanz zwischen Theorie und Praxis ist auch Ausdruck neuerer, allgemeiner Zeitströmungen, – einer Krise wissenschaftlicher Reflexivität. Die tradierte Normalität des wissenschaftlichen Selbstbewußtseins und der Erwartungen an Wissenschaft ist in den letzten Jahren zunehmend problematisiert worden. Zugleich nämlich mit der Erosion tradierter Normalitätserwartungen wird auch Wissenschaft in ihrer Leistung und Funktion vieldeutig. – Wissenschaft gerät in die Unübersichtlichkeit der Moderne; sie erscheint nicht mehr als Königsweg zur Erkenntnis von Wirklichkeit, anderen Formen des Wissens in der Praxis und im Alltag selbstverständlich überlegen. Andere Wissens- und Erfahrungsformen, des Alltags, der Poesie, der Ästhetik und des Körpers beanspruchen ihr eigenes, eigensinniges Gewicht. Wissenschaft wird verdächtigt, mit der Suggestion ihrer Erklärungsansätze und Ergebnisse Wirklichkeit zu verkürzen, ja zu kolonialisieren. – So wird Wissenschaft deutlich als eine spezifische Form von Wissen, als Sonderwissen, das sich neben und in Konkurrenz zu anderen Wissensformen ausweisen und behaupten muß. Die für die Moderne charakteristische Notwendigkeit, sich in den eigenen Möglichkeiten auszuweisen, zu verantworten, zu legitimieren, gilt auch für Wissenschaft. Indem so aber die tradierten Normalerwartungen an Wissenschaft abgelöst werden durch Forderungen an eine selbstreflexive Wissenschaft, wird die Frage nach ihrer Brauchbarkeit ebenso wie die nach ihrer realen Bedeutung schwierig und unübersichtlich. Unsicherheiten, Unzufriedenheiten und Fluchtbewegungen in der Praxis können auch als Indiz dieser Situation gelesen werden.

Und schließlich: Unzufriedenheiten und Unsicherheiten im Berufsverständnis liegen auch im Gegenstandsbereich der Sozialpädagogik. Wenn hier Aufgaben professionell bewältigt werden müssen, die – wie es gerade schon erwähnt wurde – traditionellerweise eher den Selbstverständlichkeiten der weiblichen Beziehungs- und Hausfrauenarbeit zugeordnet waren, wenn diese Aufgaben im Kontext professioneller Konzepte neu sind, dann darf die Unsicherheit in der professionellen Identität nicht verwundern. Es fehlen einstweilen Theorie und die öffentliche Durchsetzung solcher Theorie für diese Tätigkeiten; hier aufzuholen ist sicher eine der vorrangigsten Aufgaben der nächsten Jahre.

Zum Diplomstudiengang Erziehungswissenschaft/Sozialpädagogik

Fragen nach der Akzeptanz auf dem Arbeitsmarkt und Fragen nach der beruflichen Identität in der Praxis sind das eine; das andere aber sind Fragen danach, was das Konzept des Studiengangs in sich selbst leistet. Es könnte ja sein, daß Schwierigkeiten nicht nur den allgemeinen gesellschaftlichen Rahmenbedingungen und den in der Sache liegenden Problemen geschuldet sind, sie können ihren Grund auch haben in Unzulänglichkeiten im Konzept des Studiums. Nach den Jahren der äußeren Probleme, und der inneren Überlastung und der strapaziös-mühsamen Konsolidierung der Studienverhältnisse war es seit den 1980er Jahren ruhig geworden. Auf diesem Plateau, also gleichsam entlastet von Druck und Bedrohung, ergeben sich aber – und in den letzten Jahren zunehmend – Unzufriedenheit, Unbehagen und harte interne Auseinandersetzungen zu Attraktivität und Leistungsfähigkeit des sozialpädagogischen Studiengangs.

- Die Anstrengung von Wissenschaftlichkeit verliere sich in der Vielfält von Praxis- und Lebensbezügen, die im Studium thematisiert werden.

- Wissenschaftlichkeit als Anspruch verliere an Attraktivität. – Der Zusammenhang der Studienaufgaben würde den Studenten nicht erkennbar.
- Der Sinn eines praxisbezogenen Studiums werde fragwürdig.

Dieses Unbehagen muß zunächst sicher im Kontext von Entwicklungen gesehen werden, wie sie gerade schon im Zusammenhang der realen Brauchbarkeit des Wissens für die Praxis skizziert wurden, – im Zusammenhang also von allgemeinen Wissenschaftszweifeln und Problemen im Gegenstandsbereich. Dies Unbehagen kann aber auch gesehen werden als Kehrseite und Indiz eines neuen Studienverständnisses bei den Studierenden.

Nach Dramatik und Engagement zu Studienproblemen in den von Aufbau- und Reformimpulsen gleichsam getriebenen 1970er und frühen 1980er Jahren ist das Interesse der Studenten am Studium gelassener und pragmatisch geworden; viele studieren pflichtgemäß, und so, wie man pflichtgemäß heute zu lernen pflegt, – also mit einer sorgfältigen Kalkulation des unvermeidlichen Aufwandes, selektiv, verwendungsbewußt; das Studium verrutscht nicht selten in eine wenig befriedigende Lässigkeit. Müssen solche Beobachtungen nicht im Zusammenhang gesehen werden mit dem, was sich zunehmend deutlicher als spezifisch studentische Lebenslage und Lebenskultur herausstellt, also als Ergebnis dessen, daß Studenten sich über weite Strecken ihr Geld verdienen müssen daß sie – (Ausdruck eines neuen Sinns jugendlicher und studentischer Lebenskultur) – primär auch daran interessiert sind, ihr eigensinniges soziales und kulturelles Leben zu gestalten? Ist also das, was als Lässigkeit im Studium erscheint, Ausdruck der neuen Stellung des Studiums im Kontext einer neuen studentischen Lebenskultur? Und verschärft sich diese Konstellation nicht in einem Studium wie dem der Sozialpädagogik, in dem die meisten schon Vorerfahrungen in sozialer Tätigkeit ins Studium mitbringen (z.B. aus dem Zivildienst, aus dem sozialen Jahr), in dem die Studienmotivation im Kontext sozialer Bewegungen wie der Frauenbewegung, der Friedensbewegung groß ist und in dem das Studium weitgehend einhergeht mit praktischen Tätigkeiten und Engagements, mit Arbeiten also, für die man auf Vorstudienerfahrungen zurückgreifen kann und die auch wichtig sind in bezug auf die Sicherung eines späteren Arbeitsplatzes? Verwischt sich so die Bedeutung des Studiums nicht notwendig? Wird Studium nicht ein Moment in einem integralen Lebenskonzept von Lebenskultur, praktischer Tätigkeit und Lernen? (Liebau 1991).

Dies zu sehen – und damit die Diskussion zu entmoralisieren – ist eins, ein anderes die Frage, wie in dieser neuen Situation Notwendigkeit und Attraktivität der Lern- und Arbeitsaufgaben im Studium so gestaltet werden können, daß die Offenheit zu neuen Erfahrungen produktiv genutzt und zugleich die Studienansprüche als notwendige Ansprüche an konsistentes breit reflektiertes Wissen und methodisches Können nicht in der Konkurrenz zu anderen Aufgaben verkürzt werden. – Dies aber sind gewiß auch allgemein hochschuldidaktische Fragen. Diese aber dürfen nicht dazu dienen, sich von den so unbehaglichen konkreten Fragen nach Struktur und Inhalten des Studiengangs Sozialpädagogik zu dispensieren.

Wissenschaft für die Praxis, Formen des Wissens

Aber sind solche Hindernisse nicht nur vordergründig? Lenken sie nicht vom eigentlichen Problem ab? – Eine prinzipiell formulierte Pointe der Diskussion zielt darauf, daß am sozialpädagogischen Diplom das Strukturproblem eines Wissenschaftsstudiums für Praxis offenkundig werde (vgl. Luders 1989): Sozialpädagogik nämlich, indem sie wissenschaftlich für Praxis ausbilden wolle, verliere sich in den von der Praxis her kommenden konkreten Problemen und damit den Zusammenhang zur wissenschaftlichen und zur erziehungswissenschaftlich allgemeinen Diskussion; sie verfehle, indem sie Praxis und Wissenschaft miteinander zu verbinden suche, zugleich die Stringenz des wissenschaftlichen Diskurses und die spezifisch wissenschaftliche Leistungsfähigkeit in bezug auf Praxis. Diese wissenschaftstheoretisch fundierte Kritik wird bisweilen (vgl. Fatke/Hornstein 1987, Lüders 1989, Tenorth/Zedler 1989, Prange 1990) nicht ohne Schärfe vorgetragen. Sie kann für die Sozialpädagogik nur im Kontext ihrer Entwicklung verhandelt werden.

Innerhalb der Sozialpädagogik wurden und werden vor allem zwei Aspekte diskutiert. Die Erwartung an wissenschaftliche Aufklärung, ihre autoritätskritischen, ideologiekritischen Möglichkeiten (Roth 1967), repräsentieren sich in den Analysen zur politisch-disziplinierenden Funktion von Sozialarbeit, zu ihren stigmatisierenden Wirkungen, ihren bürokratisch bestimmten Institutionen und Anstalten (Totalen Institutionen). Diese Arbeiten verbanden sich bald mit der selbstkritischen Frage danach, wie problematisch auch wissenschaftliche Rekonstruktionen sind. Dieses Mißtrauen war in der Sozialpädagogik wohl besonders stark aus ihrer Grunderfahrung heraus, daß Fortschritt, gleich in welcher Gestalt, in der Geschichte des Sozialstaats immer auch funktionalisiert wurde zur Disziplinierung und Unterdrückung derer, die in der Gesellschaft am Rand leben. – Jedenfalls: Zentrale Arbeitskonzepte, z.B. die institutionskritische Wende der Stigmatheorie, die Handlungsmuster alternativer Professionalität und Handlungskompetenz, die Alltagsorientierung, verhandelten immer wieder auch den Gegensatz von wissenschaftlich gestütztem, professionellem Zugang und dem Eigensinn von Lebenserfahrungen der Adressaten. Parteilichkeit für die Adressaten, Respekt also vor ihren eigenen Verständnis- und Handlungsmustern und Versuche, weiterführende Lösungen im Horizont von Teilhabe und Partizipation zu entwickeln, gingen einher mit Wissenschaftskritik und Wissenschaftsverständnis, das wissenschaftliche Leistungen im Zusammenhang der Klärung konkreter praktischer und politischer Aufgaben verstand, also – wenn ich das so ungeschützt formulieren darf – mit einer selbstkritischen Bescheidenheit in der Nutzung von Wissenschaftswissen, mit einer gleichsam von Praxiserfahrungen her bestimmten Reflexivität.

Diese Kritik von der Praxis her konkretisiert sich vor allem auch in selbstkritischen Fragen zur Professionalität. Dies wiederum führt zur Gegenfrage, ob das Studium, wenn es die Problematik der Professionalität zentral verhandelt, sich nicht nur mit den Sozialpädagogen selbst beschäftige und so zweifelnde Nabelschau mit Berufsqualifikation verwechselt? In solcher Gegenfrage wird – scheint mir – Illichs (1979) und Schelskys (1978) Kritik an den Institutionen, die sich nur auf sich selbst konzentrieren, die in sich isoliert und so nur für sich und ihren Erhalt agieren, auf die Professionalisierungsdiskussion appliziert: Die auf Verbesserung zielende Selbstkritik wird als vordergründig abgetan und die Grundfigur eines Interesses, das sich auf sich konzentriert, festgemacht wird. – Diese Interpretation aber ist in der historisch konkreten Situation der Sozialpädagogik unangebracht. Professionstheoretische Pointierungen nämlich sind zunächst Ausdruck einer notwendigen berufsbezogenen Selbstreflexion, provoziert durch jene Veränderungen der Praxis, wie sie sich aus der zunehmenden Akademisierung ergeben, die ja nicht nur durch die Diplompädagogen, sondern ebenso durch die Fachhochschulabsolventen gegeben ist. Erst vor diesem Hintergrund können Überpointierungen und Engführungen als abusus zum usus verstanden werden. – Wenig weiterführend scheint es mir auch, wenn aus der Kritik an einer vielleicht übergewichtigen Professionalisierungsdiskussion auf eine Einseitigkeit von Sozialpädagogik überhaupt geschlossen wird, die sie als Disziplin ausbildungsuntauglich mache. Sozialpädagogik ist in den Universitäten nicht und auch nicht primär nur Professionalisierungsdiskussion; sie ist vor allem auch vielfältige und universitätsunabhängige Forschung. Im Bild geredet, wenn man nur Erbsen zählt, darf man nicht monieren, daß man keine Bohnen und Linsen findet.

Dieser für die sozialpädagogische Diskussion in den letzten Jahren zweifelsohne zentrale Strang einer von den Praxisaufgaben her inspirierten kritischen-selbstkritischen Reflexivität wird in den letzten Jahren zunehmend ergänzt durch die Fragen aus dem allgemeineren Kontext der Wissenschaftstheorie. Wenn nämlich – so heißt es – Wissenschaft von der Praxis her relativiert wird, kann das dazu führen, daß sie sich in einer Art auf Praxis bezieht, in der ihr Eigencharakter und ihre spezifische Leistungsfähigkeit geschwächt werden. Das radikale Fragen über Praxis hinaus verliert sich, Wissenschaft paßt sich an gegebene Institutionen an, wird Institutions- und Praxisforschung, sie beschreibt nur und verdoppelt damit das Gegebene. Demgegenüber muß Wissenschaft sich auf ihr Eigenes besinnen und darin zurückgenommen, bescheiden werden – als Sonderwissen und in ihren unspezifischen Möglichkeiten in bezug auf Praxis. – Wenn solche Kritik so pointiert ist, daß sie auf strikte Unabhängigkeit von Wissenschaft und Praxis, also auf Wissenschaft für die Wissenschaft und Praxis für die Praxis hinzielt, und damit auf die Vernachlässigung von Praxisaufgaben, wenn sie die konkreten –

damit einhergehenden – Probleme des Gegenstandsbereichs randständig werden läßt zugunsten allgemeiner Wissenschaftstheorie, dann wäre der Gewinn solcher Kritik nicht genutzt, der nur im Wissen von Unterschieden und der Scheu vor direkten, gleichsam naiven Vermittlungen liegen kann.

Konsequenz dieser beiden Kritikstränge ist eine neue Interpretation des in der Studienordnung formal verlangten Unterschieds zwischen Wissenschaftswissen und Praxisorientierung, – eine Interpretation, in der das Konstrukt des wissenschaftlich ausgebildeten Praktikers fortgeschrieben werden muß zu dem des wissenschaftlich reflektierten Professionellen.

Wissensformen müssen unterschieden werden in Wissenschaftswissen und Praxiswissen. Diese Unterscheidungen aber müssen für Wissenschaftswissen differenziert werden, z.B. in Begründung- und Handlungswissen, das wiederum in Orientierungs- und technisches Wissen zerfällt; parallel dazu gliedert sich Praxiswissen in politisches, institutionelles und auf den Umgang bezogenes Wissen. Unterscheidungen aber sind das eine, das andere ist der Ausweis der je spezifischen Eigenheit und Leistung, – also im wissenschaftlichen Studium zunächst der Ausweis des Wissenschaftswissens mit seinen Aufgaben der Distanz, der Abstraktion, der Stringenz, der prüfbaren Ausgewiesenheit, der radikalen Fragen über den Alltag hinaus, der Konstitution von Zusammenhäng' en auf gleichsam hinter dem Alltag liegenden Ebenen. Dies muß in heutiger Zeit nicht nur gegen den Druck unmittelbarer Praxiserwartungen, sondern ebenso gegen die vielfältigen Relativierungen und Marginalisierungen von Wissenschaft einsichtig gemacht werden. (Motivation, ja Werbung zur Wissenschaft ist, um es platt zu formulieren, eine wichtige Aufgabe im derzeitigen Studienbetrieb). Ebenso wichtig aber wird – komplementär dazu – das Wissen von der Praxis in der Eigenart ihrer Möglichkeiten und Begrenzungen (so wie es z.B. in Konzepten im Alltagshandeln oder in der Verwendungsforschung deutlich wird), das Wissen von Praxis auch in ihrem Umgang mit Wissenschaftswissen, in einer heute immer auch wissenschaftlich, professionell beeinflußten Praxis.

Reflexivität als Fähigkeit der bewußten und selbstkritischen Nutzung der spezifischen Wissensmöglichkeiten wird zentral, Reflexivität als Fähigkeit zu gekonnter Vermittlung, zu Konfrontation und Transformation. Solche Reflexivität braucht Training, also Kasuistik, – von der Wissenschaft aus ebenso wie von der Praxis. Dafür braucht es auch im Studium Raum, Gestaltungsmöglichkeiten und Phantasie. Wissenskasuistik wäre eine notwendige Akzentuierung im Studium von Handlungskompetenz. Eine andere sind erste Ansätze und Anleitungen zur Handlungskasuistik, also zu den vielfältigen Formen von Beobachtungs-, Begleit- und Falldiskussionen, auch zu Formen einer intensiven Reflexion zu Handlungserfahrungen, wie man es in Analogie zu dem, was die Psychoanalyse als Lehranalyse entwickelt hat, verstehen könnte.

Mit solchen Differenzierungen stellt sich das Konzept eines praxisbezogenen wissenschaftlichen Studiums und seiner Bedeutung für Praxisaufgaben neu dar: Das Wissen von der Erziehungswirklichkeit, so Erich Weniger (1952), ist die Gemengelage unterschiedlicher Wissensformen, die sich gegenseitig stützen, kritisieren und provozieren. Im Bild geredet: Wie in der Walpurgisnacht die Phorkiagen, die zu dritt nur über ein Auge, einen Zahn und ein Ohr verfügen und sich damit gegenseitig aushelfen müssen, so muß es der wissenschaftlich gebildete Praktiker lernen, die unterschiedlichen Wissensformen in ihren spezifischen Möglichkeiten und Grenzen gegenseitig und miteinander zu nutzen. – Ein solches Bild aber könnte Harmonie suggerieren; Wissenschaftswissen und Praxiswissen gehen nicht ineinander auf. Sie bilden miteinander einen prekären Zusammenhang von partieller Überlappung, Herausforderung und Verfremdung. Krisenidentität (beherrschte Schizophrenie, wie ich es früher einmal benannt habe) – weniger dramatisch formuliert: Patchwork-Identität – ist das Signum des wissenschaftlich reflektierten Professionellen, der sich der Unaufhebbarkeit von Eigensinn und Grenzen im Wissen bewußt ist.

Schlußbemerkungen

Nehme ich die vorgetragenen Überlegungen in bezug auf Stellenstruktur, Praxisrelevanz, Ausbildungsschwierigkeiten und Wissenschaftskonzepte zusammen, so ergibt sich als Gesamtbilanz ein gleichsam durchwachsenes Bild. – Was aber bedeutet dies?

Die Bilanz konnte nur skizziert werden, weil in der Sozialpädagogik in den letzten Jahren zu den unterschiedlichen, hier verhandelten Fragen intensiv gearbeitet worden ist. Dies darf aber nicht dahingehend ausgelegt werden, als gäbe es nur hier Probleme oder als wären die Probleme hier besonders groß. Zwar ist nach den Gesetzen öffentlicher Diskussion und vor allem des Alltagsdenkens ein solcher Schluß naheliegend – man redet über Dinge dann, wenn sie besonders problematisch sind; das, was nicht beredet wird, gilt als unproblematisch. Zwar gibt es sicher auch in der derzeitigen bildungspolitischen – und internen erziehungswissenschaftlichen – Diskussion Interessen an einer solchen Auslegung, – der interne Drang nach disziplinärer Konsolidierung und die allgemeine öffentliche Unlust an der Erziehungswissenschaft macht Sozialpädagogik gleichsam zu einer offenen, ungeschützten Flanke. Die Behauptung aber einer besonderen Problembelastung der Sozialpädagogik – und die daran sich anhängenden Interessen – sind z.Zt. nicht gedeckt; darauf weisen z.B. auch Tenorth/Zedler (1989) in ihrem überaus kritischen Kommentar zur Sozialpädagogik hin. Der differenzierte, selbstkritische Diskussionsstand der Sozialpädagogik kann zunächst nur verstanden werden als Indiz eines hier besonders hohen, auch internen Legitimationsdrucks, wie er sich notwendig aus der skizzierten Situation des Aufbaus dieses Fachs ergibt; er bietet darin an einem Modell die Möglichkeit, Fragen transparent zu machen und zu erörtern, wie es für andere Bereiche in der Erziehungswissenschaft zur Zeit nicht geschieht, z.B. für das Magisterstudium. Es wäre also glücklich, wenn angestachelt durch die Ergebnisse innerhalb der Sozialpädagogik auch in anderen Studienfeldern ähnliche Diskussionen in Gang kämen.

IV. Perspektiven

Moralische Kasuistik in der Sozialen Arbeit

Moral als moralisch inspirierte Kasuistik

Moral – „moralisierend, moralinsauer; du mußt, du sollst, du darst nicht; wo kämen wir hin, wenn jeder sich so benähme wie du; um deiner selbst willen müssen wir verlangen, mußt du dich zusammennehmen“: Moral weckt schreckliche Erinnerung an Zwang und Hilflosigkeit in der Arbeit, in der Erziehung. Von solcher Moral her wollen wir Pädagogen unser Geschäft nicht verstehen und praktizieren.

Dieser Unwillen ist gleichsam zur Selbstverständlichkeit geronnenes Ergebnis der Moraldiskussion in den letzten 150 Jahren und der von ihr beeinflußten und geprägten Pädagogik und Sozialpädagogik. Nach Nietzsche, Marx, Freud und den linken Freudianern ist Moral durchschaut: – Moral, das sind hohe, hehre Ziele, deren Anspruch und Allgemeinheit dazu dienen, daß es unmöglich wird, sich ihnen zu entziehen.

- Moral, das ist der Appell an den Einzelnen, der mit seinem Gewissen haftbar gemacht wird dafür, daß er in seinem Verhalten die aufgegebenen Ziele realisiert; für Erfolg und Versagen, für Glück und Schuld steht er ein. – Moral, das ist in der Proklamation der Ziele und im Appell an den Einzelnen Verschleierung von Interessen, von Macht und Politik, Verschleierung gesellschaftlicher ebenso wie individueller Realität.
- Moral, das sind Erwartungen und Anforderungen, die vor allem von denen, die herrschen, benützt werden, um sich durchzusetzen gegenüber denen, die gehorchen sollen.
- Moral, das ist eine Sphäre von Immunität und Tabu; wer sich auf Moral und sein Gewissen beruft, kann nicht hinterfragt werden.

Die Entlarvung von Moral hat sich in der Pädagogik und Sozialpädagogik besonders dramatisch vollzogen. Wir, die Pädagogen, sollen Kinder und Heranwachsende in die Gesellschaft einführen, sollen ihnen die Moral der Gesellschaft vermitteln; wir sind (so Howard S. Becker) „Agenten der Moral".

In dieser Aufgabe haben wir gelernt, uns zu mißtrauen. Die hohen Ziele, an denen Pädagogik sich zu orientieren genötigt wird und oft auch von sich aus orientiert, verstellen ihre reale gesellschaftliche Funktion. Im Namen und mit dem Instrument von Moral verteilt Pädagogik gesellschaftliche Chancen, Arbeits- und Lebensrollen, Ungleichheiten. Diese disziplinierende und pazifizierende Aufgabe wird in der Sozialpädagogik, die mit denen befaßt ist, die abweichen, versagen und aufbegehren, besonders deutlich. Die Geschichte der Pädagogik, und die der Sozialpädagogik zumal, läßt sich lesen als Geschichte von Anpassung und Unterdrückung, so Katharine Rutschky (1977) in der Schwarzen Pädagogik und Hartmut Dießenbacher (1984) in seiner Kritik einer Sozialpädagogik der „guten Worte".

Pädagogisches Handeln – der Umgang zwischen den Generationen, zwischen schon Erwachsenen und Noch-nicht-Erwachsenen – ist gleichsam strukturell anfällig für den Mißbrauch von Moral. Im Namen von Verantwortung, in der Beanspruchung von Stellvertretung werden Kinder, Heranwachsende und Ratsuchende in ihren Eigenheiten, ihren Möglichkeiten, ihren Interessen, ihren Nöten und Schwierigkeiten verkannt Diese Selbstgefährdung von Pädagogik wird seit je thematisiert; (Gott mag es zustehen, die Menschen nach seinem Bilde zu schaffen, nicht aber jedem Lehrer oder Vater – so z.B. Jean Paul). Die dramatischen Verhandlungen im Kontext der antiautoritären Erziehung oder der Antipädagogik sind Indiz der besonderen heutigen Situation. Einfluß und Intensität des Pädagogischen haben sich ausgewachsen, die Welt der Kinder und Heranwachsenden wird, so Coleman (1986), zunehmend eine nur noch pädagogische. Dieses Faktum aber macht die Gefährdungen im Pädagogischen ebenso evident wie es Gegenwehr hervorruft.

Die Gefahr des Mißbrauchs der Moral in der Position des Erziehers ist besonders dann groß, wenn er sich unterschwellig der Schwierigkeiten und Widersprüchlichkeiten seines Tuns bewußt ist: Er rettet sich in die Hoffnung auf die Kinder, die ihm zum

Träger der Werte und Möglichkeiten werden, die ihm – und der Gesellschaft der schon Erwachsenen – versagt sind. Mit den Kindern soll ein besseres Leben beginnen: Früher, indem sie Freundlichkeit und Ordnung erlebten, dann, indem sie sich durch Lebendigkeit und Kreativität auszeichneten, heute, indem sie aufmüpfig sind und sich der Anpassung an den Medienkonsum verweigern. Solches Mißverständnis wird zur Überforderung derer, die sich nicht wehren können, und führt zu Aggression und Verweigerung.

Muß man also auf Moral verzichten? Dies wäre eine vereinfachte und falsche Lösung. In und jenseits allen offenkundigen Mißbrauchs sind moralische Fragen selbstverständlich. Einer geht mit sich zu Rate, ob er zum Bund soll, ein anderer hat Angst, auf einer Demonstration gesehen zu werden; Freund und Freundin kämpfen mit sich, ob sie es auf sich nehmen sollen, daß ihr Kind zur Welt kommt; die Tochter leidet an ihrer Mutter, will ausziehen, aber die Mutter bliebe dann allein, ist schwach, kränkelnd, depressiv; die Clique, ohne Lern-, Arbeits- und Lebensperspektiven, schlägert, randaliert, ist in sich tyrannisch organisiert und benützt Mädchen – und der Sozialarbeiter ist mitten drin; Sozialarbeiter, in die Schwierigkeiten ihrer Arbeit verstrickt, fragen sich, ob sie sich auf einen Klienten anders hätten einlassen können, ob sie Kollegen und Chef hätten Widerstand leisten müssen.

Also: Moralische Fragen begegnen uns im Alltag ebenso wie in der Sozialarbeit täglich, Fragen nach der Begründung von Normen ebenso wie nach unserem Leben mit ihnen, unseren Möglichkeiten, unseren Handlungsspielräumen, unserem Versagen.

Die Frage stellt sich, wie wir heute diese moralischen Fragen angemessen verhandeln können. Um einer Antwort näherzukommen, möchte ich an einige, die gegenwärtigen Kontroversen prägende, eher grundsätzliche Fragen und Auseinandersetzungen erinnern. Ich möchte zunächst

- eine Verständigung zu Gegenstand und Reichweite der Moraldiskussion vorschlagen, danach
- nach dem Verhältnis von Lebens- und Sachgesetzen zur Moral fragen und

- nach der Bedeutung von Pluralisierung und Individualisierung der Lebensverhältnisse für die Moraldiskussion. – Schließlich möchte ich einen Vorschlag begründen für die Notwendigkeit einer moralischen Kasuistik als einer moralisch inspirierten Verhandlung von Aufgaben der Lebensbewältigung.

Ich versuche im folgenden in diese Fragen wie in einen dichten struppigen Wald von verschiedenen Seiten einzudringen, das Problem gleichsam unter unterschiedlichen, nebeneinanderliegenden, sich gegenseitig ergänzenden und stützenden Aspekten anzugehen.

Gegenstand und Reichweite der Moraldiskussion

Drei Annahmen sind Voraussetzungen meiner Überlegungen:

- Weil der Mensch ein handelndes Wesen ist, gestaltet und erfährt er sich in offenen Möglichkeiten, in denen er wählen und sich festlegen muß; in solcher Gestaltung erfährt er sein Tun als mißlingend oder gelingend, als „böse" oder „gut", er erfährt sich als zuständig für seine Handlungen und darin für sich selbst. „Daß aber er, wie es sich aus der Handlung ergibt, ein solcher und kein anderer ist, – das ist es, wofür er sich verantwortlich fühlt: Hier liegt die Stelle, welche der Stachel des Gewissens trifft" (Schopenhauer).
- Verantwortung im Handeln ist Verantwortung in der Zeit, also für vergangenes, gegenwärtiges und zukünftiges Handeln, vor allem auch für zukünftige Folgen des Handelns.
- Handeln repräsentiert sich in unterschiedlichen Dimensionen. Der Mensch handelt in unmittelbarem Umgang, Handlungsmuster repäsentieren sich in Institutionen und in den verfestigten Strukturen der weiteren sozialen und gesellschaftlichen Formationen; Moral erscheint in unterschiedlichen Aggregatzuständen des Handelns (vgl. Berger/Luckmann 1970).

Solche Annahmen zum Gegenstandsbereich von Moral sind in der gegenwärtigen Diskussion nicht selbstverständlich. In den Diskussionen der 1960er und 1970er Jahre wurden vor allem soziale, politische und ökonomische Strukturen verhandelt, und sozialwissenschaftliche Erkenntnisse als Hinweis für die Bedingtheit des Menschen durch Strukturen und Zwänge verstanden. Die Revitalisierung der Moraldiskussion zielte dagegen auf Verhalten und Zuständigkeit in der unmittelbaren Erfahrung, im Nahraum der überschaubaren Verhältnisse, der „nähesten Verhältnisse", wie man mit einem Pestalozzi-Begriff formulieren könnte. Dies ging einher mit Entwicklungen der Subjekttheorie. – Moral aber, so akzentuiert und forciert (z.B. in der These: „Mut zur Erziehung"), führt zur Vernachlässigung weiterreichender Fragen, ja zur Tabuisierung der Moralfrage in politischen und gesellschaftlichen Strukturen.

Das gleiche Muster einer nur halbierten Moral ergibt sich, gleichsam spiegelbildlich verkehrt, wenn aus der Kritik an solchen engen Moralkonzepten und im Gefolge der modernen Liberalisierung und Individualisierung alltäglicher Lebensverhältnisse die Moralfrage im Nahraum als überflüssig, jedenfalls als unwichtig verstanden wird („was für sie wichtig ist, müssen die Akteure schon selber wissen und niemand darf für sie entscheiden"), und wenn stattdessen die Notwendigkeit und Brisanz allgemeiner gesellschaftlicher Fragen behauptet wird, – etwa der nach Gerechtigkeiten.

Moral so in den unmittelbaren Lebensverhältnissen und in der Gesellschaft gegeneinander auszuspielen, scheint mir ungut. Es kündigt den alteuropäischen Konsens über den Zusammenhang von Leben und Politik, über das gerechte Leben im Alltag und in der Gesellschaft auf. – Diesen Zusammenhang festzuhalten, ist da3 eine; das andere aber ist, die unterschiedlichen Dimensionen des Handelns im Nahraum und in der weiteren Gesellschaft zu unterscheiden und zu fragen, wie sie auch als unterschiedliche Moralfragen gestellt und verhandelt werden können.

Zum Verhältnis von Lebens- und Sachgesetzen zur Moral

So notwendig aber solche Klärungen sind, so scheinen sie in der gegenwärtigen Diskussion fast verfrüht; diese fragt nämlich fundamentaler danach, ob Moral als Steuerungsinstrument überhaupt taugt, ob sie nicht durch andere Steuerungsinstrumente außer Kraft gesetzt ist. Diese Frage wird in vier sehr unterschiedlichen Zusammenhängen brisant.

Die Moralkritik Nietzsches hatte ihren Grund in seiner Annahme, daß Leben nicht in moralischen, sondern in anderen, ästhetischen, vitalen Kategorien von häßlich, stark und schwach, von oberflächlich, harmlos oder tragisch verstanden werden muß. Moral ist Ausdruck der Ressentiments, der „unschöne" Versuch der Schwachen, sich gegen das Recht des Stärkeren zu wehren. Leben erfüllt sich im Ausdruck seiner selbst, in der Repräsentation seiner selbst in seiner Gestalt. – Daß dieses Konzept – verallgemeinert und erweitert – Leitkonzept im Selbstverständnis der Moderne ist, wird evident in der Bedeutung von Kultur und Kunstprodukten für das Selbstverständnis und die Orientierung in unserem Leben. Im Horizont des Ästhetischen erschließen sich Freiheiten des Lebensverständnisses jenseits von tradierten Wertungen, von Beurteilung, Verurteilung, – Freiheiten, Lebensformen zu nehmen, wie sie sind, in ihrem Eigensinn, ihrem Gewinn und ihren Kosten, in ihrer eigenen Würde: „Wie es auch sei, das Leben, es ist gut". – Damit aber die Frage nach Gut und Böse für erledigt zu halten, scheint mir nach den moralischen Katastrophen und den moralischen Bedrohungen unserer Zeit zynisch. (Weg vom Extremfall und nicht „moralisierend" argumentiert, scheint mir die Auseinandersetzung von Habermas (1985) mit der Dichtungs- und Sprachtheorie Lyotards ein eindringlicher Beleg für die Notwendigkeit, auf der prinzipiellen Eigenheit ästhetischer Sätze zu bestehen).

In den letzten Jahren wird zunehmend thematisiert, was es eigentlich bedeutet, daß die Menschen in den Alltagswelten von z.B. Familie, Arbeit, Schule, aber auch Öffentlichkeit im Handlungsmodus der Alltäglichkeit leben: Hier kommt es darauf an, die anfallenden, so vielfältigen Aufgaben des alltäglichen Lebens, die praktischen, technischen und kommunikativen Aufgaben zu bewältigen; Pragmatik ist das Gebot jenseits der Fragen z.B. nach systematischer Konsistenz oder nach einer über den unmittelbaren Handlungstext hinausgreifenden allgemeinen Wahrheit dieses Lebens. Und: Dieses Alltagshandeln ist geprägt durch Erfahrungen, wie sie in der zeitlich, räumlich und sozial erreichbaren Welt gemacht werden und verbürgt sind und wie sie sich zu Übereinkünften über das, was gilt, verdichten; Typisierungen der Verstehensmuster und Routinen im Handeln prägen und entlasten die Alltäglichkeit. – In solcher Alltäglichkeit scheint Moral als Frage nach Wahl und Entscheidung überflüssig zu sein; der Handlungsmodus des Pragmatismus zielt auf Kenntnis, Geschicklichkeit, Sich-Arrangieren; die Gültigkeit von Typisierungen und Routinen lassen es nicht zu Alternativen und Fragen der Wahl und Entscheidung kommen. – Dieses Bild aber ist vordergründig und irreführend. Alltäglichkeit darf in ihren Leistungen nicht verdinglicht, sozusagen mystifiziert werden, als ob sie keine Offenheiten zuließe, die auch moralische Entscheidungen verlangen. Also: In gegebenen, eingespielten Mustern können sich Menschen entweder treiben lassen oder engagieren oder weiter entwickeln. Und: Alltäglichkeit als Modalität des Handelns realisiert sich in unterschiedlichen Alltagswelten, die neben und gegeneinander bewältigt werden wollen, in der Familie, der Schule, in der Jugendkultur, im Stadtteil, in der Arbeit, in Alltagswelten, die miteinander vermittelt und gegeneinander gewichtet, also in Entscheidungen gewählt, zurückgesetzt, abgewählt werden müssen. Vor allem aber wird Alltäglichkeit praktiziert unter der Voraussetzung, daß die, die in ihr leben, kompetent sind zur Erledigung der sich stellenden Aufgaben und daß man diese Kompetenz einklagen kann und muß; Lässigkeiten, Abweichungen, Insuffizienzen werden – moralisierend – in der Zumutung normentsprechender Normalität beanstandet, Verletzungen werden mit Mißachtung, auch Ausgrenzung geahndet. Solche Moralität in bezug auf Alltagsselbstverständlichkeiten wird oft, gestützt durch die Komplexität der anstehenden Aufgaben und unter pragmatischem Handlungsdruck, rasch, herb und selbstbewußt praktiziert; sie verdeckt gegebene Aufgaben. – Alltag nämlich ist auch brüchig, widersprüchlich und verlangt darin Entscheidungen. Daß die Menschen in ihrem Alltag kompetent sind, vor allem daß die gegebenen Handlungsmuster zur Alltagsbewältigung angemessen sind, gilt nicht unbedingt: Alltagskommunikation ist auch bestimmt durch ungeprüfte Annahmen, Abkürzungen, Schlampereien und Mißverständnisse; in den Arrangements der Alltäglichkeit gibt es Leiden, Schmerzen, aber auch weitertreibende Hoffnungen, wie sie sich z. B. aus dem Vergleich zu anderen Lebensarrangements, aber auch aus einem radikalen philosophischen, religiösen, politischen oder wissenschaftlichen Fragen über die Gegebenheiten des Alltags hinaus ergeben: Alltäglichkeit ist, so Karel Kosik, als Pseudokonkretheit immer auch bezogen auf das Konzept von Praxis als Entwurf humanen Lebens, auf „gelingenden Alltag". Gerade hier, in der Kritik (Kosik 1971) des gegebenen Alltags, ist Moral als Wahl und Entscheidung zwischen Gegebenem und Aufgegebenem virulent.

Diese Offenheit der Alltäglichkeit wird auch unter einem anderen Aspekt brisant, nämlich angesichts der neueren gesellschaftlichen Entwicklungen im Zeichen von Pluralisierung und Individualisierung der Lebensverhältnisse. Die Vermutung liegt nahe, daß die zunehmende Bedeutung der Frage nach dem Alltag sich der Tatsache verdankt, daß er gesellschaftlich problematisch wird. Regeln im Miteinander-leben etwa in Familien, in Selbstverständnis und Verständnis unterschiedlicher Rollen, vor allem auch in Geschlechts- und Lebensalterrollen, Regeln in Arbeit und Öffentlichkeit verlieren ihre bindende Kraft; zugleich aber wird der Handlungsmodus Alltäglichkeit, die pragmatische Regelung eigener Erfahrungen problematisiert und unzureichend. Wenn Menschen sich zu einem gemeinsamen Kind entschließen, muß dies ausgehandelt werden im Horizont der Möglichkeiten der Beziehungs- und Lebensplanungen, die immer auch bestimmt sind durch jene allgemeinen Lebenskonzepte, wie sie durch die öffentliche Diskussion und die Experten in den Medien vertreten werden; Alltäglichkeit muß in einer neuen, komplizierteren, abstrakteren Wirklichkeit bewältigt werden. – So wird das Moment der Wahl zentral, die Zumutung, sich für einen eigenen Lebensentwurf zu entscheiden und darin auszuweisen. In der Schwächung der überkommenen Selbstverständlichkeiten der Lebensordnungen werden die Einzelnen in ihrer moralischen Zuständigkeit für sich selbst herausgefordert. – Aus solchen Hinweisen ergibt sich eine neue Gewichtung moralischer Fragen. Natürlich gelten im Arrangement unserer Alltagswelten Pragmatismus, Typisierungen und Routinen, natürlich sind wir in der Alltäglichkeit in den Fragen von Entscheidung und Wahl gebunden und entlastet. Im Durchgang durch den Bestand solcher bindenden Gegebenheiten aber stellt sich auch die Frage der Verantwortung und Wahl; sie ist vermittelt mit den Gegebenheiten, aber in ihnen nicht erledigt.

Die gleiche Figur – Moral in ihrer Vermittlung mit Gegebenheiten – zeigt sich auch in anderen „Aggregatzuständen" menschlichen Handelns, also in Institutionen oder in politischen Strukturen. Menschen leben mit den Vorgaben institutioneller, organisatorischer, rechtlicher und darin funktionaler Strukturen, mit ihren Klärungen, Entlastungen und Eingrenzungen. Aber auch hier geht es darum, wie sie sich zu diesen Organisations- und Strukturmustern verhalten, wie sie sie tragen, unterstützen, entwickeln und ob und wie sie sich von ihnen distanzieren, um sie zu verändern oder aus ihnen auszubrechen, ob und wie sie die Moral der Institutionen hinnehmen, verändern oder Neues zu realisieren versuchen. – Dazu zwei aus dem engeren Feld der Sozialarbeit stammende Hinweise: Sozialarbeit im Gefängnis kann sehr unterschiedlich praktiziert werden; ob man sich allerdings auf eine solche Arbeit und ihre institutionell vordefinierten Handlungsmöglichkeiten einlassen soll, ist für viele fraglich. Der theoretischen Alternative von Reform und „Abolismus" (als Nicht-Beteiligung, um Unzumutbarkeiten nicht doch noch durch Verbesserungen vertretbar zu machen) entspricht die praktische Frage arbeitssuchender Kollegen, wie weit sie sich an solche Institutionen gleichsam verkaufen können. – Oder: In Pflegestellen für sehr belastete (z. B. behinderte) Kinder finden wir als „Pflegeeltern" nicht selten ehemalige Erzieher oder Krankenschwestern, die die Arbeit mit Kindern in den Bedingungen eines Heimes oder Krankenhauses nicht ausgehalten haben und sich deshalb zu einem anderen Arbeitsarrangement entschlossen haben – oft begleitet von prinzipieller Kritik an der impliziten Moral der Institutionen.

Die Frage nach Moral als einem Steuerungsmoment im Gefüge anderer Steuerungsinstrumente wird in unserer Zeit besonders brisant im Verhältnis von Wissenschaft und Moral. Der Fortschritt der Wissenschaft liegt auch im Absehen von Moralfragen. „Worauf es für die empirischen Disziplinen ankommt, ist, daß einerseits die Geltung eines praktischen Imperativs als Norm und andererseits die Wahrheitsgeltung einer empirischen Tatsachenfeststellung in absolut heterogenen Ebenen der Problematik liegen und daß der spezifischen Dignität jeder von beiden Abbruch getan wird, wenn man dies verkennt und beide Sphären zusammenzuzwingen versucht“ (Max Weber 1927). Fragen nach dem Zusammenhang von Voraussetzung und Folgen, nach „wenn-dann“, „je-desto“-Beziehungen, nach Strukturen und Funktionen treten in den Vordergrund. Gegenüber der moralisierenden Pragmatik im Alltag beweist sich „wissenschaftliche“ Sicht als entmoralisierend. Die Hilfe z.B. durch Beratung und Therapie liegt auch darin, daß Strukturen gleichsam wertfrei deutlich werden; die Überwindung der traditionellen Diagnose der Verwahrlosung zu Gunsten der sich durchsetzenden des abweichenden Verhaltens, der Störung oder Krankheit liegt gerade in dieser strukturierenden Sicht.

Die neuere Diskussion zeigt aber, daß damit Moral als Frage der Zuständigkeit, der Wahl und Entscheidung nicht aufgehoben, sondern verschoben ist. Erklärungen also z.B. für Probleme zwischen Mann, Frau und Kindern in unterschiedlichen systemischen, analytischen und feministischen Lebens-Familiensettings oder für Verhaltensschwierigkeit als Krankheit oder Absonderlichkeit, als individuell zu verantwortendes oder gesellschaftlich bedingtes Problem, – diese Erklärungen sind abhängig von Wertentscheidungen, die in die wissenschaftlichen Konzepte und die ihnen entsprechenden Methoden gleichsam eingegangen sind. Die moralische Frage zeigt sich hinter solchen Konzepten als Entscheidung für oder gegen sie. –

Die Auseinandersetzung z.B. in der derzeitigen Beratungsszene zwischen eher familienorientierten, individuenorientierten und gemeinwesenorientierten Konzepten, oder zwischen Konzepten, die die Alltagsprobleme in ihre spezifischen settings einpassen und anderen, die sich instrumentell der Vielfalt von Alltagsproblemen zur Verfügung stellen, sind auch moralischer Natur.

Zum Verhältnis vom Allgemeinen zum situativ Besonderen in der Moral, von Diskurs und historisch belehrtem Diskurs

Daß moralische Fragen anstehen ist das eine, das andere aber ist, daß sie sich für uns nur gleichsam indirekt, nur in vermittelter Form stellen; sie werden angegangen im Durchgang durch andere Steuerungsmöglichkeiten, im Respekt vor dem Eigensinn des Ästhetischen, des Alltäglichen, des Institutionellen, des Wissenschaftlichen; Moral ist ein Moment in der Steuerung unseres Handelns – und nach Aufgaben und Situationen unterschieden auch nicht das unbedingt primäre. Aber – so stellt sich die weiterführende Frage – wie sollen moralische Fragen geklärt werden; auch hier können Möglichkeiten nur verdeutlicht werden, wenn sie in und gegen heutige Selbstverständlichkeiten ausgewiesen werden.

Moral war in der Tradition immer wieder die Forderung, die dem Menschen von außen gestellt wurde, ihm gegenübertrat, sie war Moment der Fremdbestimmung – „du mußt, du sollst, du darfst nicht"; zudem wurde sie ausgenutzt, um die Ansprüche der Macht gegenüber den Unterlegenen zu legitimieren. Mit der neuzeitlichen Überwindung solcher (autoritären) Außenerwartungen aber ist das Problem der Moral nicht erledigt. Die für die Entwicklung der neuzeitlichen Moraldiskussion charakteristische Verinnerlichung der Moral kann hier nicht nachgezeichnet werden; es genügt, denke ich, daran zu erinnern, daß z.B. die Differenz von Gegebenem und Aufgegebenem im Konzept der Selbstverwirklichung verstanden ist als Anspruch, die angelegten eigenen Möglichkeiten zu realisieren, oder – analog dazu – daß die Handlungs- und Sprachtheorie in der Struktur von Handlung und Sprache auch die moralischen Aufgaben des gelingenden Handelns und Sprechens aufweist. Im Leben, so Albert Schweitzer, ist das Recht auf Leben angelegt, das Prinzip der Achtung des Lebens vor dem Leben. Erich Fromm bringt solche Konzepte auf den Begriff, wenn er davon ausgeht, daß im individuellen, sozialen und gesellschaftlichen Leben die Möglichkeiten der Selbstverwirklichung im Modus des Seins angelegt sind. Es sind Möglichkeiten, die gegen die Mächtigkeit einer Orientierung im Modus des Habens, der Ausnützung und Ausbeutung von

Mensch und Natur, der Entfremdung, des unkreativ Toten erkannt, durchgesetzt und behauptet werden müssen; die Natur des Lebens als gutes Leben realisiert sich nur in der Wahl der im Leben angelegten Chancen des Guten.

Diese Verschiebung der Auseinandersetzung zwischen dem Gegebenen und Aufgegebenen, vom Äußeren und Anderen ins Innere wird problematisch, wenn sie sich – wie es zur Zeit vielfältig geschieht – verengt zu einem Kult der Innerlichkeit, in der allein das Authentische, über die subjektiven Erfahrungen Zugängliche gilt, in der das authentische Subjekt in den Möglichkeiten seiner Selbsterfahrung sich prinzipiell bedroht und unterdrückt sieht vom Bösen des Äußerlichen, Institutionellen, Gesellschaftlichen, Politischen. Sennett (1983) redet kritisch pointierend von der „Tyrannei der Intimität", der die Gestaltungsmöglichkeiten, also auch die moralischen Aufgaben im Bereich von Institution und Öffentlichkeit geopfert werden; Ziehe (1989) insistiert auf der nach einer Zeit des Kultes der Innerlichkeit überfälligen gegenseitigen Durchdringung öffentlicher und privater Lebensformen und plädiert damit für eine ebenso öffentliche wie private Moral.

Ist die Rede vom Aufgegebenen, vom „Guten", von gelingendem Alltag, von Praxis aber nicht zu allgemein und damit leer und belanglos? Im Kontext der neueren französischen Diskussion wird das Allgemeine der Vernunft kritisiert, weil es die Lebendigkeit gegebener, vielfältig unterschiedlicher Situationen vergewaltigt, weil durch die Allgemeinheit der Rationalität die Lebendigkeit des Vielfältigen kolonialisiert wird. Die Tendenzen der modernen Gesellschaft zur Pluralisierung und Individualisierung von Lebensverhältnissen haben zur Konsequenz, daß auch das Verhältnis vom Allgemeinem zum individuell Besonderen problematisch, ja irrelevant wird. – Ist durch solche Gesellschaftsentwicklungen aber die Frage nach dem Allgemeinen erledigt? Ich denke nicht. Die Vereinheitlichung der modernen Welt im Zeichen einer weltumspannenden Technik-, Markt- und Medienordnung weist auf eine Allgemeinheit, die in ihrer geheimen Moral der Marktzwänge und der Steigerung technologisch machbarer Effizienzen mächtig, ja zunehmend alternativlos ist. Braucht es nicht – mit ihr korrespondierend und ihr entgegenwirkend – eine allgemeine Moral, die auf Gerechtigkeit und Partizipation, auf ein menschenwürdiges Leben und auf die ökologischen Voraussetzungen auch eines zukünftigen menschenwürdigen Lebens hinzielt? Dem Beweis nicht nur der Denkbarkeit, sondern der Notwendigkeit eines solchen allgemein verbindlichen, unumgänglichen Moralkonzepts dienen vielfältige neuere philosophische, handlungs- und sprachpragmatische Konzepte die durch die Ergebnisse der genetischen Entwickungspsychologie flankiert werden. Daß die Allgemeinheit der moralischen Forderung angesichts der gegebenen Pluralisierung und Individualisierung immer nur vermittelt gedacht werden kann mit historischen, sozialen und individuellen Unterschieden, ist evident. Die allgemeine Orientierung ist eine notwendige, keine hinreichende Voraussetzung für die Entscheidung im Konkreten. Das Allgemeine kann nur im Konkreten eingelöst werden; es muß verstanden werden als Perspektive, in die hinein Konkretes gesehen, als Frage, auf die hin Konkretes gerechtfertigt werden muß. – Wenn Bloch (1974) sein Konzept von Utopie in „Leittafeln“ und Vorbildern konkretisiert, dann verbindet er das Allgemeine mit der historischen, sozialen und situativen Konkretheit des gelebten Lebens.

Solche Vermittlung wird im Diskurs praktiziert; Lebensverhältnisse, die durch Pluralisierung und Individualisierung charakterisiert sind, erlauben nur noch die gemeinsame Anstrengung im Aushandeln dessen, was als verbindlich gelten kann.

Diskussionen aber um solchen Konsens laufen deshalb oft gleichsam leer, weil sie versuchen, aus den gegebenen Erfahrungen zu Klärungen zu kommen; der mit der Erosion überkommener Lebensverhältnisse einhergehende Verlust auch an Wissenstraditionen führt dazu, daß heutige Moraldiskurse oft nur aus dem Stand geführt werden. Sie könnten sich aber bereichern im Rekurs auf philosophische und literarische Traditionen. Die Diskussion z.B. zu den Gefährlichkeiten des Mitleids (als einer kaschierten Form von Omnipotenz oder Hilflosigkeit) ist zweifelsohne ergiebiger, wenn sie sich aufklärt auch in der Rekapitulation der Argumentationen von Schopenhauer und Nietzsche.

Zu Blochs Unterschied zwischen spes und docta spes, zwischen Hoffnung und gelehrter, belehrter Hoffnung ließe sich analog der Unterschied zwischen moralischem Diskurs und belehrtem moralischem Diskurs formulieren.

Moralisch inspirierte Kasuistik

Die Konkretisierung solcher Diskurse möchte ich als moralisch inspirierte Kasuistik verstehen. Ein solcher Titel kann in dreifacher Weise begründet werden:

- Kasuistik, aus dem Repertoire der praktischen Philosophie stammend, zielt auf die Verhandlung des Einzelfalls unter allgemeinen Regeln.
- Gegenüber einem traditionellen Verständnis von Kasuistik, das sich auf eher individuelle Probleme im Nahraum bezieht, muß eine moralisch inspirierte Kasuistik auf allen Ebenen des Handelns praktiziert werden, also auf der individuellen ebenso wie der sozialen und gesellschaftlichen; Wolfgang Klafkis (1989) Überlegungen z.B. zur Institutionalisierung von Verhandlungsgremien zielen, so scheint mir, auf ein ins Institutionelle hinein strukturiertes und wohl nicht leicht zu praktizierendes Modell solcher Verhandlungen.
- Kasuistik als moralisch inspirierte Kasuistik weist darauf hin, daß die moralische Frage immer nur ein Ferment, eine Perspektive in der Auseinandersetzung über Alltagsselbstverständlichkeiten, Institutions- und Strukturzwänge und wissenschaftlich verbürgte Sachaussagen ist. Moralische Entscheidungen müssen gestützt und gleichsam gesichert werden durch Sachlichkeit in den Sachfragen. Der für die Gegenwart so charakteristische Unwille zur Moral hat seinen Grund oft auch darin, daß Sachfragen voreilig und falsch moralisiert werden, daß Moral zum – oft raschen und arroganten – Ersatz für Sachklärungen genommen werden.

Damit moralische Kasuistik gelingt, scheint mir vor allem viererlei wichtig:

- Moralische Fragen stellen sich auf den unterschiedlichen Ebenen des Individuellen, Sozialen und Politischen, des überschaubaren Alltags und der allgemeineren und ferneren Strukturen. So sehr diese Ebenen darin zusammenhängen, daß überall Wahl, Entscheidung und Verantwortung des Einzelnen gefragt sind, so wichtig ist es zugleich, die unterschiedlichen Dimensionen, in denen Lösungen ausgehandelt werden müssen, zu differenzieren. Mit solcher Unterscheidung hat die Pädagogik – und wohl vor allem auch die Sozialpädagogik – traditionellerweise große Schwierigkeiten; sie sind in der Struktur ihrer Aufgabe begründet. Weil Erziehung und soziale Arbeit abhängig sind von sozialpolitischen Vorgaben, die im gemeinsamen Alltag, im Umgang, im Spiel gegenseitiger Erwartungen, Identifikationen und Projektionen repräsentiert und bewältigt werden müssen, ist es naheliegend und verführerisch, im Handeln auf das Institutionelle und im Institutionellen auf das Handeln auszuweichen und so, im Spiel zwischen den Ebenen die Aufgaben nur zu verschieben, nicht aber zu bewältigen. – Ein Plädoyer aber für die Unterscheidung verschiedener Dimensionen wäre gefährlich, wenn es nicht einherginge mit dem komplementären für den Zusammenhang zwischen den verschiedenen Dimensionen, und vor allem für die Beachtung der Übergänge zwischen ihnen. Gerade die Sozialpädagogik, deren Interventionsmöglichkeiten weithin eng und nachrangig definiert sind, ist verpflichtet zur Grenzüberschreitung, zur „Einmischung“ im Namen ihrer Adressaten. Sie darf sich nicht bescheiden in allzu engen Grenzen und braucht offensive Kooperation aber auch Konfrontation mit der Sozial- und Gesellschaftspolitik, mit anderen Institutionen im Lebensfeld der Adressaten (also mit z.B. Schule, Polizei, Psychiatrie). Genereller geredet: Moralische Schwierigkeiten der Entscheidung, Erfahrungen auch von Leiden, Versagen und von Schuld liegen sehr häufig gerade in den Übergängen, den Grenzzonen und den hier schwer auflösbaren Widersprüchen. Die Frage z.B. nach der Moral des Handelns und Überlebens im Nationalsozialismus hat dies ebenso deutlich gemacht wie das Engagement für die Friedensbewegung.

- Unterscheidung der und Vermittlung zwischen den Ebenen ist nur möglich, wenn die Eigenart der unterschiedlichen Aufgaben praktiziert wird. Angesichts der gegenwärtigen sozialen, technischen und ökologischen Entwicklungen, der Bedrohungen, die die Menschen sich und der Erde schaffen, der Möglichkeit das Leben überhaupt zu pervertieren und zu vernichten, werden die globalen moralischen Probleme immer bedrängender. Sie müssen deutlich werden gegenüber dem Pragmatismus der Alltagsaufgaben, ebenso wie gegenüber der Faszination der Möglichkeiten beliebiger technologischer Entwicklungen. Wie es gelingen kann, Verantwortung für die im Alltag so leicht zu verdrängende abstraktere Zukunft zu lernen, ist einstweilen bedrohlich offen.

- Diskussion als Diskussion neigt zum Fragen, zum Hinterfragen, zur Dauerdiskussion Moral aber muß auf das Handeln, auf die Entscheidung zum Handeln zielen. So kommt es darauf an, daß in der Diskussion auch die Grenzen der Diskussion ausgehandelt werden, die Übereinkunft über das, was in gegebenen Situationen und Konstellationen geschehen und gelten muß. (Gerade in der Sozialpädagogik mit ihrer konstitutiven Spannung zwischen gesellschaftlich produzierten Notlagen und nur individuellen Hilfsmöglichkeiten, zwischen gesellschaftlichen Kontrollerwartungen und individuellen Hilfsanstrengungen ist die Gefahr eines Dauerdiskurses besonders groß und läßt sich der Verdacht nicht abweisen, daß bisweilen die Verhinderung von Wahl und Entscheidung ein geheimer Zweck der Diskussion ist).

Wird moralisch inspirierte Kasuistik so als Vermittlung verstanden, könnte dies Eindeutigkeit, definitive Klärung suggerieren. Dem ist aber nicht so. Die Aspekte können aufeinander bezogen, miteinander konfrontiert werden, sich provozieren; sie decken sich nicht. Entscheidungen bleiben immer auch Wagnis, Risiko; sie gehen einher mit Schuld.

Ausblick

Dieses Konzept von Moral ist strapaziös – allgemein und in der Sozialarbeit. Sich dagegen zu entscheiden ist naheliegend, in moralischer Sprache geredet: verführerisch.

Die Übermacht der Sachzwänge, einhergehend mit Segmentierung und Differenzierung in der Gesellschaft, legt ein Konzept nahe, in dem Gesellschaft und Situationen sich aus sich selbst entwickeln, korrigieren und steuern. Optionen außerhalb solcher Steuerung und Verantwortung für solche Steuerung werden obsolet. Diese Interpretation von gesellschaftlicher Wirklichkeit erscheint in unserer Zeit vielfältig und unterschiedlich instrumentiert:

- Z.B.: Wenn nur Systeme zählen, soll man sich dem stellen und Abschied nehmen von überlebten Illusionen; dies wird mit kritisch-ernüchterndem Pathos vorgetragen und gefordert.
- Z.B.: Anything goes – unter diesem Signal wird die Befreiung zu Konkretheit und Sinnlichkeit erfahren, zu Kraft und zum Augenblick, der ohne Tradition und Perspektive sich in sich trägt.
- Z.B.: Resignativ weicht man aus gegebenen allgemeinen, öffentlichen und politischen Verhandlungen aus und zieht sich zurück in die unangreifbaren Abenteuer des Inneren.
- Z.B.: Schließlich: Traurig und altmodisch sieht man, daß es läuft, wie es schon immer lief; die „gemeinen" Menschen sind nicht gefragt. Es herrschen Schicksal oder Naturgewalt oder die Mächtigen: „Die Weltgeschichte, ein Mischmasch aus Irrtum und Gewalt" (Goethe).

Gegen solche Positionen versteht sich die hier vorgetragene Moral als Option gegen das Diktat der sogenannten Sachzwänge, wie sie sich in der unheiligen Allianz von Wissenschaft, Technik und politischen Ideologien ergeben und als naturwüchsig und undiskutabel ausgeben, gegen das Diktat der Sachzwänge, in deren Vollzug Leben und ökonomische, politische und soziale Lebensaufgaben gefährdet, ja auf Selbstzerstörung angelegt sind.

Dies klingt aberwitzig. David gegen Goliath. Nur: Dies ist ein falscher Vergleich, denn in der Geschichte hat David gesiegt und ob dies noch einmal möglich ist, wissen wir nicht.

Das sozialpädagogische Jahrhundert

Das sozialpädagogische time lag – Sozialpädagogik zwischen Über- und Unterschätzung

Das sozialpädagogische Jahrhundert – der Titel unterstellt, daß Sozialpädagogik vielleicht eine Leitfunktion, sicher aber eine charakteristische Bedeutung für unser Jahrhundert hat. Ist das nicht allzu groß geschnitten, großmäulig, ja abwegig? Sozialpädagogik ist nicht besonders angesehen. Es fehlt ihr öffentliches Ansehen, es fehlen Anerkennung und Geld. Sie ist neben anderen Berufen im Sektor sozialer und pädagogischer Dienstleistungen randständig und in der Hierarchie der Professionen unten angesiedelt. Es gibt öffentliche Diskussionen und auch böse Witze über die geschwätzige Ineffektivität ihrer Arbeit; es gibt Texte, in denen ‚sozialpädagogisch' als Schimpfwort für modische Unzuverlässigkeit benützt wird. Aber auch im Inneren gibt es vielfältige Unzufriedenheiten: Die Arbeit wirkt oft grau, überanstrengt, zerschlissen im Widerstreit von Realität und Anspruch; gerade auch aus der Binnendiskussion scheint die Rede vom sozialpädagogischen Jahrhundert nicht gedeckt.

Dies zu leugnen wäre witzlos. Was aber sagt es über Sozialpädagogik? Ist es ein Urteil über sie oder ist es Indiz, daß sie in der Darstellung ihrer Eigentümlichkeit und Leistungsfähigkeit undeutlich ist? Ich möchte im folgenden die Behauptung plausibilisieren, daß hinter dem offenkundig schwierigen Bild der gegenwärtigen Sozialpädagogik Strukturen und Entwicklungen, liegen, die zeigen, daß sie sich in unserem Jahrhundert etabliert hat, und daß sie sich notwendig etablieren mußte, daß sie – noch einmal anders formuliert – ein integrales und notwendiges Moment der modernen Gesellschaft ist.

Warum aber beherrschen die Desiderate und Zweifel so sehr die Diskussion? Zunächst und nach innen, gleichsam unter uns geredet, wird man konstatieren müssen, daß es in der Sozialpädagogik eine große Anfälligkeit zum Leiden, ja zur Larmoyanz gibt. Dies festzustellen aber bleibt mäkelig ineffektiv, wenn dahinter nicht ein strukturelles Problem der Sozialpädagogik gesehen wird: Sozialpädagogik ist in vielen ihrer Arbeitsfelder gefordert in Nöten und Konflikten; sie soll Menschen befähigen, sich selbst zu helfen, die mit den gegebenen gesellschaftlichen Strukturen und Ressourcen nicht zu Rande kommen. Sozialpädagogik sieht sich konfrontiert mit dem Widerspruch von Gesellschafts- und Lebensansprüchen und Gesellschafts- und Lebensrealität. Sie sieht Defizite und muß sie einklagen. Sie sieht und agiert also notwendig in kritischer Attitude. Daß diese Attitude sich in unserer so deutlich an technischer und wirtschaftlicher Effektivität orientierten Zeit verstärken muß, ist evident: Damit steht sie gegen den Zeitgeist. Daß Kritik zu Unzufriedenheit führt, hat zusätzliche Gründe. Als Aufsteiger in der Reihe der helfenden Berufe, der Ärzte, der Pfarrer, der Psychologen verfügt sie (noch) nicht über jenen Status und/oder jenes Geld, die es erlauben, Zweifel und Selbstzweifel gleichsam abzufedern.

Diese kritische Attitude aber verhindert, daß in der sozialpädagogischen Diskussion selbst hinreichend deutlich wird, wie sich die Aufgaben der Sozialen Arbeit in den letzten Jahrzehnten verschoben haben und wie sich damit einhergehend auch die strukturellen, professionellen und finanziellen Voraussetzungen der Arbeit verändern, und das heißt, gravierend stabilisiert und verbessert haben. Der allgemeine Wohlstand unserer Gesellschaft prägt auch die Ressourcen und Möglichkeiten der Sozialpädagogik, wenn auch natürlich mit Brechungen, Verzögerungen und Randständigkeiten und nur als Ergebnis dauernder, mühsamer Auseinandersetzungen. So aber ist das Selbstbewußtsein der Sozialpädagogik, scheint mir, gleichsam überholt von ihrer Entwicklung. Daß die öffentliche Meinung und der allgemeine sozialpolitische und pädagogische Diskurs Soziale Arbeit noch nicht so wahrnehmen, wie sie sich inzwischen faktisch darstellt, darf (und kann) dann nicht verwundern.

Quantitative Expansion und qualitative Differenzierung

Um meine Behauptung vom notwendigen Aufstieg der Sozialen Arbeit zum integralen Moment der modernen Gesellschaft plausibel zu machen, beschränke ich mich im folgenden auf einige Thesen.

> Sozialpädagogik hat in unserem Jahrhundert, und vor allem in der zweiten Hälfte unseres Jahrhunderts, eine tragfähige und differenzierte Struktur gefunden; sie ist selbstverständlicher und akzeptierter Bestandteil in der Infrastruktur sozialer und pädagogischer Dienstleistungen geworden.

Die damit verknüpfte Behauptung von der Etablierung der Sozialpädagogik läßt sich zunächst an äußeren Daten festmachen.

Sozialpädagogik ist im Laufe dieses Jahrhunderts zu einem großen Beschäftigungsfeld geworden, wobei sich der entscheidende Entwicklungsschub in den letzten 20 Jahren vollzogen hat. Und dieser Ausbau ist offensichtlich noch nicht abgeschlossen.

Die Expansion der Beschäftigten ist nur das äußerste Anzeichen einer Entwicklung zur Expansion und Differenzierung vielfältiger sozialpädagogischer Dienstleistungsangebote. Nach der Kodifizierung eines ersten Grundbestandes sozialpädagogischer Arbeitsfelder im JWG der 1920er Jahre haben die 1960er Jahre zunehmende Differenzierungen und neue Aufgaben gebracht. Angebote, vor allem differenzierende Angebote breiten sich aus. Heimerziehung stellt sich heute als ein Netz höchst unterschiedlicher Settings dar zwischen größeren und kleineren Gruppen, betreuten Wohngemeinschaften, betreutem Einzelwohnen, Tagesgruppen. Der Allgemeine Soziale Dienst verfügt über vielfältige Spezialkompetenzen oder hat sie in spezielle Angebotsformen ausgelagert. Der Kindergarten ist selbstverständlich fast wie die Schule. Es entwickeln sich die vielfältigsten Formen der Jugendarbeit, neu und zunehmend gewichtig vor allem Jugendkulturarbeit oder mobile Jugendarbeit. Auch die Erziehungsberatungsstellen und die Drogenarbeit, und seit den späten 1970er Jahren die Familienhilfe und die Schuldnerberatung machen Karriere.

Die Dringlichkeit von gemeinwesenorientierten Projekten, vor allem von Konzepten zur Unterstützung regional und sozial vernetzter Hilfen, Gesundheitsprojekte und sozialpädagogisch orientierte Altenarbeit erwiesen sich als zunehmend dringlicher. In diesem vielfältig gegliederten Angebot repräsentiert Sozialpädagogik ein inzwischen weithin selbstverständliches Verbundsystem von pädagogischen und sozialen Dienstleistungen innerhalb der regionalen/kommunalen sozialen Infrastruktur, ein selbstverständliches Moment heutiger Unterstützung und Gestaltung von Lebensqualität.

Expansion und Differenzierung der Sozialpädagogik gehen einher mit der Verberuflichung und Akademisierung der Mitarbeiter. Die Zahl der nichtausgebildeten Mitarbeiter in der Sozialpädagogik geht stetig zurück. Der Auf- und Ausbau der Fachhochschulen und der universitären Diplomstudiengänge machen eine spezifische akademische Ausbildung für Sozialpädagogik möglich und schaffen die Voraussetzungen dafür, daß alle, also auch leitende Positionen innerhalb der Sozialpädagogik mit Fachpersonal besetzt werden können. Die Einrichtung des Diplomstudiengangs kann verstanden werden „als Abschluß eines damit erst voll durchhierarchisierten Ausbildungsspektrums" (Rauschenbach 1990). In den Hochschulen, aber auch in den neben ihnen entstehenden sozialpädagogischen Forschungsinstituten, z. B. im Deutschen Jugendinstitut (DJI) oder im Institut für Sozialpädagogik und Sozialarbeit (ISS), entwickeln sich eine zunehmend breitere wissenschaftliche Diskussion und Forschung. Sozialpädagogik findet, wenn auch sehr zögernd, Anschluß an die Wissenschaftskultur, wie sie für unsere moderne Gesellschaft konstitutiv ist.

So beeindruckend aber dieses Panorama auch ist, verständlich wird es nur, wenn man ausholender Sozialpädagogik im Kontext der modernen Gesellschaft sieht: Heutige Sozialpädagogik ist das Ergebnis von prinzipiellen Veränderungen in Struktur und Bewußtsein unserer Gesellschaft, von Veränderungen, die die Sozialpädagogik in Form partikularer Konstellationen in ihren Zuständigkeiten und Abgrenzungen bestimmen. So sehr aber diese historisch kontingenten Entwicklungen das Bild geprägt haben und bis jetzt prägen, sie treiben zunehmend deutlicher auf eine in sich stimmige Gestalt hin, auf eine Sozialpädagogik nämlich, die in ihren verzweigten Institutionen und Aktivitäten bestimmt ist durch ein durchgehendes Prinzip, durch das Prinzip der Lebensweltorientierung in Aufgaben der Lebensbewältigung.

Von sozialen Problemen zu sozialpägagogischen Problemen

Der Versuchung, diese Entwicklung genauer nachzuzeichnen, muß ich widerstehen. Ich beschränke mich auf die Explikation von zwei Aussagen zu Umbruchssituationen in der Sozialpädagogik, eine erste zur Situation um die Jahrhundertwende zu Wandel und Erweiterung sozialer Probleme zu sozialpädagogischen Problemen und eine zweite zur Situation seit den 1960er Jahren zur Erweiterung der sozialpädagogischen Aufgaben zu lebensweltorientierten Hilfen zur Lebensbewältigung.

Die im vorigen Jahrhundert dominierenden sozialen Probleme verschieben und erweitern sich mit der Etablierung des modernen Sozialstaates auch zu sozialpädagogischen Problemen.

Ende des vorigen Jahrhunderts war soziale Hilfe vor allem Armenfürsorge mit den Aufgaben ebenso der minimalen Unterstützung wie der Rekrutierung von Arbeitskräften für den Arbeitsmarkt. Soziale Hilfe war gefordert angesichts der Unsicherheiten in Lebensrisiken, also von Krankheiten, von Heimatlosigkeit, von Verelendung, von Armut, von Krieg und Naturkatastrophen. Soziale Hilfe aber war unzulänglich – nur lokal und verbandlich organisiert und nur mit freiwilligen (wohltätigen) Ressourcen ausgestattet. Indem zunehmend deutlich wurde, daß so dem Ruin von Familienleben von Arbeits- und Wehrkraft nicht hinreichend gegengesteuert werden konnte, und indem parallel dazu die sozialen Bewegungen mit ihrer protestativen Kraft erstarkten, sahen sich Gesellschaft und Staat genötigt, die Lösung sozialer Probleme prinzipiell, also rechtlich verbindlich und institutionell zu regeln. Es entstanden die Sicherungssysteme des modernen Sozialstaats, die Versicherungen in bezug auf die Risiken innerhalb der „normalen“ Arbeitsexistenz (Krankenversicherung,

Arbeitslosenversicherung usw.), und für die, die mit diesen normalen Unterstützungen nicht zu Rande kommen Sozialhilfe Die Struktur dieses gleichsam doppelköpfigen Versorgungssystems, und vor allem seine Knappheit müssen hier nicht diskutiert werden (also z.B. der Bezug auf die Arbeitsexistenz in den Solidar-Versicherungen, die Taxierung der Bedürftigkeit und die Unzulänglichkeit der Unterstützungen). Für die Profilierung der Sozialpädagogik entscheidend ist, daß Hilfe in bezug auf die erwartbaren, gleichsam normalen Lebensrisiken nun außerhalb der sozialen Arbeit organisiert wird, und daß Formen zusätzlicher materieller Unterstützung als Rechte geregelt werden; daß soziale Arbeit hier in bezug auf die Verteilung und auf Beratung von Mitteln gefordert bleibt, ist evident, aber in der Hierarchie der Hilfen ist dies ein nachgeordnetes, gleichsam zweitrangiges Geschäft. Stattdessen verändert und erweitert sich das Aufgabenspektrum für Soziale Arbeit: Der Blick wird frei für psychische Verelendung, dafür, daß die Gewährung materieller Hilfen allein oft nicht ausreicht, um Menschen in Schwierigkeiten zu helfen; Klärung und Veränderung von Einstellungen und Handlungsmöglichkeiten werden so zu einer eigenen Aufgabe.

Mit dieser Veränderung im Aufgaben- und Selbstverständnis werden auch pädagogische Arbeitsfelder, die sich im Laufe des 19. Jahrhunderts in und neben der Armenfürsorge in der Herausforderung konkreter Not entwickelt hatten, zunehmend gewichtig. Die sich verändernden Lebensverhältnisse für junge Menschen (Arbeitszeitregelung und Arbeitsschutzgesetzgebung) schaffen freie Zeit, das traditionelle Zunft- und Gesellenwesen zerbricht, die Industrialisierung erzeugt Wanderungen und Heimatlosigkeit, der sozial ungeprägte Status des Industriearbeiters setzt sich durch: Öffentliche Jugendpflege entsteht. Für die, die mit den neuen Verhältnissen nicht zu Rande kommen, wird die aus der Rettungshausbewegung erwachsende Anstalts- und Heimerziehung wichtig. Kindergärten entstehen, um Kindern über die Familie hinaus Möglichkeiten der Bildung und des sozialen Lernens zu eröffnen. Allgemeine Probleme von Kindern und Heranwachsenden finden zunehmend Beachtung und die entstehenden Jugendbewegurigen artikulieren ihre eigene Lebenssicht. Die verstärkt sich engagierenden Frauen (Sozialpädagogik im Kontext der neuen „geistigen Mütterlichkeit“) prägen ein pädagogisches Selbstverständnis. Indem diese Aufgaben in ihrem Zusammenhang bewußt werden, gleichsam zusammenwachsen (vgl. Nohl 1949), ergibt sich in den kontingenten Konstellationen das spezifische Profil der Sozialpädagogik. Abgegrenzt neben dem eigenen System der Justiz (JGG), der Erwachsenenbildung und der Schule wird sie zuständig, so Gertrud Bäumer (1929) für alle Erziehung, die nicht Familie und Schule (Ausbildung) ist und darin – wieder der Tradition entsprechend – besonders für Verwahrloste, Schwache und Arme.

Soziale Arbeit, so kann man resümieren, findet im modernen Sozialstaat innerhalb der arbeitsteilig sich neu organisierenden Zuständigkeiten ihr spezifisches Aufgabenfeld. Aus und neben sozialen Problemen entstehen die sozialpädagogischen Probleme und Aufgaben in der Hilfe und Unterstützung in sozialen und psychisch-individuellen Problemen, in der aufklärenden und unterstützenden Bearbeitung sozialer und individueller Alltags- und Lebensprobleme, in Unterstützung, Erziehung, Bildung, Beratung und in der Organisation von Ressourcen: Das sozialpädagogische Jahrhundert beginnt.

Diese Neuformierung, ja Entstehung der Sozialen Arbeit muß im Kontext weiterer gesellschaftlicher Wandlungsprozesse gesehen werden. Mit der Trennung der Lebensbereiche, vor allem des öffentlichen und privaten Lebens, mit der Zunahme neuer, komplexer Arbeits- und Orientierungsaufgaben, mit den wachsenden Aufgaben der Rationalisierung und Selbstdisziplinierung, mit dem Wandel des Normbewußtseins und – langsamer nachziehend – der fixierten Normen werden zunehmend Probleme der Kommunikation und Interaktion, der Lebensbewältigung und Lebensführung als eigene Aufgaben gesehen, für die Lernanregungen, Unterstützungen und Hilfen notwendig und angeboten werden. Aus der Entdeckung von Kindheit und Familie im 17. Jahrhundert wird nun das „Jahrhundert des Kindes". Der Ausbau des Bildungswesens für alle wird abgeschlossen; eine allgemeine eigene Kinder- und Jugendkultur entsteht. Das System der psychosozialen und therapeutischen Hilfen wächst (man hat unser Jahrhundert deshalb auch als das therapeutische bezeichnet). In diesem Horizont wird deutlich, daß Sozialpädagogik mit ihren Aufgaben ein spezifisches Moment des modernen Sozialisationsstaates und Therapiestaates ist. Die Rede vom sozialpädagogischen Jahrhundert erweist sich von hier aus gesehen als allzu keck; sie muß relativiert werden. Sozialpädagogik ist ein Strang in dem sich neu formierenden Jahrhundert; das Sozialpädagogische in unserem Jahrhundert ist ein Moment, ein Aspekt in unserem Jahrhundert.

Dieser Strang ist zunächst eher schwächlich. Das RJWG, das die sozialpädagogischen Aufgaben kodifiziert, ist in seiner Zuständigkeit als Ressortgesetz für das Jugendamt beschränkt (es ist kein Jugendgesetz!) und ein nur sehr offen gefaßtes Rahmengesetz, in dem zudem der Staat seine Aufgaben nur im Kontext des Subsidiaritätsprinzips – also nachrangig – definiert. – Schwach aber ist die Sozialpädagogik vor allem auch innerhalb der Pädagogik. Nachdem das 19. Jahrhundert die Schulpflicht, das flächendeckende Schulangebot und den Ausbau der Lehrerbildung gebracht hatte, entsteht die Sozialpädagogik gleichsam „phasenverschoben"; neben Schule und Schulpädagogik hebt sich – im Bild gezeichnet – langsam und schwach der neue Horizont außerschulischer Pädagogik aus dem Wasser.

Sozialpädagogik zwischen sublimierter Macht und humanem Fortschritt

Die die Gründungssituation bestimmende Verschiebung und Definition der sozialpädagogischen Aufgaben wird seit je kritisch unter machttheoretischem Aspekt diskutiert. Die einen sehen in den neuen Aufgaben einen Fortschritt. Neben materieller Not gilt nun auch psychische; gesellschaftliche Gleichgültigkeit wird ersetzt durch Aufwand und besondere Investition. Im Umgang setzen sich die zivilen Formen der Beratung, Hilfe und Erziehung durch; Sozialpädagogik wird – allmählich – zum Dienstleistungsangebot einer Hilfe zur Selbsthilfe. Es wachsen – so die Bilanz – die Chancen, daß Menschen sich als Subjekte ihrer selbst erfahren; der Wandel der Aufgaben bedeutet humanen Fortschritt.

Andere aber insistieren auf der Gegenposition, sie bezweifeln den neuzeitlichen Fortschritt. Sie sehen in den neuen Formen nur alte Interessen der Anpassung und Disziplinierung realisiert, allerdings in sublimierter Gestalt: Kontroll- und Zugriffsmöglichkeiten wachsen gleichsam in die Privatsphäre von Familie und Erziehung und vor allem in die Innenräume der Menschen. Es entsteht eine neue Form von Priesterherrschaft der Berater, Therapeuten und Pädagogen: Die Erweiterung zu den Fragen von Kommunikation und Interaktion macht die nach den materiellen und politischen Strukturen randständig; die neuen Aufgaben erweisen sich als Ablenkung und Tabuisierung gesellschaftlicher Probleme. Während die Gesellschaft entlastet wird, werden die Einzelnen mit der Zumutung belastet, sich mit ihrem Leben zu arrangieren.

Diese gesellschaftskritische Interpretation wird in der Sozialpädagogik mit besonderer Intensität vertreten. Dies ist naheliegend angesichts der Herkunft der Sozialpädagogik auch aus dem Polizei- und Ordnungsdenken, angesichts der in allen sozialpädagogischen Maßnahmen immer gegebenen Komponente von Kontrolle und Disziplinierung, und angesichts der bis in die Gegenwart unübersehbaren Tendenz, sozialpädagogische Maßnahmen sozialpolitisch in Dienst zu nehmen, sie also zu benützen zur Kaschierung und Individualisierung gesellschaftlicher Probleme (so wie es deutlich wird an Beschäftigungs- und Arbeitsloseninitiativen oder an Programmen für Ausländer und Asylsuchende.

Aber, so jedenfalls meine Position, beide Interpretationen greifen zu kurz: Die in ihnen gegebene Identifikation strukturell-formaler Veränderungen mit machttheoretischen Argumenten ist unergiebig. Der Wandel der Aufgaben und Formen muß unterschieden werden von dem machttheoretischen Widerspruch von Emanzipation und Unterdrückung, vom Recht des Menschen auf sich, auf Geborgenheit, Produktivität und Sinn auf der einen Seite sowie von Ausbeutung und Entfremdung auf der anderen Seite. Die Änderung der Aufgaben und Institutionen kann verstanden werden als Bühne, auf der die Auseinandersetzung um Freiheit und Disziplinierung, um Hilfe und Kontrolle ausgetragen werden muß. Der Wandel in den Aufgaben und Institutionen ist nicht per se entweder Fortschritt oder Nicht-Fortschritt, er ergibt nur neue Voraussetzungen in der Auseinandersetzung um Fortschritt.

Auch eine solche Aussage aber ist statisch und damit zu einfach. Die Bedingungen nämlich, die die Bühne bietet, sind unterschiedlich. Der Wandel zu den spezifisch sozialpädagogischen Aufgaben bedeutet in der gegebenen historischen Situation Fortschritt als neues Interesse an den eigensinnigen Lebensmöglichkeiten von Menschen, als neuer Respekt vor Problemen und Schwierigkeiten. Dieser Wandel aber ist nur eine zwar notwendige, aber noch keine hinreichende Voraussetzung dafür, daß in den neuen Formen auch die Interessen an Produktivität, Sinn und Selbstbestimmung realisiert werden. Die neuen Formen nämlich – so wird aus den kritischen Einwänden deutlich – erzeugen ihrerseits Schatten, Nebenwirkungen, unterliegen dem Strukturgesetz einer Dialektik der Entwicklung (einer Dialektik der Aufklärung). Die Aufgabe liegt also darin, in den gegebenen neuen Formen den Widerspruch von freiheitlichen und unterdrückenden Möglichkeiten auszuhandeln, die neuen Formen abzusichern gegen die mit ihnen sich entwickelnden Gefahren, z.B. der Sublimierung von Schwierigkeiten, der Verdrängung materiell-politischer Probleme, der Zunahme von Kontrollen. Eine solche differenzierte kritische Diskussion wird neuerdings vielfältig geführt im Rahmen der Diskussion über die Verschiebung von Zwang und Emanzipation, von Kontrolle und Hilfe innerhalb einzelner Institutionen und Maßnahmen, z.B. aber auch in der kritischen Psychologie und Psychoanalyse.

Sozialpädagogik als lebensweltorientierte Hilfe zur Lebensbewältigung

Im Zeichen der zunehmenden Vergesellschaftung von Lebensaufgaben angesichts einer Pluralisierung und Individualisierung der Lebensverhältnisse kompliziert sich das Leben, Hilfen zur Bewältigung der Normalität werden nötig. Sozialpädagogische Aufgaben erweitern sich von hier aus zu lebensweltorientierten Hilfen zur Lebensbewältigung.

Der Ausbau der Sozialpädagogik braucht Zeit. Nach den mühsam zögerlichen Anfängen der späten 1920er Jahre und vor allem nach den Einbrüchen und Perversionen in der Nazizeit vollzieht er sich erst in der Nachkriegszeit des Wiederaufbaus. Die eingangs skizzierte heutige Vielfältigkeit sozialpädagogischen Arbeitens bildet sich aus.

Dieser Ausbau aber ist ebenso bestimmt durch die in der Entstehung der Sozialen Arbeit angelegten Strukturen wie durch ein Problemverständnis, das sich gesellschaftlichen Wandlungen und Verschiebungen der letzten 30 Jahre verdankt, Verschiebungen, die zwar in den schon benannten Entwicklungen der Moderne von langer Hand her angelegt sind, die aber in den letzten Jahren in eine neue Phase getreten sind.

Die Vergesellschaftung wächst, also die Abstraktion, Rationalität und Effektivität in den lebensprägenden Strukturen und parallel dazu die normierende Kraft z. B. allgemeiner Lebenskonzepte in den Medien. Gegenläufig ergibt sich eine neue Intensität des Wissens um lebensweltliche Zusammenhänge, also um die ganzheitlichen Bezüge zwischen einzelnen und Gruppen, zwischen Sozialbeziehungen und materiellen Ressourcen: Komplexität und Pragmatik des Alltags werden betont.

Heutige Lebenswelten aber sind geprägt durch die Erosion tradierter Struktur- und Deutungsmuster, durch – ins Positive gewendet – die Pluralität der Lebenslagen und die Individualisierung der Lebensführung: Die Verhältnisse verlieren ihre bindende Kraft, relativieren sich; Chancen und alternative Optionen ergeben sich zugleich mit der Erwartung und Zumutung, das eigene Leben „inszenieren" zu müssen, sich in ihm zu legitimieren.

Auf diese Verschiebungen versucht die Sozialpädagogik zu antworten, indem sich Aufgaben und Aufgabenverständnis verändern, erweitern und im Konzept einer lebensweltorientierten Sozialen Arbeit strukturieren. Dieses Konzept ist ebenso Indiz der Krise lebensweltlicher Verhältnisse wie der Versuch, Lebenswelten zu stützen, zu schaffen, unter neuen Bedingungen neu zu inszenieren. In diesem Konzept lassen sich, so schien es z. B. dem Achten Jugendbericht (vgl. 8. Jugendbericht 1990), Entwicklungsansätze in den verschiedensten Arbeitsfeldern der Sozialen Arbeit zusammenfassen.

- Lebensweltorientierte Soziale Arbeit ist Produkt der zunehmenden Vergesellschaftung des Lebens. Lebensweltorientierung der Sozialen Arbeit nutzt ihre spezifischen Möglichkeiten eines institutionellen, professionellen und rechtlich abgesicherten Agierens, um Menschen in ihrer Lebenswelt zur Selbsthilfe, also zur Selbständigkeit in ihren Verhältnissen zu helfen.

- Wenn es aber zunehmend schwieriger wird, sich in den Verhältnissen zu behaupten, wird Soziale Arbeit ein Angebot zur Unterstützung in Orientierungsschwierigkeiten und Belastungen auch im normalen Leben. Sie erweitert ihr traditionell in Rand- und Elendszonen der Gesellschaft angesiedeltes Angebot und wird auch zu einem Leistungsangebot für alle. Lebensweltorientierte Soziale Arbeit agiert zweipolig, zweigipflig.
- Lebensweltorientierte Soziale Arbeit ist an den Strukturmaximen der Prävention, Regionalisierung/Dezentralisierung, Alltagsorientierung, Integration und Partizipation orientiert. Sie muß traditionelle Zuständigkeiten und Ressortgrenzen überschreiten; Aufgaben der Querschnittspolitik und der Finmischung werden brisant. – Lebensweltorientierte Soziale Arbeit agiert bewußt und ausdrücklich neben und mit denen, die sich im weiten Feld sozialer Unterstützung und Beratung engagieren, z.B. den Bürger- und Selbsthilfegruppen. Sie sucht ein neues Verhältnis zwischen informellen, alltäglich-laienhaften sozialen Hilfen und ihren eigenen formellen, professionellen Möglichkeiten.
- Lebensweltorientierte Soziale Arbeit schließlich ist reflexive Arbeit. Im Respekt vor der Eigensinnigkeit der Erfahrungen der Adressatinnen und in der Angst vor den eigenen „kolonialisierenden“ Möglichkeiten gilt es zu prüfen, was je in der Situation angemessen ist; Planungen und Abstimmungen zu einen tragfähigen Konsens werden aufwendig, brauchen Zeit, Energie und Phantasie.

Wenn aber oben für die „Gründungssituation“ betont wurde, daß die Verschiebung der Aufgaben der Sozialen Arbeit nicht selbstverständlich auch machtpolitisch, also im Hinblick z.B. auf humanen Fortschritt ausgelegt werden kann, so gilt dies auch hier: Lebensweltorientierte soziale Arbeit ist zunächst – formal/strukturell gesehen – eine neue Akzentuierung und Erweiterung des Aufgabenfeldes. Sie bedeutet in der Betonung des lebensweltlichen Eigensinns der Adressatinnen einen historisch notwendigen Fortschritt; emanzipative Möglichkeiten aber müssen in den neuen Möglichkeiten eigens ausgehandelt und erkämpft werden. Indem lebensweltorientierte Soziale Arbeit Menschen in der Unmittelbarkeit ihres Alltags unterstützt, läßt sie ihnen wenig Raum, sich zu distanzieren, zu entziehen. Die Möglichkeiten der Kontrolle werden gleichsam hautnah. Sie verlangen besondere Strategien der Gegenwehr z. B. in bezug auf die Rechte der Adressatinnen, die Mitbestimmungsregelungen in bezug auf die Selbstkontrolle; sie verlangen die kritische Selbstreflexivität der Sozialpädagogik.

Sozialpädagogik und die Normalität des Lebens

Wenn Gertrud Bäumer der Sozialpädagogik alle Erziehung zuordnete, die nicht in Familie, Schule und Ausbildung geleistet wird, wenn Sozialpädagogik also zuständig war für das „Zwischen" der tradierten, stabilen, das Leben strukturierenden Institutionen, dann wird im Zeichen der gesellschaftlichen Veränderungen dieses „Zwischen" zunehmend brisant, die Fragen also danach, wie man sein Leben in und zwischen diesen Institutionen bewältigen kann. Die Titelfrage nach dem „sozialpädagogischen Jahrhundert" gewinnt von hier aus eine neue Bedeutung. Diese neuen Aufgaben der Lebensbewältigung haben ihren Grund auch darin, daß Arbeiten brüchig, schwierig, gewichtig und aufwendig werden, die traditionellerweise von Frauen besorgt wurden, Arbeiten also der Lebensbewältigung im „privaten" Raum (im Raum der Reproduktion), Arbeiten also z. B. der Beziehungs- und Erziehungsaufgaben im Alltag. Die sich ändernden Lebenslagen und das sich ändernde Lebenskonzept von Frauen ist ein wesentlicher Aspekt im Wandel der Sozialen Arbeit. – Sozialpädagogik als Dienstleistung für die schwieriger werdende Lebensbewältigung wird eine Aufgabe, die für die Realität und das Selbstverständnis unseres – ausgehenden – Jahrhunderts zunehmend charakteristisch und zentral wird; das Jahrhundert wird – plot formuliert – zunehmend sozialpädagogischer.

Dieses Verständnis unseres Jahrhunderts aber ist nicht nur von den Problemen und Aufgaben her gerechtfertigt, sondern auch von der Art, wie Sozialpädagogik sie angeht. Sozialpädagogik, hieß es oben, ist ein Strang innerhalb der modernen Sozialisations- und Therapiegesellschaft. Sie hat ihre Funktion und Bedeutung neben anderen Formen moderner Lebensbewältigung: Neben der juristischen Bearbeitung von Vormundschaft, Adoption und Scheidung wächst der Bedarf an Beratung und Hilfe für die Neuordnung des Alltags; neben der medizinischen Betreuung brauchen Behinderte und ihre Familien eigene, lebensweltorientierte Unterstützungen in der Bewältigung ihres Lebensarrangements. Und genereller: Neben und parallel zur medizinischen Versorgung wird es zunehmend dringlich, Menschen im Umgang mit Krankheit, Krankheitsangst und Tod zu stützen und Programme, die präventiv auf Risikoverhalten zielen, zu entwerfen und zu praktizieren.

Modernisierungsrückstände einer lebensweltorientierten Sozialarbeit

So zeichnen sich in Entwicklungen, Modellen und Konzepten Konturen einer lebensweltorientierten Sozialen Arbeit ab. Mit solchen ausgreifenden und extrapolierenden Überlegungen aber überspringe ich die mühsame und oft doch nur mausgraue Randständigkeit der Sozialpädagogik. Die Trends müssen bezogen werden auf die gegebene Realität. Ich benenne einige solcher Widersprüche.

Zunächst gibt es natürlich traditionellere und für neuere Entwicklungen offenere Arbeit. Dies kann hier aber nicht im einzelnen beschrieben werden, so notwendig (und erschreckend) es auch wäre, die Unterschiedlichkeiten und Ungleichzeitigkeiten im einzelnen zu verfolgen. Wichtiger nämlich ist die Frage nach Gründen in der derzeitigen Struktur von Sozialarbeit, die lebensweltorientiertes Arbeiten hemmen, ja verhindern. Auf die offenkundigen Probleme der Rechts- und Verwaltungsstruktur und der Finanzierungsformen will ich nicht eingehen und hier nur an zweierlei erinnern.

Lebensweltorientierte Soziale Arbeit bezieht sich auf die Komplexität gegebener Lebensverhältnisse. Dem aber entsprechen die verfügbaren Angebote nur bedingt. Lebenswelt wird vor allem als Familienwelt gesehen. Allen theoretischen Ansätzen zuwiderlaufend bestimmt diese Verkürzung das KJHG, die Interpretation des Siebten Jugendberichts und – vor allem – die Praxis der Beratung (die gestützt wird durch die suggestive Vielzahl der familienbezogenen Therapie- und Beratungsansätze). Diese Engführung aber ist auch deshalb so fatal, weil sie die traditionellen Aufgaben und Rollenmuster für Frauen festschreibt: Als Hausfrau und Mutter werden sie in der Familie in die Pflicht genommen; Probleme einer alternativen Lebensgestaltung (Kinder/Beziehungen verbunden mit Arbeit) bleiben randständig (vgl. Karsten/Otto 1987). Das Konzept der Lebensweltorientierung bricht sich aber auch an den biographisch unzulänglichen Angeboten: Sie sind z.B. ganz ungenügend für 0-3jährige (aus familienideologischen Gründen; vgl. Achter Jugendbericht 1990). Es fehlen Angebote für die 9-14jährigen (die kids, die als Lückekinder bezeichnet werden, weil sie in die Angebotslücke zwischen Hort und Jugendarbeit fallen; vgl. Deinet 1991). Sie fehlen ebenso für die älteren Heranwachsenden, die auf gezielte Wohnungs- und Familienpolitik angewiesen wären (vgl. Müller 1990). Daß schließlich Maßnahmen vor allem der regionalen ambulanten Altenarbeit (und der Unterstützung derer, die mit ihnen zusammenleben) ganz unzulänglich sind, wird zunehmend zum öffentlichen Skandal.

Lebensweltorientierte Soziale Arbeit verlangt eine Professionalität, die die offenen und politischen Handlungsmuster umsetzen kann. Eingebunden aber in die alten Muster der Fürsorglichkeit und die individualisierenden, familienbezogenen Deutungs- und Interventionsmuster fehlt den Konzepten die notwendige, beruflich-wissenschaftliche Basis. Wenn lebensweltorientierte Soziale Arbeit nur als reflexive praktiziert werden kann, verlangt dies in unserer verwissenschaftlichten Zeit eine ausgebaute Wissenschaft. Deren Bedeutung und Leistungsfähigkeit in bezug auf Sozialpädagogik aber ist eher schwach. Das hat Gründe in Entwicklungen der letzten Jahrzehnte:

- Relevante wissenschaftliche Konzepte sind in der Offenheit einer interdisziplinären Landschaft zwischen Soziologie, Psychologie, Kriminologie und Pädagogik z.B. entwickelt worden, bleiben aber weithin den spezifischen Institutionen und ihren praktischen Aufgaben äußerlich. Für sie hat sich die eigene Tradition einer vor allem in der Methodenlehre fokussierten Praxiswissenschaft entwickelt.

- Ausbildung ist weithin abgekoppelt von eigener Forschung und Theorieproduktion. Der akademischen Ausbildung an den Fachhochschulen wird erst nach und nach – wenn überhaupt – das eingeschränkte Recht zu praxisbezogener Forschung zugestanden (wozu aber noch immer weithin die Ressourcen fehlen). Die universitäre Sozialpädagogik ist noch immer mit Ausbildungsaufgaben belastet und zudem nicht stark ausgebaut. Sozialpädagogische Forschungsinstitute sind in der Landschaft spärlich und in weiten Teilen mit auftragsbezogener Praxisforschung okkupiert.

Die Praxis, vor allem die öffentlichen und (großen) freien Träger sind in wissenschaftlichen Fragen nicht ernsthaft engagiert. Daß man, um in heutiger Zeit verantwortliche Sozialarbeit betreiben zu können, beträchtliche Mittel zur Konzeptdiskussion, zur Entwicklungsforschung, zur Analyse und Evaluation gegebener Praxis braucht, ist sozialpädagogisch-praktischen Diskussionen fremd. Der Achte Jugendbericht hat, um auf das Problem aufmerksam zu machen und für Abhilfe zu sorgen, gefordert, daß in der Jugendhilfe im vorhinein Mittel für Forschung zur Verfügung stehen müßten; dies wurde zur Kenntnis genommen und als an gegenwärtigen Möglichkeiten gemessen verstanden und illusionär weithin ad acta gelegt.

Solche Defizite sind Beispiele für einen immensen Nachholbedarf in der Sozialpädagogik. Sozialpädagogik ist ein zwar großes und ausgebautes, aber in vielen nicht mehr tragfähigen Traditionen gleichsam gefesseltes Arbeitsfeld. Sie entspricht in ihren Arbeitsstrukturen und -formen nur bedingt den Problemen und Aufgaben, die sich ihr aus den neueren gesellschaftlichen Entwicklungen stellen. Soziale Arbeit zeigt – am modernen Konzept lebensweltorientierter Arbeit gemessen – beträchtliche Modernitätsrückstände.

Mit der Abarbeitung solcher Rückstände ist ein aufwendiges (und z.Zt. politisch durchaus nicht opportunes) Programm skizziert. Abgesehen aber von allen sozialpolitischen und allgemeinpolitischen Schwierigkeiten, die zur Realisierung eines solchen Programms überwunden werden müßten, stellt sich, so scheint mir, eine weitere, hinter diese Programmatik zurückgreifenden Frage. Ist es – so muß überlegt werden – überhaupt wünschenswert, daß Sozialpädagogik in den hier skizzierten Linien weiter ausgebaut wird? Würde dies den sich abzeichnenden Aufgaben gerecht? Wäre es effektiv?

Gewiß: Daß heutige Orientierungs- und Lebensschwierigkeiten vergesellschaftlicht, also mit Rechtsansprüchen und in gesicherten institutionalisierten Formen angegangen werden, daß Lebensschwierigkeiten im Alltag mit den Ressourcen der Betroffenen bewältigt werden müssen, steht ebenso wenig zur Diskussion wie der Status einer reflexiven wissenschaftlich gestützten Arbeit. Zur Diskussion steht auch nicht, daß dies ein neues – instrumentelles Selbstverständnis in der – ebenso unvermeidlich notwendig wie gefährdeten – Arbeit verlangt. Können aber diese allgemeinen Prinzipien nur in den sich zur Zeit abzeichnenden Entwicklungslinien erfüllt werden? Gibt es nicht auch andere Möglichkeiten? Mir scheint, daß vieles in bezug auf die weitere Entwicklung der Sozialpädagogik z.Zt. sehr offen ist. Ich möchte zum Abschluß drei Fragen zu Alternativen zumindest noch knapp benennen.

Lebensweltorientierte Soziale Arbeit betont den Zusammenhang der unterschiedlichen Aufgaben, die Kooperationen und Koordinationen. Die Frage stellt sich, ob dem die gegebenen Organisationsmuster gerecht werden. Die Praxis entwickelt vor allem auch im Zeichen der Regionalisierung unterschiedliche Muster einer neuen Aufgabenschneidung zwischen den traditionellen Institutionen des Jugend- und Sozialamts, zwischen zentralen und dezentralen Organisationsmustern, zwischen Aufgabenkoordination und regionalem Verbund, zwischen Amtszuständigkeiten und offenen sozialen Konferenzen.

Lebensweltorientierte Soziale Arbeit sieht sich bezogen auf das weite Feld informeller Aktivitäten, also in Kooperation zu

Selbsthilfe- und Bürgerinitiativen, zu neuer Kollegialität zu Laien, Betroffenen und „neuen" Ehrenamtlichen. Wie aber gestaltet sich das Verhältnis zwischen professioneller und nichtprofessioneller Arbeit in einer Zukunft, die bestimmt ist durch Individualisierung ebenso wie durch starke und selbstbewußter werdende Betroffenen- und Initiativgruppen? Wie wird sich der – sozialstaatliche – Anspruch an Fachlichkeit in den Leistungsangeboten vermitteln mit den Selbsthilfemöglichkeiten? Neue Formen der Arbeitsteilung zwischen dem formellen und informellen Sektor sowie Netze der Kooperation in der Sozialen Arbeit sind denkbar (im Ausland gibt es für andere Schneidungen sehr eindrucksvolle Beispiele). Die Aufgaben der Professionellen werden sich ganz sicher verschieben zu den eher indirekten Formen der Anleitung und Unterstützung von Menschen, die soziale Hilfen im direkten Umgang praktizieren. – Solche neuen Kooperationsformen sind ein Muster für die Verteilung neuer Zuständigkeiten, ein anderes ist der Ausbau frei finanzierter, marktwirtschaftlich organisierter Dienstleistungen, wie sie sich in Mutter-Kind-Gruppen, in der Beratung und in der Altenarbeit abzeichnen; daß hier die Eigenlogik von Bedarf und Finanzierung zu prekären Begleitfolgen führen kann, ist evident. Deshalb dürfen solche Ansätze nur als spezifische gezielte Ergänzung verstanden werden.

Die Sozialpädagogik als Wissenschaft hat sich in verschiedenen Traditionen entwickelt. Solange hier der Nachholbedarf groß ist, müssen die verschiedenen Wege genützt werden, ist das Nebeneinander produktiv. Die Entwicklung aber ist offen: Wird sich Sozialpädagogik eigenständig, etwa als Sozialarbeitswissenschaft etablieren (also z.B. als eigene Universitätsdisziplin, ermöglicht etwa durch die Aufwertung und Integration der Fachhochschulen mit ihrem Konzept)? Oder wird Sozialpädagogik sich im Kontext der Erziehungswissenschaft konsolidieren? Hier hat sie sich (obwohl sie noch immer eher wie ein illegitimes Bankert beäugt wird) in den letzten Jahren zweifelsohne kräftig entwickelt, gerade auch in bezug auf Gemeinsamkeiten, Anregungen und Herausforderungen gegenüber anderen pädagogischen Diskursen. Die Zukunft wird davon abhängen, wie weit eine sozialwissenschaftlich geprägte Erziehungswissenschaft sich von den ihr zugewachsenen neuen Aufgaben her (nicht nur der Sozialpädagogik, sondern auch der Sonder- und Erwachsenenpädagogik) neu konturiert.

Die Themen-Frage zielte auf das sozialpädagogische Jahrhundert. Deutlich sind Ausbau und Umstrukturierung der Sozialpädagogik in diesem Jahrhundert. Deutlich ist, daß hier z.B. im Unterschied zu dem schon im vorigen Jahrhundert sehr durchstrukturierten und ausgebauten Schulwesen Expansionen notwendig waren und sind. Deutlich ist auch, daß Konsolidierung und Differenzierung der Arbeit durchaus noch nicht abgeschlossen sind. Die Diskrepanz zwischen dem Konzept einer Lebensweltorientierung und der gegebenen Realität ist groß. Es braucht Investitionen und Anstrengungen, damit Sozialpädagogik sich aus ihren Modernisierungsrückständigkeiten befreit und das Profil gewinnt, wie es für die zukünftigen Aufgaben notwendig ist. Deutlich ist aber auch, daß diese Entwicklung nicht einfach Fortschreibung angelegter Strukturen sein muß, sondern sich in anderen Formen vollziehen kann. Das nächste Jahrhundert wird sozialpädagogische Probleme haben. Wie Sozialpädagogik sich in ihm darstellen wird, ist offen.

Literatur

Badinter, E. 1981: Die Mutterliebe. München/Zürich

Bahnmüller, R./Bendele, U./Rauschenbach, Th./Trede, W. 1988: Diplompädagogen auf dem Arbeitsmarkt. Weinheim/München

Barth, K. 1970: Die intakte Familie. Zum „Familienbild" von Sozialarbeitern; in: Familie und Sozialisation. Arbeitshilfen, H.1, hrsg. v. Deutschen Verein für öff. und private Fürsorge, S. 5-8

Bäumer, G. 1929: Die historischen und sozialen Voraussetzungen der Sozialpädagogik und die Entwicklung ihrer Theorie; in: Handbuch der Pädagogik, Bd.5 (Sozialpädagogik), hrsg. von H. Nohl/L. Pallat, Langensalza, S. 326

Beck, U./Bonß, W. 1989: Weder Sozialtechnologie noch Aufklärung. Analysen zur Verwendung sozialwissenschaftlichen Wissens. Frankfurt/M.

Beck, U. 1986: Risikogesellschaft. Auf dem Weg in eine andere Moderne. Frankfurt/M.

Beck-Gernsheim, E. 1988: Die Kinderfrage. Frauen zwischen Kinderwunsch und Unabhängigkeit. München

Becker, H.S. 1973: Außenseiter. Zur Soziologie abweichenden Verhaltens. Weinheim/München

Becker, H./Hafemann, H./May, M. 1984: „Das hier ist unser Haus, aber ..." Raumstrukturen und Raumaneignung im Jugendzentrum. Frankfurt/M.

Beckett, S. 1976: Warten auf Godot. Frankfurt/M.

Benner, D. 1987: Allgemeine Pädagogik. Eine systematisch-problemgeschichtliche Einführung in die Grundstruktur pädagogischen Denkens und Handelns. Weinheim/München

Berger, P./Luckmann, T. 1970: Die gesellschaftliche Konstruktion der Wirklichkeit. Frankfurt/M.

Bernfeld, S. 1974a: Über eine typische Form der männlichen Pubertät; in: ders.: Antiautoritäre Erziehung und Psychoanalyse, Bd. 3. Frankfurt/Berlin/Wien, S. 64-81

Bernfeld, S. 1974b: Der soziale Ort und seine Bedeutung für Neurose, Verwahrlosung und Pädagogik; in: ders.: Antiautoritäre Erziehung und Psychoanalyse, Bd. 2. Frankfurt/Berlin/Wien, S. 209-244

Bertram, H. 1987: Jugend heute. München

Bertram, H. (Hg.) 1991: Die Familie in Westdeutschland. Opladen

Bettelheim, B. 1970: Liebe allein genügt nicht. Die Erziehung emotional gestörter Kinder. Stuttgart

Blankertz, H. 1982: Die Geschichte der Pädagogik. Von der Aufklärung bis zur Gegenwart. Wetzlar

Bloch, E. 1974: Das Prinzip Hoffnung. Frankfurt/M.

Böhnisch, L./Funk, H. 1989: Jugend im Abseits? Zur Lebenslage Jugendlicher im ländlichen Raum. München

Böhmisch, L./Funk, H./Huber, J./Stein, G. (Hg.) 1991: Ländliche Lebenswelten. Fallstudien zur Landjugend. München

Böhnisch, L./Münchmeier, R. 1987: Wozu Jugendarbeit? Weinheim/ München

Böhnisch, L./Schefold, W. 1985: Lebensbewältigung. Soziale und pädagogische Verständigungen an den Grenzen der Wohlfahrtsgesellschaft. Weinheim/München

Böhnisch, L./Schefold, W. 1991: Sozialisation durch sozialpädagogische Institutionen; in: Hurrelmann, K./Ulich, D. (Hg.): Neues Handbuch der Sozialisationsforschung. Weinheim/Basel, S. 443-466

Bonhoeffer, M./Widemann, P. (Hg.) 1975: Kinder in Ersatzfamilien. Stuttgart

Bonhoeffer, M. 1973: Totale Heimerziehung oder begleitende Erziehungshilfe; in: Giesecke, H. (Hg.): Offensive Sozialpädagogik. Göttingen, S. 70-80

Braun, L. 1985: Memoiren einer Sozialistin. Berlin/Bonn

Brumlik, M. 1987: Ist eine advokatorische Ethik möglich?; in: Rauschenbach/Thiersch (Hg.), a.a.O., S. 59-72

Brunkhorst, H./Otto, H.U. 1989: Soziale Arbeit als gerechte Praxis; in: neue praxis, 19. Jg., S.372-374

Brunner, E.J./Reiter, L./Reiter-Theil, St. 1988: Von der Familientherapie zur systemischen Perspektive. Berlin

Brunner, E.J./Schönig, W. (Hg.) 1990: Theorie und Praxis von Beratung. Freiburg/Br.

Buber, M. 1981: Der Weg des Menschen nach der chassidischen Lehre. Heidelberg

Buchholz, W./Gmüer, W./Höfer, R./Straus, F. 1984: Lebenswelt und Familienwirklichkeit. Studien zur Praxis der Familienberatung. Frankfurt/M.

Bundesminister für Jugend, Familie, Frauen und Gesundheit (Hg.) 1980: Fünfter Jugendbericht. Bericht über Bestrebungen und Leistungen der Jugendhilfe. Bonn

Bundesminister für Jugend, Familie, Frauen und Gesundheit (Hg.) 1984: Sechster Jugendbericht. Verbesserung der Chancengleichheit von Mädchen in der Bundesrepublik Deutschland. Bonn

Bundesminister für Jugend, Familie, Frauen und Gesundheit (Hg.) 1986: Siebter Jugendbericht. Jugendhilfe und Familie – die Entwicklung familienunterstützender Leistungen der Jugendhilfe und ihre Perspektiven. Bonn

Bundesminister für Jugend, Familie, Frauen und Gesundheit (Hg.) 1986: Vierter Familienbericht: Die Situation der älteren Menschen in der Familie. Bonn

Bundesminister für Jugend, Familie, Frauen und Gesundheit (Hg.) 1990: Achter Jugendbericht. Bericht über Bestrebungen und Leistungen der Jugendhilfe. Bonn

Busch, D.W./Hommerich, C. 1981: Probleme der Berufseinmündung von Diplom-Pädagogen (Studienrichtung Sozialpädagogik); in: Projektgruppe Soziale Berufe (Hg.): Sozialarbeit: Professionalisierung und Arbeitsmarkt (Expertisen III). München, S. 65-112

Coleman, J.S. 1986: Die asymmetrische Gesellschaft. Vom Aufwachsen mit unpersönlichen Systemen. Weinheim/Basel

Colla, H. 1973: Der Fall Frank. Exemplarische Analyse der Praxis öffentlicher Erziehung. Berlin

Conen, M.-L. 1990: Elternarbeit in der Heimerziehung: eine empirische Studie zur Praxis der Eltern- und Familienarbeit in Einrichtungen der Erziehungshilfe. (IGfH) Frankfurt/M.

Deinet, U. 1991: Die Aneignungssituation. Ein Beitrag zur Entwicklung einer Praxistheorie für die offene Kinder- und Jugendarbeit. Tübingen (unveröff. Diss.)

Deutsches Jugendinstitut (Hg.) 1987: Handbuch Beratung im Pflegekinderbereich. Weinheim/München

Dewe, B./Ferchhoff, W./Peters, F./Stüwe, G. 1986: Professionalisierung – Kritik – Deutung. Soziale Dienste zwischen Verwissenschaftlichung und Wohlfahrtsstaatkrise. Frankfurt/M.

Dießenbacher, H. 1984: Nehmen – Verteilen – Geben. Die Geburt des modernen Sozialarbeiters aus dem Geist der Heuchelei; in: neue praxis, 14. Jg., S. 374-380

Dörner, K./Plog, U. 1978: Irren ist menschlich oder Lehrbuch der Psychiatrie/Psychotherapie für alle, die sich in der Ausbildung befinden. Wunstorf

Elias, N. 1969: Über den Prozeß der Zivilisation, Bern/München

Elias, N. 1973: Was ist Soziologie? München

Erdheim, M. 1988: Psychoanalyse und Unbewußtheit in der Kultur. Frankfurt/M.

Eyferth, H./Otto, H.U./Thiersch, H. (Hg.) 1984: Handbuch Sozialarbeit/Sozialpädagogik. Neuwied/Darmstadt

Farin, K./Seidel-Pielen, E. 1991: Krieg in den Städten. Berlin

Fatke; R./Hornstein, W. 1987: Sozialpädagogik – Entwicklungen, Tendenzen und Probleme; in: Zeitschrift für Pädagogik, 33. Jg., S. 589-593

Felder, F.M. 1985: Aus meinem Leben. Salzburg/Wien

Fend, H. 1988: Die Sozialgeschichte des Aufwachsens. Bedingungen des Aufwachsens und Jugendgestalten im 20. Jahrhundert. Frankfurt/M.

Freire, P. 1980: Dialog als Prinzip. Erwachsenenalphabetisierung in Guinea Bissau. Wuppertal

Friedl, I./Mayer-Aichen, R. 1991: Leben in Stieffamilien. Weinheim und München

Fröhlich, A. 1986: Die Mütter schwerstbehinderter Kinder. Heidelberg

Fromm, E. 1978: Haben oder Sein. Stuttgart

Frommann, A. 1987: Da-Sein in Stellvertretung. Hrsg. von G. Haag u.a. Frankfurt/M.

Frommann, A. 1990: Was geschieht eigentlich in Beratungen? Beratung zwischen Kunst und Methode; in: Brunner/Schönig, a.a.O., S. 28-40

Galtung, J. 1975: Strukturelle Gewalt, Reinbek

Gängler, H. 1988: Ehrenamt im Jugendalter. Zur pädagogischen Bedeutung von Ehrenamtlichkeit am Beispiel der Jugendverbandsarbeit; in: Müller/Rauschenbach (Hg.), a.a.O., S. 127-134

Gängler, H. 1990: Soziale Arbeit auf dem Lande. Weinheim

Gintzel, U./Schone, R. 1990: Zwischen Jugendhilfe und Jugendpsychiatrie. Münster

Gogarten, F. 1953: Verhängnis und Hoffnung der Neuzeit. Stuttgart

Gorki, M. 1981: Kleinbürger. Hrsg. v. A. Clemen. Frankfurt/M.

Greese, D./Oberloskamp, H. 1990: Kernaufgaben des Jugendamtes; in: Sachverständigenkommission 8. Jugendbericht (Hg.), Bd. 1, a.a.O., S. 51-96

Habermas, J. 1973: Erkenntnis und Interesse. Frankfurt/M.

Habermas, J. 1985: Der philosophische Diskurs der Moderne. Frankfurt/M.

Hearing zu Fragen der Methodik und Handlungskompetenz 1990, hrsg. von der Sachverständigenkommission zum 8. Jugendbericht (Manuskript). München (DJI)

Hellerich, G. 1985: Homo therapeuticus. Der Mensch im Netz der Helfer. Bonn

Herrmann, U. 1991: Historische Bildungsforschung und Sozialgeschichte der Bildung. Weinheim

Heun, H.D. 1980: Elternarbeit im Heim. Darmstadt

Hornstein, W. 1971: Bildungsplanung ohne sozialpädagogische Perspektiven; in: Zeitschrift für Pädagogik, 17. Jg., S. 285-314

Hornstein, W. 1985: Die Bedeutung erziehungswissenschaftlicher Forschung für die Praxis sozialer Arbeit; in: neue praxis, 15. Jg., S. 461-477

Hornstein, W. 1988: Sozialwissenschaftliche Gegenwartsdiagnose und Pädagogik; in: Zeitschrift für Pädagogik, 34. Jg., S. 381-397

Hörster, R. 1984: Kritik alltagsorientierter Pädagogik. Weinheim

Hummel, K. 1991: Freiheit statt Fürsorge. Vernetzung als Instrument zur Reform kommunaler Altenhilfe. Hannover

Illich, I. 1971: Entschulung der Gesellschaft. München

Illich, I. u.a. 1979: Entmündigung durch Experten. Zur Kritik der Dienstleistungsberufe. Reinbek

Imhof, A.E. 1981: Die gewonnenen Jahre. Von der Zunahme unserer Lebensspanne seit 300 Jahren oder von der Notwendigkeit einer neuen Einstellung zu Leben und Sterben, München

Internationale Gesellschaft für Heimerziehung (Hg.) 1976: Kongreß Kinder in Ersatzfamilien. Frankfurt/M.

Jahoda, M./Lazarsfeld, P./Zeisel, H. 1975: Die Arbeitslosen von Marienthal. Frankfurt/M.

Jens, W./Thiersch, H. 1987: Deutsche Lebensläufe in Autobiographien und Briefen. Weinheim/München

Jung-Stilling, J.H. 1983: Lebensgeschichte, Frankfurt/M.

Kardorff, E.v. 1988: Intervention: Kritik und Perspektiven; in: Hörmann, G./Nestmann, F. (Hg.): Handbuch der psychosozialen Intervention. Opladen, S. 306-326

Karsten, M.E./Otto, H.U. (Hg.) 1987: Die sozialpädagogische Ordnung der Familie. Weinheim/München

Kasakos, G. 1980: Familienfürsorge zwischen Beratung und Zwang. München

Kastner, P./Silbereisen, R. 1987: Jugendentwicklung und Drogen – eine prospektive Längsschnittstudie als wissenschaftliche Begründung präventiver Intervention; in: Specht (Hg.), a.a.O., S. 227-254

Kaufmann, F.-X. 1988: Familie und Modernität; in: Lüscher et al. (Hg.), a.a.O., S. 391-416

Keppeler, S. 1989: Grundsätzliche Überlegungen zu Streetwork in der Jugendarbeit und Jugendhilfe; in: Steffan, W. (Hg.): Straßensozialarbeit. Weinheim/Basel, S. 16-30

Keupp, H. 1987: Psychosoziale Praxis im Umbruch. Bonn

Keupp, H. 1990: Lebensbewältigung im Jugendalter aus der Perspektive der Gemeindepsychologie; in: Sachverständigenkommission 8. Jugendbericht (Hg.), Bd. 3, a.a.O., S. 1-52

Keupp, H./Rerrich, D. (Hg.) 1982: Psychosoziale Praxis – gemeindepsychologische Perspektiven. München

Keupp, H./Röhrle, B. (Hg.) 1987: Soziale Netzwerke. Frankfurt/M.

Klafki, W. 1989: Kann Erziehungswissenschaft zur Begründung pädagogischer Zielsetzungen beitragen? – Über die Notwendigkeit bei pädagogischen Entscheidungsfragen hermeneutische, empirische und ideologiekritische Untersuchungen mit diskursiv-ethischen Erörterungen zu verbinden; in: Röhrs, H./Scheuerl, H. (Hg.): Richtungsstreit in der Erziehungswissenschaft und pädagogische Verständigung. W. Flitner zur Vollendung seines 100. Lebensjahrs am 20. August 1989 gewidmet. Frankfurt/M., S. 147-159

Klauß, Th./Wertz-Schönhagen, P. 1991: Eltern und ihre Stellvertreter im Heim. Chancen und Konflikte bei der Zusammenarbeit zwischen Angehörigen von Menschen mit geistiger Behinderung und Erziehern im Heim. (unveröff. Diss.) Tübingen

Kohli, M. 1987: Ruhestand und Moralökonomie. Eine historische Skizze; in: Kölner Zeitschrift für Soziologie und Sozialpsychologie, 39. Jg. (Sonderheft „Soziologie wirtschaftlichen Handelns, hrsg. von K. Heinemann), S. 393 ff

Kommission der obersten Landesjugendbehörde und der Bundesarbeitsgemeinschaft der Freien Wohlfahrtspflege 1977: Heimerziehung und Alternativen – Analysen und Ziele für Strategien. Frankfurt/M.

Kosik, K. 1971: Die Dialektik des Konkreten. Frankfurt/M.

Kurzweg, K. 1987: Jugendlicher Drogenkonsum und Mobile Jugendarbeit; in: Specht (Hg.), a.a.O., S. 263-278

Kwapil, H. 1987: Erfahrungen mit einer sozialpädagogischen Institution – Ergebnisse einer Studie über Selbstinterpretation und Selbstdarstellung heilpädagogischer Pflegepersonen. Tübingen

Leithäuser, Th. 1976: Formen des Alltagsbewußtseins. Frankfurt/M.

Lempp, R. 1982: Das verwaltete Kind; in: Recht der Jugend und des Bildungswesens H. 30, S. 258-268

Liebau, E. 1991: Die Bildung des Geschmacks. Eine Studie zur pädagogischen Kultur; in: Neue Sammlung, 31. Jg., S. 246-269

Liegle, L. 1987: Welten der Kindheit und der Familie. Beiträge zu einer pädagogischen und kulturvergleichenden Sozialisationsforschung. Weinheim

Lüders, Chr. 1989: Der wissenschaftlich ausgebildete Praktiker. Weinheim

Lüscher, K./Schultheis, F./Wehrspaun, M. (Hg.) 1988: Die „postmoderne" Familie. Familiale Strategien und Familienpolitik in einer Übergangszeit. Konstanz

Marzahn, Chr. 1988: Bürgerinitiativen; in: Kreft, D./Mielenz, I. (Hg.): Wörterbuch Soziale Arbeit. Weinheim/Basel, S. 117-122

Matza, D. 1973: Abweichendes Verhalten. Heidelberg

Meinhold, M. 1984: „Wir behandeln Situationen - nicht Personen." in: Müller, S./Otto, H.U./Peter, H./Sünker, H. (Hg.): Handlungskompetenz in der Sozialarbeit/Sozialpädagogik II. Bielefeld

Merton, R.K. 1968: Sozialstruktur und Anomie; in: Sack, F./König, R. (Hg.): Kriminalsoziologie. Frankfurt/M., S. 283-313

Mollenhauer, K. 1959: Die Ursprünge der Sozialpädagogik in der industriellen Gesellschaft. Eine Untersuchung zur Struktur sozialpädagogischen Handelns und Denkens. Weinheim/Berlin

Mollenhauer, K. 1988: Erziehungswissenschaft oder Sozialpädagogik/Sozialarbeit oder „Das Pädagogische" in der Sozialarbeit/Sozialpädagogik; in: Sozialwissenschaftliche Literaturrundschau, H.17, S. 53-58

Moritz, K. Ph. 1979: Anton Reiser. Frankfurt/M.

Muchow, M./Muchow, H. 1978: Der Lebensraum des Großstadtkindes. Bensheim

Müller, B. 1986: Der eigene und der fremde Alltag - zur sozialpädagogischen Relevanz der Ethnopsychoanalyse; in: neue praxis, 16. Jg., S. 430-441

Müller, B. 1990: Verteilende Gerechtigkeit und Klientenorientierung - zur moralischen Infrastruktur der Sozialpädagogik; in: Müller/Thiersch (Hg.), a.a.O., S. 63-84

Müller, B./Thiersch, H. (Hg.) 1990: Gerechtigkeit und Selbstverwirklichung. Moralprobleme im sozialpädagogischen Handeln. Freiburg/Br.

Müller, C.W. 1982: Wie Helfen zum Beruf wurde. Eine Methodengeschichte der Sozialarbeit. Bd. l. Weinheim/Basel

Müller, C.W. 1988: Wie Helfen zum Beruf wurde. Bd. 2 (1945-1985). Weinheim/Basel

Müller, C.W. 1990: Kritische Bemerkungen zu einigen Feststellungen im Achten Jugendbericht; in: DJI-Jahresbericht 1989. München, S. 155-156

Müller, C.W. 1990: Methoden in der Sozialpädagogik/Sozialarbeit. Expertenanhörung durch die Kommission des 8. Jugendberichts, veranstaltet in Blaubeuren, Manuskript. DR München

Müller, H.U. 1990: Junge Erwachsene in der Großstadt. Annäherungen an Lebenslage und Lebensbewältigung einer sich neu ausdifferenzierenden gesellschaftlichen Gruppierung. München (Du - Materialien)

Müller, S. 1981: Der Leviathan wird bürgernah. Perspektivenwechsel in der öffentlichen Sozialarbeit; in: neue praxis, 11. Jg., S. 279-290

Müller, S./Rauschenbach, Th. (Hg.) 1988: Das soziale Ehrenamt. Weinheim
„Mut zur Vielfalt“ – Dokumentation des Hamburger Pflegekinderkongresses 1990: Hrsg. v. F. Güthoff. Münster
Napp-Peters, A. 1984: Pflegekinder; in: Eyferth et al., a.a.O., S. 754-763
Nestmann, F. 1989: Förderung sozialer Netzwerke – eine Perspektive pädagogischer Handlungskompetenz?; in: neue praxis, 19. Jg., S. 107-123
Nestmann, F./Schmerl, Chr. (Hg.) 1991: Frauen – das hilfreiche Geschlecht. Dienst am Nächsten oder soziales Expertentum. Reinbek
Neumann, J. (Hg.) 1988: Arbeit im Behindertenheim. Situationsanalyse und Strategien zu ihrer Humanisierung. Frankfurt/New York
Nienstedt, M./Westermann, A. 1989: Pflegekinder. Psychologische Beiträge zur Sozialisation von Kindern in Ersatzfamilien. Münster
Nohl, H. 1949a: Pädagogik aus 30 Jahren. Frankfurt/M.
Nohl, H. 1949b: Die pädagogische Bewegung in Deutschland und ihre Theorie. Frankfurt/M.
Otto, H.U. u.a. 1990: Antrag im Sonderforschungsbereich „Prävention und Intervention im Kindes- und Jugendalter“. Manuskript Universität Bielefeld
Otto, H.U. 1991: Sozialarbeit zwischen Routine und Innovation. Berlin
Pasolini, P. 1988: Freibeuterschriften (Quarthefte, 96). Berlin
Paul, J. 1948: Levana oder Erzieh-Lehre, hrsg. von F. Seitz. Stuttgart
Prange, K. 1991: Pädagogik im Leviathan: ein Versuch über die Lehrbarkeit der Erziehung. Bad Heilbrunn
Psychiatrie-Enquete 1975: Bericht über die Lage der Psychiatrie in der Bundesrepublik Deutschland. Hrsg. v. Bundesminister für Jugend, Familie und Gesundheit. Bonn
Raichle, U. 1991: Stellung und Bedeutung des Zivildienstes in der Sozialarbeit. (unveröff. Diss.) Tübingen
Rauschenbach, Th. 1990: Jugendhilfe als Arbeitsmarkt; in: Sachverständigenkommission 8. Jugendbericht (Hg.), Bd. 1, a.a.O., S. 225-297
Rauschenbach, Th./Thiersch, H. 1984: Sozialpädagogik/Sozialarbeit: Theorie und Entwicklung; in: Eyferth et al., a.a.O., S. 984-1015
Rauschenbach, Th./Thiersch, H. (Hg.) 1987: Die herausgeforderte Moral. Bielefeld
Redl, F./Wineman, D. 1979: Kinder, die hassen. Auflösung und Zusammenbruch der Selbstkontrolle. Hrsg. von R. Falke. München/Zürich
Rerrich, M. 1988: Balanceakt Familie. Zwischen alten Leitbildern und neuen Lebensformen. Freiburg i.Br.
Richter, H.E. 1981: Alle redeten vom Frieden. Versuch einer paradoxen Intervention. Reinbek

Rosenmayr, L. 1983: Die späte Freiheit. Berlin

Rosenmayr, L. 1986: Über Familie in den Strukturumbrüchen heute. Forschungen und Erwägungen in disziplinübergreifender Absicht; in: Archiv für die Wissenschaft und Praxis der sozialen Arbeit, 17. Jg., S. 48-81

Roth, H. 1967: Die realistische Wende in der pädagogischen Forschung; in: ders.: Erziehungswissenschaft, Erziehungsfeld und Lehrerbildung. Hrsg. von H. Thiersch/H. Tütken. Hannover, S. 113-126

Rutschky, K. (Hg.) 1977: Schwarze Pädagogik. Quellen zur Naturgeschichte der bürgerlichen Erziehung. Frankfurt/Berlin/Wien

Sachße, C. 1986: Mütterlichkeit als Beruf. Sozialarbeit, Sozialreform und Frauenbewegung 1871-1929. Frankfurt/M.

Sachße, Ch./Tennstedt, F. (Hg.) 1980: Geschichte der Armenfürsorge. Bd. 1: Vom Mittelalter bis zum 1. Weltkrieg; Bd. 2: Von 1870 bis 1923. Stuttgart u.a.

Sachverständigenkommission 8. Jugendbericht (Hg.) 1990: Materialien zum Jugendbericht. Bd. 1: Jugendhilfe – Historischer Rückblick und neuere Entwicklungen; Bd. 2: Lebensverhältnisse Jugendlicher; Bd. 3: Risiken des Heranwachsens, Bd. 4: Datenhandbuch. Weinheim/München

Sack, F. 1990: Die Eskalation von Gewalt: Die Transformation politischer in gewaltbesetzte Konflikte; in: Albrecht, P.A./Backes, O. (Hg.): Verdeckte Gewalt. Frankfurt/M.

Sarraute, N. 1984: Kindheit. Köln

Sauer, M. 1979: Heimerziehung und Familienprinzip. Neuwied/Darmstadt

Schefold, W. 1991: Sozialwissenschaftliche Theorien der Sozialen Arbeit (Manuskript). München

Schelsky, H. (Hg.) 1973: Zur Theorie der Institution. Düsseldorf

Schelsky, H. 1978: Der selbständige Mensch und der betreute Mensch. Frankfurt/Berlin/Wien

Schleiermacher, F. 1957: Pädagogische Schriften. Unter Mitwirkung v. Th. Schulze, hrsg. v. E. Weniger. Düsseldorf/München

Schütz, A. 1974: Der sinnhafte Aufbau der sozialen Welt. Eine Einleitung in die verstehende Soziologie. Frankfurt/M.

Schweitzer, A. 1947: Kultur und Ethik. Kulturphilosophie Teil 2. München

Seibert, U. 1978: Sozialarbeit als Beratung. Weinheim/Basel

Sennett, R. 1983: Verfall und Ende des öffentlichen Lebens. Die Tyrannei der Intimität. Frankfurt/M.

Shorter, E. 1977: Die Geburt der modernen Familie. Reinbek

Sichtermann, B. 1982: Vorsicht Kind. Arbeitsplatzbeschreibung für Mütter, Väter und andere. Berlin

Sieder, R. 1987: Sozialgeschichte der Familie. Frankfurt/M.

333 „Soziale Fälle“. Eine Auseinandersetzung mit Anspruch und Wirklichkeit der Sozialarbeit am Beispiel eines Projekts in der Familienfürsorge 1975. Hrsg. von Arbeitsgruppe 5, Freiburg

Specht, W. 1979: Jugendkriminalität und mobile Jugendarbeit. Darmstadt/Neuwied

Specht, W. (Hg.) 1987: Die gefährliche Straße. Jugendkonflikte und Stadtteilarbeit. Bielefeld

Specht, W. 1989: Jugend auf der Straße und Mobile Jugendarbeit; in: neue praxis, 19. Jg., S. 405-410

Specht, W. 1990: Mobile Jugendarbeit; in: Perspektivenwandel in der Jugendhilfe, Bd. 2 Expertisentexte „Neue Handlungsfelder in der Jugendhilfe“, hrsg. von D. Kreft/H. Lukas, ISKA Nürnberg, S. 299-316

Specht, W. (Hg.) 1991: Straßen-Fieber. Stuttgart (Diakonisches Werk)

Swientek, Chr. 1986: Die „abgebende“ Mutter im Adoptionsverfahren. Bielefeld

Tenorth, H.E./Zedler, P. 1989: Vorwort; in: Chr. Lüders, a.a.O., S. 9-13

Thiersch, H. 1983: Geisteswissenschaftliche Pädagogik; in: Enzyklopädie Erziehungswissenschaft, Bd.1 Theorien und Grundbegriffe der Erziehung und Bildung. Hrsg. v. D. Lenzen. Stuttgart, S. 81-100

Thiersch, H. 1985: Erziehungsberatung und Jugendhilfe; in: Klug, H.-P./Specht, F. (Hg.): Erziehungs- und Familienberatung. Göttingen, S. 24-40

Thiersch, H. 1986: Die Erfahrung der Wirklichkeit. Perspektiven einer alltagsorientierten Sozialpädagogik. Weinheim/München

Thiersch, H. 1990: Zur geheimen Moral der Beratung; in: Brunner/Schönig, a.a.O., S. 129-151

Thiersch, H. 1991: Erich Fromms Anthropologie und die heutigen Lebensbedingungen bei Jugendlichen; in: Claßen, J. (Hg.): Erich Fromm und die Kritische Pädagogik. Weinheim/Basel

Thränhardt, D. u.a. (Hg.) 1986: Wohlfahrtsverbände zwischen Selbsthilfe und Sozialstaat. Freiburg

Traub, R./Wieser, H. (Hg.) 1977: Gespräche mit Ernst Bloch. Frankfurt/M.

Treptow, R. 1985: Raub der Utopie. Zukunftskonzepte bei Schütz und Bloch. Kritik der Alltagspädagogik. Bielefeld

Treptow, R. 1991: Pädagogische Thematisierung der Bewegungsweisen und jugendliche Bewegungssouveränität. (Unveröff. Manuskript) Tübingen

Tschechow, A. 1990: Onkel Wanja (Neuauflage). Zürich

Tübinger Verein für Sozialtherapie o.J.: Konzeptpapiere. Tübingen
Wacker, E./Metzler, H. (Hg.) 1989: Familie oder Heim. Unzulängliche Alternativen für das Leben behinderter Menschen? Frankfurt/New York
Waldenfels, B. 1985: In den Netzen der Lebenswelt. Frankfurt/M.
Weber, M. 1927: Wissenschaft als Beruf. München/Leipzig Wenger, R. 1979: Rosalia G. – ein Leben. Bern
Weniger, E. 1952: Die Eigenständigkeit der Erziehung in Theorie und Praxis. Weinheim
Widemann, P. 1988: Familienpflege; in: Kreft, D./Mielenz, I. (Hg.): Wörterbuch Soziale Arbeit. Weinheim/Basel, S. 190-193
Winkler, M. 1988a: „Ideen braucht man nur, wenn man nichts erlebt." Sieben Notizen zur alltagsorientierten Pädagogik; in: neue praxis, 18. Jg., S. 386-401
Winkler, M. 1988b: Eine Theorie der Sozialpädagogik. Stuttgart
Wolff, S. 1983: Die Produktion von Fürsorglichkeit. Bielefeld
Zedier, P./König, E. (Hg.) 1989: Rekonstruktionen pädagogischer Wissenschaftsgeschichte. Weinheim
Zeiher, H. 1983: Die vielen Räume der Kinder. Zum Wandel der räumlichen Lebensbedingungen seit 1945; in: Preuß-Lausitz, U. et al. (Hg.): Kriegskinder – Krisenkinder – Konsumkinder. Weinheim/Basel, S. 176-195
Ziehe, Th. 1989: Die unablässige Suche nach Nähe und Gewißheit; in: Böllert, K./Otto, H.-U. (Hg.): Soziale Arbeit auf der Suche nach Zukunft. Bielefeld, S. 73-88
Zinnecker, J. 1978: Einleitung zu Muchow, M. et al., a.a.O.

Drucknachweise

Lebenswelt orientierte Jugendhilfe – zum Konzept des 8. Jugendberichts: Zu diesem Text habe ich Passagen zusammengefaßt u.a. aus

- Zum 8. Jugendbericht; in: J. Faltermaier (Hg.) 1990: Der 8. Jugendbericht. Konsequenzen für die Praxis der Jugendhilfe (Schriftenreihe des Deutschen Vereins) Frankfurt/M.
- Ganzheitlichkeit und Lebensweltbezug als Handlungsmaximen der sozialen Arbeit; in: Institut für soziale Arbeit (Hg.) 1991: Essener ASD Kongress – Ganzheitlichkeit und Lebensweltorientierung (Dokumentation). Münster, S. 7-29

Alltag als Rahmenkonzept und spezielles Handlungsmuster – ein Nachtrag:
Überarbeitete Fassung von: Schon wieder – und noch einmal – alltagsorientierte Sozialpädagogik; erscheint in Sonderband neue praxis 1992

Straßenkinder – Arbeit mit Straßenkindern in der 3. Welt: Überarbeitete und erweiterte Fassung von: Position und Bedeutung von Jugend in der Gesellschaft; in: Specht, W. (Hg.) 1991: Straßenfieber. (Diakonisches Werk) Stuttgart

Jugend auf der Straße – mobile Jugendarbeit: Überarbeitete Fassung eines Referats, gehalten auf dem 3. internationalen Symposium zu Straßensozialarbeit in Stuttgart 1991

Kinderleben in Pflegefamilien:
Erschienen in: „Mut zur Vielfalt", Dokumentation des Hamburger Pflegekinderkongresses. Hrsg. v. F. Güthoff u.a., Münster 1990, S. 16-24

Der Übergang von der Familie ins Heim, Probleme in der Behindertenarbeit:
Überarbeitete Fassung von: Familie und Heim; in: Wacker, E./Metzler, H. (Hg.) 1989: Familie oder Heim. Unzulängliche Alternativen für das Leben behinderter Menschen? Frankfurt/New York, S. 217-230

Elternarbeit im Heim:
Überarbeitete Fassung eines Referats, gehalten auf der Tagung der IGfH in Hanau 1991

Unordnung im Heimerziehungsalltag:
Erschienen in: Ordnung und Unordnung. H. v. Hentig zum 23. September 1985, hrsg. v. G. Becker u.a. Weinheim/Basel 1985, S. 522-534

Soziale Beratung:
Gekürzte Fassung von: Soziale Beratung; in: Beck, M./Brückner, G./Thiel, H.-U. (Hg.) 1991: Psychosoziale Beratung. Tübingen, S. 23-35

Schule von der Sozialpädagogik her gesehen:
Erweiterte Fassung eines Referats, gehalten auf der Jahrestagung der

Kommission Schulpädagogik der DGfE in Tübingen 1989 (unveröffentlicht)

Altwerden in unserer Gesellschaft – Überlegungen zum Generationenvertrag:
Überarbeitete Fassung eines Referats, gehalten beim Jahresempfang des Paritätischen Wohlfahrtswerks in Stuttgart 1989

Ansprüche an die Träger der Sozialen Arbeit – Folgen für die Verbände:
Erschienen in: Münder, J./Kreft, D. (Hg.) 1990: Subsidiarität heute. Münster, S. 18-31

Berufspraxis und Studium – zum Diplomstudium Erziehungswissenschaft/Sozialpädagogik:
Zu diesem Text habe ich Passagen zusammengefaßt aus
- Der Diplomstudiengang zwischen Wissenschaft, Theorie und Praxis; in: Bundesarbeitsgemeinschaft der Diplompädagogen (BAG)-Mitteilungen 1989, H. 6, S. 18-29
- Akademisierung der Sozialpädagogik/Sozialarbeit – eine uneingelöste Hoffnung? Beobachtungen und Fragen zu 15 Jahren Diplomstudiengang; in: neue praxis 1985, S. 478-487
- Aschenputtel und seine Schwestern. Ausbildung und Berufsbedarf von Diplompädagogen; in: Zeitschrift für Pädagogik 1990, 36. Jg., S. 711-727

Moralische Kasuistik in der Sozialen Arbeit:
Zu diesem Text habe ich Passagen zusammengefaßt aus
- Schwierigkeiten im Umgang mit Moral; in: Rauschenbach, Th./Thiersch, H. (Hg.) 1987: Die herausgeforderte Moral. Bielefeld, S. 15-34
- Moral als moralisch inspirierte Kasuistik; in: Müller, B./Thiersch, H. (Hg.) 1990: Gerechtigkeit und Selbstverwirklichung. Freiburg/Br., S. 13-25

Das sozialpädagogische Jahrhundert:
In: Rauschenbach, Th./Gängler, H. (Hg.) 1992: Soziale Arbeit und Erziehung in der Risikogesellschaft. Neuwied

Auswahlbibliografie

1986 Thiersch: Die Erfahrung der Wirklichkeit. Perspektiven einer alltagsorientierten Sozialpädagogik. 2., ergänzte Aufl. 2006

1987 Jens/Thiersch: Deutsche Lebensläufe in Autobiographien und Briefen

1992 Thiersch: Lebensweltorientierte Soziale Arbeit. Aufgaben der Praxis im sozialen Wandel. 6. Aufl. 2005

1995 Thiersch: Lebenswelt und Moral. Beiträge zur moralischen Orientierung Sozialer Arbeit.

2002 Thiersch: Positionsbestimmungen der Sozialen Arbeit. Gesellschaftspolitik, Theorie und Ausbildung.

2005 Böhnisch/Schröer/Thiersch: Sozialpädagogisches Denken. Wege zu einer Neubestimmung